ROMAN
EMPIRE

夏遇南

著

罗马帝国

千 年 史 诗 的 毁 灭

中国国际广播出版社

母狼乳婴

母狼是罗马人的图腾，是象征战神马尔斯的神圣动物，正是它拯救了罗马的创建者，所以罗马人也被称为狼的传人

罗马元老院

元老院是罗马共和时期的权力中心，国家的内政、外交、军事等重大决策均出自元老院

《十二铜表法》

《十二铜表法》是罗马第一部成文法典，它开辟了西方法治的先河，是当今世界法律的渊源。准确阐述法律是罗马人对人类文明的重要贡献

[法] 大卫《萨宾妇女出面调停》

罗马初建时，男多女少，便偷袭掠夺了大批萨宾妇女带回罗马。萨宾妇女被掠夺 3 年后，萨宾人进攻罗马进行报复。已为人妻为人母的萨宾妇女苦劝丈夫与父兄和好，最终化解了战争

恺撒雕像

恺撒是罗马帝国的奠基者，是罗马帝国的无冕之皇，有"恺撒大帝"之称。他的影响巨大，以至于其后继者多以他的名字"恺撒"作为皇帝的称号

被钉死在十字架上的耶稣

耶稣由于信徒犹大的出卖被捕了，罗马当局以叛国罪判他死刑，把他钉死在十字架上。
然而耶稣的死并没有使基督教销声匿迹，反而更具活力

古罗马竞技场

作为世界七大奇迹之一的古罗马竞技场是罗马乃至整个意大利的象征。这里上演的角斗士角斗的戏码，吸引了大批罗马人。其欣赏流血、欣赏死亡的热烈场面竟与今天人们欣赏足球的场面相似，这使我们在赞叹罗马物质文明时，不得不为古罗马人精神上的缺陷而痛惜

庞培古城遗迹展中的一尊石膏像

公元 79 年，维苏威火山爆发，滚滚岩浆埋葬了曾繁华一时的庞培古城。18 世纪以来，经考古学家的不断发掘，这座沉睡了近 2000 年的城市重见天日。考古学家按受难者遗体所显现的各种姿态制成逼真的石膏像。如此完整地重现一座古城，重现昔日人们的生活，这在人类历史上是绝无仅有的

《尼禄弑母后的忏悔》

尼禄堪称罗马历史上最血腥、最残暴的皇帝。为了巩固他的皇权，他毒死了他的亲生母亲、他的妻子、他妻子的兄弟，以及他异母的兄弟

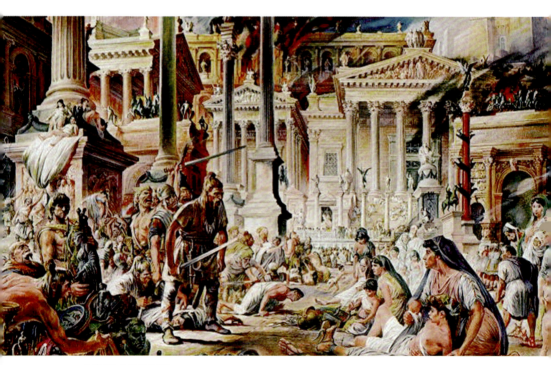

西哥特人洗劫罗马

公元 410 年，西哥特人攻入罗马。这座曾经征服世界的城市，如今也轮到它倒塌了

前　言

　　近现代西方世界有两个重要的源头：一个是古希腊，另一个就是古罗马。可以说，没有古希腊、古罗马，也就没有近现代的西方世界。古罗马，或者说，罗马帝国在世界历史上的地位，怎么说也不过分。近现代的开端，西方的文艺复兴，打的就是复兴古希腊罗马文明的旗号。文艺复兴的先驱，被马克思誉为"中世纪最后一位诗人""近代第一位诗人"的但丁就把罗马帝国看作是未来世界的典范。他认为，奥古斯都时代，世界统一在罗马政权之下，人间秩序井然，举世和平昌盛，是人类最幸福的时代。但丁的这种观点，现在当然没人赞同。它是但丁那个时代的产物。文艺复兴时期的人物都是从古希腊、古罗马那里寻求精神支柱的，他们大都对古希腊、古罗马文明赞誉备至。但丁的观点反映了这样一个事实：近现代西方是深受古罗马影响的。但丁甚至要求按罗马帝国的模式建立他理想中的世界帝国。当然，这只是但丁这位诗人的梦想。古罗马并不像他所说的那样完美，罗马帝国只是一去不复返的历史。但是，不可否认的是，在今天的西方世界里，到处都有无法消除的古罗马影响的痕迹。拿破仑就是古罗马的崇拜者，他曾仿效罗马人，任执政官。他也曾想步罗马帝国的后尘，建立世界帝国。其实，西方有不少人一直在做但丁式的梦，按罗马帝国的模式建立世界帝国。有人认为，英国人这样做过，美国也是按罗马帝国的发展模式发展起来的。这是不无道理的。我们甚至在一些美国人的观念中发现古罗马人观念的痕迹。古罗马对今天西方世界的影响之大，在某种程度上，我们可以说，不了解古罗马，就无法深刻了解今天的西方世界。因此，给读者提供一本介绍罗马帝国历史的简明而又生动的读物，是十分必要的、适时的。

其实，学习、研究罗马帝国不仅是学习和研究今天的西方世界的需要，也是我们了解中国历史和现状的需要。没有比较，就没有鉴别。不了解西方，不了解世界，也就不会真正了解中国。

罗马帝国在世界历史上是唯一的、无可取代的。它是唯一把地中海世界，把古代文明的诸如两河流域、埃及和希腊等文明发源地都统一在一起的，虽然有不少人想步罗马人后尘，却至今也没有出现第二个。罗马帝国是一个历史奇迹，过去没有，将来也不会有。今天的欧盟也只是欧洲的一部分，无法和囊括了地中海四周欧、亚、非广袤地区的罗马帝国相比。

罗马帝国前后延续了千年，在西方世界也是唯一的。当然，罗马千年的历史无法和中国这样的东方国家相比。但中国历史经历了由兴到衰的多次反复，而罗马的兴衰却是一次性的，亡后就没再兴过。中国的周而复始理论在罗马用不上。从一次性的兴衰周期来看，千年够长的了。中国王朝的兴衰周期只有二三百年。

罗马帝国是独特的，不管我们如何看待古罗马人，或厌恶他们令人发指的暴行，或不齿于他们对流血场面的嗜好，或仰慕他们惊人的成就，罗马的经历都是非常有价值的。正如历史学家迈克尔·格兰特所说的："罗马人用上千种不同的方法持久地和不可毁灭地编织成我们赖以生存的组织，他们经历了许多事件和发展，这许多事件和发展，类似、预示和引起已经发生、正在发生或将来可能发生于我们自己的社会和我们自己身上的东西。"尽管环境和背景都不同，我们仍然能从罗马人的经历中得到一定的启迪和鉴戒。

罗马帝国是个非常大的题目，吉本写的世界名著《罗马帝国衰亡史》就有三百多万字。因此，要在一本只有25万字的著作中对罗马帝国作全面的论述是不可能的。本书不追求面面俱到，只是从历史的角度阐述罗马帝国兴衰的过程，主要着眼点在政治、军事方面，在其发展的轨迹，略及经济、文化。在材料的取舍上有轻有重，行文时有的略而不论，有的则作了较为详细的阐述。

本书虽容量有限，却并不想只给读者一个罗马帝国仅有线条的单色轮廓，而是要尽力给读者展现一幅罗马帝国色彩绚丽的画卷。我们的目的是给读者描绘一个多层面的而不是平面的、彩色的而不是单色的罗马。当然，由于作者的学力和见识有限，可能做得不是很好。但是，如果我们能达到此目的的万分之一，并由此而引起读者对罗马的兴趣，加深读者对罗马的了解，使读者从中得到一定的启迪，我们的目的就达到了，我们就满意了。

本书是历史著作，它的所有叙述都建立在事实的基础上。作者虽在行文时力求可读性强，生动有趣，却绝对没有戏说的成分。作者介绍给读者的是一个真实的罗马。本书采取夹叙夹议的方式，这样既可使文字活泼些，也可使今人和古人交流，对罗马帝国的人和事作一定的判断。书中也有一些罗马和中国的比较，这是一种尝试。我们是从中国的角度看罗马的，通过和中国的比较，才能更深刻地了解罗马。

罗马帝国和古代中国完全不同。作者在本书中尽量把不同于中国的罗马帝国兴衰的特点凸显出来。从古代罗马和中国的不同处，我们可以看到今天中国不同于西方的种种情况的一些源头。我们把古代罗马和古代中国作比较，不是比谁优谁劣，主要是为了说明，不同的社会环境、历史背景必然有不同的发展趋势。世界是复杂的，不能把世界各国都纳入一个发展模式。罗马帝国是在城邦基础上发展起来的，这在人类历史上是唯一的。公民权始终是罗马兴衰的一个重要因素。中国没有城邦制度，也没有公民权问题，但是我们不能简单地评论说，有公民权的罗马比没有公民权的中国好。罗马公民权其实是少数人的特权，它是建立在对奴隶和对非罗马公民的压迫、剥削基础上的。中国没有公民权问题，但也没有罗马那样发达的奴隶制。罗马和中国都是特定历史环境下的必然产物。

本书共分四章，分别为初兴、扩张、鼎盛、衰亡。从四章的题目就可一目了然，本书主要是阐述罗马帝国兴衰的。结构上，中间两章占的分量较大。初兴章，突出了罗马如何从一个小城邦发展成一统意大利的大国。罗马虽也是城邦，但不是希腊雅典那样的城邦。扩张章，除叙述罗马如何通过武力称霸地中海外，还叙述了罗马内部的种种矛盾和斗争以及从共和制到帝制的演变。作者认为罗马超出意大利范围就是个帝国。鼎盛章，叙述长达 200 年的罗马和平及和平下的繁荣昌盛、威武强大，叙述了元首制的建立、内容和性质。元首制在形式上是二元化的政体，实质上是君主制。衰亡章，叙述了罗马帝国衰亡的过程和原因。罗马帝国的灭亡不是一个国家、一个王朝的灭亡，而是一种制度、一种文明的灭亡。这和中国历史的改朝换代是完全不同的，书中对诸如斯奇比奥、马略、苏拉、斯巴达克、恺撒、奥古斯都、戴克里先、君士坦丁等在罗马历史舞台叱咤风云的人物和重大历史事件都不惜笔墨，着力描绘。

　　本书力求真实、生动和富有思想。真实是历史著作的最基本要求，一切以事实为依据，不添油加醋，也不随意美化或丑化。生动，不仅指文字，也包括内容，我们尽量在书中选用一些内容生动有趣的材料，甚至也有一些细节的描述。富有思想，就是要读者读了本书后，不仅能得到一些历史知识，而且能从中悟出一些哲理，得到一些启迪，知古鉴今，通外知中。

　　本书是一种尝试，书中不少观点是个人一己之得，错误和不足在所难免，望读者能批评指正。

目录

第二章　扩　张

第一章　初　兴

一、狼的传人和七丘之城

1. 地理环境：大自然的美妙馈赠

地理是历史之母，古代文明尤其如此。没有尼罗河就不会有古埃及，没有两河流域就不会有古巴比伦，没有印度河和恒河就不会有古印度。中国人把黄河称作母亲河，黄河之水哺育了华夏古文明。当然，地理的重要，不只体现在这些河流上，还体现在其他地理环境上，气候、位置、土壤、周边情况等，无一不对人的活动形式和内容、人的活动趋向、人的性格形成等产生极大的，甚至是永久性的影响。人是在一定的地理环境下生存和活动的，失去了特定的地理场所，人就失去了赖以生存和活动的条件。人是地球的产物。从某种意义上说，形式和内容各异的许多古文明，都是特定的地理环境的产物。古罗马也是这样。因此，我们在评述罗马帝国的兴亡时，探讨一下罗马的地理状况，特别是它的地理环境的特殊性，就显得非常必要了。

罗马这个后来令整个地中海都战栗的帝国首都本是意大利半岛上一个不起眼的村镇。意大利半岛在地中海中部，就像一条伸入地中海的巨人小腿。"意大利"之名就是源于希腊语的"小腿"，加上半岛南端的西西里岛，则像一只巨大的靴子。这条巨人的小腿把地中海一分为二：东地中海和西地中海。站在西西里岛的南端可与非洲隔海相望。意大利不仅是地中海东西两部分交往的纽带，也是欧洲和非洲之间的通道。意大利这种特殊的处于地中海中心的位置是令人钦羡的。它似乎在预示这条巨人的小腿将成为这一地区的核心，成为地中海世界的灵魂。但丁说，罗马人建立帝国是上帝安排的。我们当然不同意他的论断，然而，意大利半岛的确是自然界的美妙创造物。

地中海是古文明集中的地方。这是任何其他地区的古文明都没有的生存环境。埃及、希腊、小亚细亚、两河流域都在它周围。它们之间交流之便利、竞争之激烈、互相影响之大、彼此学习模仿之容易，都是绝无仅有或首屈一指的。比较起来，中国和印度两地的环境就要封闭得多。特别是中国，西部高原、大山、沙漠几乎把中国和西方的众多古文明隔绝开来。可以说，华夏文明是独自发展起来的，它和地中海的相互影响、交流、渗透而发展起来的文明完全不同。

然而，地中海的众多古文明发展是不平衡的，有先有后。在罗马登上历史舞台之前，地中海的古文明都产生在东部。意大利虽处在地中海中间，但在地理上、文化上，却属于西部。和东部的文明形成鲜明对照的，是西部的荒凉和野蛮。意大利这条小腿面向西部，背靠东部。亚平宁山脉横贯全境，由西北而东，再沿东海岸折回意大利底部，结果使东海岸多是悬崖险滩，没有可停泊舟楫的良港。因此，意大利东部虽和希腊隔海相望，只咫尺之遥，最早受希腊影响的却不是东部，而是西部和南部。意大利是一个半岛，三面环海，平均每 150 平方公里的土地就有 1.6 公里的海岸线，平均海岸线之长仅次于希腊。这是罗马向海外发展的重要条件，特别是因为地中海是众多古文明集中的地方。海外文明对罗马有无法抗拒的诱惑力，意大利必然要向海外发展。由于意大利的良港多集中于西部和南部，因而意大利走向海外，和其他文明接触不是从东部，而是从西部和南部开始的。

意大利多山，全境有 3/4 是山地，但意大利并没有像希腊那样被山峦切割成许多难以交往的狭小地块。相反，贯穿全境的亚平宁山脉和河谷地使它更适合成为一个政治、经济统一的地理单位。广大的山区和丘陵地带没有给意大利统一造成什么阻碍，却为发展畜牧业提供了良好的牧场。山区的艰苦环境也锻炼了古代罗马人坚韧强悍的性格。

和希腊没有大块平原不同，意大利有广阔的平原和低地，其面积约占总面积的 1/4。最重要的平原是中部的坎帕尼亚平原和拉丁姆平原。这里土地肥沃、雨量充足，提供了希腊无法企及的发展农业的条件。罗马就在拉丁姆平原上。北部还有意大利面积最大的平原——波河平原。波河平原在古代很长一段时间里，并不被认为是意大利的一部分。这里先后被伊特拉斯坎人和高卢人所占据，被罗马人称为"山南高卢"，因为在它的北边是古代很难翻越的阿尔卑斯山。后来，在罗马的所谓帝国时期，这里由于有适宜发展农业的平原，能生产充裕的粮食，成为意大利最重要的粮食产地。罗马和意大利人，开始是纯粹的农业民族，这和希腊人完全不同。他们以农为本，以从事农事活动为最崇高的工作。他们并不看重工商业，甚至认为工商业是贱业，这点和中国一样，而和它的邻居希腊则大相径庭。

不过，罗马终究和中国不一样，它最终还得走向大海，逞威地中海。这是它的地理环境决定的，一个内陆国家就无法向海上发展。意大利天生就是在海上发展的。它发展农业的条件虽较希腊好，但和中国、印度相比较，它三面环海的狭长半岛所能提供的发展空间太小了，而它优良的海港又为其向海外发展提供了良好的条件。特别重要的是，海外具有不可抗拒的诱惑力。海外的文明，特别是地中海东部的众多文明，他们所拥有的财富和所取得的成就是令罗马人垂涎的。这就决定了罗马和意大利必定是外向型的、向外发展的。反观中国，虽也有良港和很长的海岸线，但由于内陆发展的空间太大了，似乎用不着向外发展。在中国历史上，这种影响是根深蒂固的，同时，也由于中国的海外，没有意大利的海外那么大的诱惑力。中国面对浩瀚无际的太平洋，除了产生虚无缥缈的海外仙山的琼楼玉宇遐想外，没有任何可诱惑或吸引中国走向海外的古文明。中国古代的造船技术和航海技术在世界上是首屈一指的，可惜的是，两千多年前，中国有名的一次由徐福率领众多少男少女的海外远航，不是通商，不是和其他古文明交往，而是为秦始皇寻找仙山，寻找长生不死药，而且最终一去不返。

意大利和欧洲大陆连在一起，但被北部难以逾越的阿尔卑斯山和令罗马人生畏的波河河谷的高卢人阻止了，或者说，他们延缓了罗马向欧洲大陆的发展。而且，当时的欧洲大陆尚是蛮荒之地，如同中国的北部一样，没有地中海那么大的诱惑力。这种情况也就决定了罗马的发展或意大利的发展是先南后北，在统一意大利后，是先海上，后大陆。

罗马是受周围古文明的影响发展起来的，是在众多古文明的基础上发展为不可一世的帝国的。不过，由于意大利面西背东，罗马的兴起也是由西而东的，由称霸西地中海进而称霸东地中海。地理环境对这种发展轨迹有不可低估的作用。

罗马帝国的发源地是个普通的被称为罗马的小集镇。这个小集镇位于意大利中部的拉丁姆平原，在台伯河下游。台伯河是意大利最长的河，从中部山岳顺流而下。其流域之广在意大利位居第一。下游可以通航。罗马就在台伯河的一个重要渡口上。这里河中有一个河心岛，水浅时，无须舟楫就可涉水而过。其地距地中海约 25 公里。这样的距离既有利于向海上发展，又可避免处于海上入侵者的视线内。这里是个非常重要的交叉点，不仅台伯河有交通之便，它还是意大利许多天然陆路的汇集点，是南北东西交通必经之地。它还是亚平宁山区取盐要道和交换集散中心，沿台伯河顺流而下或沿河旁的陆路，可十分方便地到达宝贵的海岸盐场。

罗马周围有七个山丘：帕拉丁、奎林纳尔、埃斯奎林、卡皮托林、阿文廷、凯里安和维米纳尔。这些山丘给人提供了良好的居住条件，既可在台伯河泛滥时免遭洪水淹没，又有宜于居住的宽敞的

七丘之城

平地。这里的土地含有丰富的火山积灰，肥沃而又宜于种植。罗马就是在七座小山冈上建立起来的，所以也有人把罗马称为"七丘之城"，如同古代许多城市一样，优异的地理环境，既为城市的发展提供了充分的条件和机会，也带来了和好处一样多的竞争和危险，从而使居住在这里的人们，自古就有强烈的危机感和竞争意识。

2. 狼的传人：扑朔迷离的起源神话

地理环境的变化，虽也有沧海桑田之说，但较之历史，这种变化仍是异常缓慢的。今天的地中海和古代的地中海，今日的意大利和古代的意大利虽不可同日而语，有了太多的不同，但相同之处可能更多。地理位置可以说没什么变化，气候也变化不大。我们可以较清楚地描述古代意大利和地中海的情况，而古罗马的早期历史，特别是它没有文字记载的历史，却扑朔迷离，掩盖在各种传说、神话的迷雾中，使我们很难看清它的真面目。我们只能通过考古发现和神话中所透露的古代罗马居民的一些信息，大概叙述一下罗马的起源和它的史前史。

神话反映了后人对历史的追忆和美化。几乎所有的民族都有关于自己民族起源的种种神话。其实神话传说也包含某些历史的真实内容，希腊的英雄时代，我们是通过《荷马史诗》了解的。《荷马史诗》中充满各种神话，但近现代考古学的发现，证明《荷马史诗》中所叙述的故事，不少是确有其事的，不过被艺术加工了而已。罗马没有《荷马史诗》这样的长篇巨著，罗马人没有希腊人那样丰富的想象力和艺术才能，但罗马也不乏远古神话。正如后人所说的："罗马这个国家若是没有一个神圣的起源，它就不会拥有这样的威力。"这反映了后人要刻意美化祖先来抬高后人的一种普遍存在的观念。不过，有关罗马起源的一些神话，经近代考古发掘证明，也不都是空穴来风，我们从神话中多少可以了解一点罗马早期历史的端倪。

罗马城的创建者，按流行最广、影响最大的传说，是一位叫罗慕路的人。这个名字显然是后人给他取的，因为罗慕路的意思就是"罗马的人"，这不像真名而像个绰号。据古希腊史学家普鲁塔克《罗慕路传》所述，罗慕路的祖先是爱神维纳斯之子埃涅阿斯。埃涅阿斯是特洛伊城的贵族。特洛伊被希腊人攻陷后，埃涅阿斯率领部分族人逃了出来，历尽千辛万苦，落脚在意大利的拉丁姆平原，建立了拉维尼乌姆城。埃涅阿斯的后裔在离罗马不远的阿尔巴称王，王位传到努弥托和阿穆略两兄弟时，阿穆略将全部遗产分成了两份，一份是王国，另一份则是从特洛伊带来的金银财宝。努弥托选择了王国，阿穆略就占有了财富。阿穆略利用财富使自身变得比努弥托更有权势，从而轻而易举地从兄弟手中夺取了王国。努弥托就这样丢掉了王位。他没有儿子，只有一个叫西尔维亚（也叫依利亚或雷亚）的女儿。阿穆略害怕这个侄女将来生下孩子，会动摇自己的王位，便强迫她做了维斯塔女神神庙的女祭司。维斯塔是灶神，按传统法规，她的女祭司必须保持童贞，终身不得婚嫁。这就剥夺了西尔维亚结婚生子的权利。阿穆略可以高枕无忧了。谁知西尔维亚做了维斯塔神庙祭司不久，却意外地怀孕了。谁使她怀孕的？孩子的父亲是谁？有几种不同的说法，最流行的一种也是后来罗马人公认的说法，是战神马尔斯（Mars）。马尔斯一度是罗马的主神。神人交媾，这在古希腊、古罗马的神话里是司空见惯的。埃涅阿斯不也是爱神和人交媾的产物？神人交媾之后代，肯定是伟人，因为有神的血统嘛。阿穆略得知西尔维亚怀孕后，勃然大怒，要以违背维斯塔神法规的罪名处死她。阿穆略的女儿安托对西尔维亚的不幸处境十分同情，极力在父亲面前为她求情，西尔维亚才幸免一死。阿穆略把西尔维亚幽禁起来，想等她生下孩子后，把孩子处死。西尔维亚到底怀的是战神的孩子，不同凡响，在牢中也没影响胎儿的成长。足月后，西尔维亚竟生下了一对双胞胎。虽出生在牢中，由于是神种，孩子硕大健美，胜过凡人。阿穆略立即命令一个仆人，将孩子强行从西尔维亚怀中抱走，扔到台伯河里去。这个仆人遵照国王的命令，将婴儿放在一个木盆里，来到台伯河河边，见河水猛涨，激流汹涌，不敢近前，只把木盆放在河边就回去复命了。

高涨的河水把木盆漂浮到下游一个平整的地方，这个地方叫克马卢斯。这个名称可能源于拉丁语"格尔曼"（兄弟）。两兄弟自己从木盆里爬出来，爬上了岸。他们的啼哭声引来了一只母狼。这只母狼不仅没有伤害他们，还用自己的奶水喂养他们，这两个孩子就是吃狼奶活下来的。人们发现这兄弟俩时，他们正在欢快地吮吸着母狼的乳房。古罗马人把奶头叫"鲁马"（ruma），收养并抚育他们的人因此给兄弟俩取名叫罗慕路和罗慕斯。

兄弟俩长大后，练就了一身武艺，从抚养者口中知道了自己的身世，回到拉维尼乌姆，在群众的支持下，推翻并处死了阿穆略，解救出了母亲西尔维亚，让外祖父努弥托重新当上了国王。兄弟俩不忘母狼喂奶之恩，回到母狼哺育的地方，许多希望得到他们保护的人也跟随他们来到这里，他们决定在这里建立一座新城。

在选择城址时，兄弟俩吵了起来。罗慕路建筑了罗马广场，主张新城就建在广场这里，罗慕斯在埃斯奎林山围了一块地，要把城建在那里。兄弟俩互不相让，可能因为是战神之子，吵变成了打，两人厮打又变成了众人之间的流血冲突。罗慕斯竟在这场冲突中被打死了。罗慕路埋葬了兄弟，开始建城。他先让人在帕拉丁山靠近人们集会广场的一块空地上，挖了一道环形壕沟，接着以这里的壕沟为中心，绕着它画了一个圆圈。这个圆圈就是未来的城的界线。他亲自将一个黄铜犁铧套在一头白色公牛和一头白色母牛上，绕着画出来的界线，犁出一道深深的垄沟。这条犁沟就成了这座新城的神圣边界。罗慕路给这座新城取名"罗马"（这个名称可能也源于"乳房"一词）。这一天是 4 月 21 日，它成了罗马城的建城纪念日和国庆日，也成了罗马人的大庆节日。罗慕路则成了罗马第一位国王。

这就是最为流行的有关罗马起源的神话。神话里有没有真实成分，罗慕路是否真有其人，根据现有的材料，都难以作出肯定的或否定的明确答复。不过，犹如希腊一些神话，逐渐被考古学证实确有其事一样，罗马的远古神话也由于考古手段愈来愈先进，而越来越接近其起源的真面目了。

当然，这个神话有浓厚的美化罗马人祖先的色彩。罗马人竟是两位大神——爱神维纳斯和战神马尔斯的后裔。其实把神和祖先连在一起，是所有古代民族的共同之处。罗马人把自己说成是神的后裔，正是强烈民族自豪感的反映和重要源泉。中国也是如此，华夏始祖黄帝不是也乘龙上天了吗？我们今天祭奠黄帝，谁会计较黄帝是否上天呢？我们之所以不厌其烦地介绍罗马起源的神话，一是我们如果不了解这些神话，就无法完全了解罗马兴起的奥秘，无法完全了解以后的罗马。二是这一起源神话也给了我们一些真实的古代罗马信息。神话显示罗马人是外来人，而不是意大利的土著；神话也显示罗马有一个只知其母不知其父的时代；有一个崇拜女性、崇拜女性性器官的时代。罗马源于"乳房"一词就是罗马人对女性乳房崇拜的证明。神话还说明古罗马人的图腾是母狼。罗慕路兄弟是由母狼的奶水喂养的，正是罗马人和其图腾关系的形象表述。母狼在中国人眼中是凶恶的象征，在古罗马人那里却是受到特别尊崇的、和人有亲密关系的动物。中国自称是龙的传人，罗马人也可称为狼的传人。公元前 6 世纪的铜狼雕像和后来补上去的两个吮吸狼奶的小孩塑像，非常生动地说明了这一传说是多么深地扎根于罗马人的心中。这只母狼已不是普通的狼，而是象征战神马尔斯的神圣动物，正是它拯救了罗马的创建者罗慕路兄弟。

二、伊特拉斯坎人统治下的罗马

1. 早期罗马人：不同人种的融合

当然，我们不能把罗马的建城神话说成罗马城的创建史。事实上，罗马城的建立，不是某一个人的功劳，而是经几代人逐渐发展而成的。正如西方流行的谚语所说的："罗马不是一天建成的。"

罗马地区很早就有人居住，郊外发掘出了约 3 万年前的尼安得特人头盖骨。新石器时代，利古利亚人大概从非洲经西班牙和法国一带来到意大利。大约在公元前 1600 年，古意大利人的祖先、操印欧语系的一些部落进入意大利，他们可能来自多瑙河沿岸和喀尔巴阡山周围。拉丁人就是这些部落中的一支。罗马人也是拉丁人。

拉丁人定居在意大利中部的拉丁姆平原。这是个约有 48 公里宽、

96公里长的地区，从坎帕尼亚的北缘一直延伸到台伯河和罗马地区。这里的土著居民以畜牧业为主，土葬死者。新来的拉丁人主要经营农业，用轻便的犁翻耕土地，火葬死者。还有一些来自意大利南部的移民，他们和土著居民一样土葬而不是火葬死者。

到公元前1000年时，拉丁姆平原的居民就已基本过定居生活了，细耕农业取代了游牧生活，出现了一些城镇，罗马就是其中之一。

随后，在公元前9世纪和公元前8世纪，又有一批移民定居罗马。他们虽也说印欧语，但习俗和前一批移民有所不同。前一批移民实行火葬，死者的骨灰被收集到骨灰瓮里，放入一个大的球形罐中，再将这个球形罐放进一个挖好的深深的圆形小坑中，上面用石板盖上。骨灰瓮的形状犹如人生前居住的房子的小模型。后一批移民实行土葬，死者的尸体被放入一个挖成凹形的原木或粗糙的石棺中，再埋入长方形的坑或沟里。有时旁边还放上一排石头。这两种埋葬死者的方式，有时并排在一起，有的甚至靠得很近。这种情况说明，这两批人可能还有更早来罗马定居的居民，正逐渐地融合在一起，共同组成了早期的罗马人。

伊特拉斯坎人，这时也来到罗马。他们祖居何地，从何地迁移而来，至今也没搞清楚，或者说，没有一个公认的答案。有人把他们和罗马诗人

伊特拉斯坎人

维吉尔的史诗《埃涅阿斯纪》连在一起，说他们来自小亚细亚特洛伊城。这可能有一点牵强附会，创建罗马城的传说也说罗马人的祖先来自特洛伊。不过，伊特拉斯坎人来自东方是不容置疑的。在埃及的废墟中有伊特拉斯坎人公元前13世纪在三角洲沿海活动的痕迹。他们的文化遗存，明显地具有东方的特点，他们的艺术完全受了希腊影响，但它所显示的强烈宗教感情与粗野体力的奇妙结合以及所显示的妇女的突出地位，却是无与伦比的。它既类似于希腊艺术的一种外省变种，又具有明显的独创性。他们的宗教信仰显示他们可能来自小亚细亚或比小亚细亚更远的地方。他们的农业技术令人想起两河流域的农业技术。伊特拉斯坎人使用的文字是由意大利南部希腊殖民者所使用的字母演变而来的，遗憾的是，除了能读出这些文字中的26个字母外，我们仍一无所知。这种语言文字似乎并不是印欧语系的一部分。这也进一步证实，他们可能来自东方。他们从公元前1000年开始陆续来到意大利，夺占了台伯河以北的大部分地区，定居下来。受地理环境的限制，他们大都聚集在有数的几个有吸引力的适宜定居的地方，创建他们的城市。按传统说法，伊特拉斯坎人在伊特拉里亚地区建立了12个城市。大概12只是个约数。每个城市似乎都是独立的，树木茂盛的山林把这些城市隔开了。尽管名义上可能有一位统治全国的国王，实际上每个城市都倾向于各行其是。

2. 伊特拉斯坎人：罗马的启蒙老师

伊特拉斯坎人要比拉丁人文明和进步得多。正是在伊特拉斯坎人的影响下，特别是在伊特拉斯坎的南部诸城市的影响下，罗马才从一个杂乱的茅舍村落变成一个城市。伊特拉斯坎人是罗马人最早的启蒙老师。罗马台伯河上的浅滩是拉丁人和伊特拉斯坎人做交易的重要市场，有许多商人聚集在这里。这个浅滩是罗马的发祥地，伊特拉斯坎商人在这里用铁制的工具或武器交换拉丁人的谷物和牛。

罗马地区这时并不是只有拉丁人，罗马的各山丘上杂居着不同种族的人，除主要从事农业的拉丁人外，也有伊特拉斯坎商人和地主，甚至还有来自海外的陌生人，附近地区的各种逃难者也到这里来寻求庇护和谋生。可能在公元前 7 世纪早期，居住在帕拉丁、埃斯奎林和凯里安山坡上的几个集团，出于宗教和政治的目的，组成了七丘同盟。随后，七丘同盟又和奎林纳尔、纳米的尔的居民联合。这个新联合体的居民分属三个部落，包括以帕拉丁为中心的拉丁人、以奎林纳尔为中心的萨宾人和以凯里安为中心的伊特拉斯坎人。这个新的联合体组成了一个比七丘同盟更大的四区罗马。

四区罗马是一个完整的统一体。它的边界是一条神圣的犁沟，这条犁沟是由一头白色公牛和一头白色母牛拉着青铜犁犁出来的。罗慕路建城的传说可能是把这件事转移到罗慕路身上了。四区罗马的建立是罗马建城的标志。准确的时间现在还无法确定。传统观点认为是公元前 753 年。不过，这个年代，并无令人信服的证据，是不可靠的。确定这样一个年代，不过是一些历史学家为了说明罗马王政时代诸王的可靠性，而王政时代的诸王也是不可靠的。也有一些历史学家提出其他一些年代，但和公元前 753 年一样，无根据的推测成分要大于实事求是的论证。罗马城市化的时间可能要比公元前 753 年晚一些。

推动建立四区罗马，或者说，罗马城市化的领导者，传说是罗慕路，实际上是伊特拉斯坎人。是比拉丁人文明进步的伊特拉斯坎人领导了罗马的城市化，建立罗马城邦，迈出了罗马发展进程中的重要一步。后来的罗马人出于优越感，不愿承认这一点，不愿承认后来被他们赶出罗马的伊特拉斯坎人曾是他们的领导人和老师。但从愈来愈多的考古发现来看，这是无法否认的事实，甚至在所谓罗慕路之墓的墓碑上的文字都是伊特拉斯坎文。伊特拉斯坎人的统治在罗马历史上有无法抹掉的印迹。1930 年在圣奥莫博诺底下挖掘出古代神庙，证实了公元前 6 世纪伊特拉斯坎诸王的存在。罗马成为伊特拉斯坎人的城邦，对罗马的发展有着重大的意义：一是使罗马迅速发展，城市化了；二是伊特拉斯坎人的统治，锤炼了罗马人的斗争精神和集体主义。伊特拉斯坎人开始时是拉丁人的老师、领导者，也是竞争对手，占上风的是伊特拉斯坎人。最早的罗马城的主人或统治者或领导人是伊特拉斯坎人，而不是拉丁人，或者说，不是罗马人。

公元前 8 世纪至公元前 6 世纪，也就是伊特拉斯坎人在罗马居于统治地位的时期，史称"罗马王政时代"。传说这个时期，罗马出现了前后相继的七个王，前面四个王是罗马人，也就是拉丁人，第一个王就是罗慕路。后面三个王是伊特拉斯坎人（考古只发现公元前 6 世纪的伊特拉斯坎诸王）。这个王政时代和罗马创建的传说一样，虚构的成分要大于事实。一是时间提前了，如果罗马城是罗慕路所建，时间只可能在公元前 7 世纪早期，而不会是公元前 8 世纪；二是前面四个拉丁人的王可能是出于民族自豪感的需要而虚构出来的。罗马人后来成了地中海的主人，他们自认是爱神、战神的后裔，受神的宠爱，是注定要当世界霸主的，他们决不愿意自己的历史从伊特拉斯坎人的统治开始，他们不允许自己引以为豪的祖先是伊特拉斯坎国王的臣民。罗马人虽缺乏想象力，但出于强烈的民族自豪感，还是虚构了前面四个拉丁人的王。

不过，罗马开始是个君主国的追忆却是可靠的。伊特拉斯坎国王已被考古学所证实。然而，所谓王政时代所列举的后三个伊特拉斯坎国王的名字却也可能有虚构的成分，因为最后一名国王叫塔尔奎尼乌斯·休珀布斯。而休珀布斯的意思是"骄傲的"。这显然是个虚构的名字，目的可能是要把坏事都归罪于他。至少，这不是真名，而是绰号。

但是，这里的王（rex）类似古希腊荷马时代的"巴塞勒斯"，是个军事首领、最高审判官和最高祭司，而不是具有专制权力的君主，犹如中国古代的尧、舜一样，既没有绝对的权力，也不是世袭的。他们的权力受到各种限制。

伊特拉斯坎人如何能成为主要居民是拉丁人的罗马的国王？传说告诉我们，第一任伊特拉斯坎国王是和平地取得王位的，也就是说，是在罗马人拥戴下登上王座的。战神的后裔怎么会拥戴一个伊特拉斯坎人做自己的领袖？这显然是为了掩盖罗马曾被迫归属异族的事实。事实是，公元前8世纪，伊特拉斯坎人在伊特拉里亚建立一系列城邦之时，罗马就是他们觊觎扩展的地方。大约就在公元前750年，也就是传说中罗慕路创建罗马城的时候，有一个伊特拉斯坎贵族率领一部分族人，渡过台伯河，赶走了拉丁族首领，占据了帕拉丁堡垒，并以此城堡作为王宫（regia，源于rex），进而又控制了罗马周围的村庄，逐渐地融合为罗马城。随后，伊特拉斯坎人的势力在拉丁姆进一步扩展，甚至拉丁部落的首镇阿尔巴·隆加也落入伊特拉斯坎人之手。罗马则完全成为伊特拉斯坎人统治下的城邦王国。

3. 王政时代：原始的罗马社会

这个伊特拉斯坎人统治下的城邦，开始时分成三个部落（特里布斯，tribus），一些学者认为，三个部落代表三个不同的种族，一个是拉丁人部落，一个是萨宾人部落，一个是伊特拉斯坎人部落。这和最初的罗马三个不同种族的居民相一致。但这三个部落的名称却都是伊特拉斯坎的，因此，它们可能是伊特拉斯坎统治者建立的无任何种族差别的新机构。每个部落分成 10 个胞族（库里亚，curiae）地区，每个胞族地区有 10 个氏族（gens）或家庭群（不一定按种族划分），共有 300 个氏族。王并没国王的真正权力，rex 的原意是指导者，没有民政权力。王的职位是由前任推荐，由库里亚大会，也就是民众大会选出，而在第二次民众大会上正式就职。管理机构，除王外，还有元老院（senate）和库里亚会议（comitra curiata）。元老院的元老来自各氏族的族长。他们最初是由某个氏族从某个家庭选出来的（"senate" 一词由 "senex" 演变而来，原意为 "老人"）。元老院的主要职责是作为王的咨询机构，是王对外对内政策的顾问。在王的参与下，元老院还有权批准和否决库里亚会议的决议案。每个氏族从某个家庭选元老逐渐成了惯例，结果形成了氏族显贵，产生了贵族家庭。库里亚会议是按库里亚，即胞族召开的民众大会，它是罗马最早的公民大会，是最高政权的代表。但实际上，大会只是通过王作出的决议，而这些决议又是在王和元老院磋商后交给库里亚会议的。王死后，继任者由库里亚会议选举产生。库里亚制度还是最早的罗马军事组织的基础。罗马军队由一支有 3000 名步兵和 300 名骑兵的军团组成，每一部落分别出 1000 人和 100 人，而每一个库里亚则分别出 100 人和 10 人。

罗马社会的最基本单位是家庭。家庭或家族、氏族或家族群，具有压倒一切的重要性。罗马人的家庭实行严格的一夫一妻制，没有一夫多妻的家庭。罗马没有妾的概念，像中国古代一妻多妾的假一夫一妻制也是没有的。一旦一对年轻人举行了所谓原始之圣礼的结婚仪式，确立夫妻关系，这种关系就不能破灭，妇女一生为夫之所有。家长在家庭中有绝对的权力。在家里，家长的话就是严格的法律，不仅妇女毫无权利，而且，只要他活着，他的儿子就决不会成年，就必须听命于父亲——家长，就没有独立性。这种观念可以说是罗马后来发展为有全能之王（国家之父）的帝国的思想基础。

古罗马的夫妻

罗马氏族间之婚姻，称为罗马之结婚，所生之子，即为罗马公民。诸氏族之外的任何人都没有罗马公民资格。公民与非公民所生之子，也不能算罗马公民。公民之子，称为"有父者"（patricii），而"贵族"一词即源于此。与贵族相对的是平民（plebs），意为"充数者"。他们不属于罗马氏族成员，没有氏族权利，无权分得土地，但有服兵役的义务。尚有一种被称为"被保护人"（clientes）的人。他们或是破产的氏族成员，或是平民。他们寻求得到某一贵族的保护，从贵族那里取得一块份地，但必须为贵族服役和负担一定的义务，战时还要以亲兵身份随同出征。

罗马人主要从事农业，并已普遍使用铁器。农业是最受人尊敬的行业，就像中国把农业看成是本业一样，罗马人也把农业看成是诸业之首。贵族除农业外，不从事其他行业。商业已超越了以物易物阶段，也不用牛和谷物做中介物，而开始用粗糙的铜板进行交易，不过铜板上刻有牛。

4. 弹丸小国：塞尔维乌斯改革

公元前 6 世纪，随着罗马的发展，贵族和平民的矛盾尖锐起来。传说中的第六任王塞尔维乌斯·塔利乌斯（约公元前 578—前 534 年），依靠平民的支持，对国家制度进行了改革。

罗马原来的三个部落被他按地域重新分为四个部落，乡村附庸则分为 17 个部落。以血缘关系为基础的部落组织被以地域关系划分的新部落所取代。新的部落组织是征兵和收税的基本单位。

库里亚会议也被新的森图里亚大会（comitia aenturiata）所取代。森图里亚大会是建立在按财产多寡划分社会等级的基础上的。所有罗马居民不管是贵族，还是平民，凡是能够负担兵役的，都按财产的多少分成五级，五级以下的贫民被称为无产者，不列级。每级提供数目不同的百人队（森图里亚）。百人队是罗马军队的基本单位。公民服兵役要自带武器装备。森图里亚大会，不是按人投票，而是按森图里亚投票，一个森图里亚一票。由于富人组成了半数以上的森图里亚，因此，在森图里亚大会上富人的意见是决定性的。富人是森图里亚大会的多数党、执政党。在这种制度下，优先考虑的已不是出身，而是财富的多少了。原来库里亚会议宣布战争、选举官吏和宣判等权力都转归森图里亚大会了。

森图里亚也是新的军事制度的基础。军队以百人队，也就是森图里亚为基本单位，主要由那些有钱自备战马和盔甲的人组成。在某种程度上，这是一支贵族的军队，人口最富裕的那部分组成了战斗力最强的重装备步兵和骑兵。考古发现证明，公元前 6 世纪，源于希腊的整套重装备武器，包括圆盾、金属盔甲和投枪等，开始被伊特拉斯坎人有效地使用了。由于军队和森图里亚大会结合在一起，因此，每年春天，森图里亚大会也成了罗马军队出征的战斗动员会。大会具有一种战斗的团结精神。罗马军队与森图里亚大会的这种关系，培养出了罗马人严格服从的品性。

塞尔维乌斯改革使罗马进入一个新阶段，尽管有人认为，不能把改革归功于他，时间上大概要晚得多。改革措施是适合当时社会发展需要的，它破坏了以血缘关系为基础的古代社会制度，"代之而起的是一个新的、以地区划分和财产差别为基础的真正的国家制度"（恩格斯：《家庭、私有制和国家的起源》）。

这样，伊特拉斯坎人统治罗马两个世纪，建立起一套较完整的统治机构，同时，也使罗马的经济文化有了长足的进步。罗马的面貌大大改变了：在罗马修建了一条石块构成的、拱形结构的坚固的排水沟，广场再也不会被洪水淹没了；在帕拉丁山上修建了王宫；在台伯河上架起了第一座木桥；卡皮托林矗立起朱庇特、朱诺和密涅瓦三位一体的大庙。朱庇特取代了马尔斯，成为罗马的主神。在阿文廷山上修建了狄安娜神庙。狄安娜是光明女神、森林女神和生育女神。这些神的崇拜和神庙的修建，显然有希腊人的影响。希腊人是罗马人的又一重要老师。罗马的许多东西都有希腊影响的痕迹。罗马的不少神是和希腊神对应的，是希腊神的翻版。如朱庇特对应宙斯，维纳斯对应阿佛洛狄特等。

罗马的疆域扩大了，在西北，击破了拉丁人的重要城镇阿尔巴·隆加，一些阿尔巴的主要家族移居到罗马。在西南，扩展到海边，并在台伯河河口建立了奥斯提亚港，以便开发附近的盐场。

然而，这时的罗马仍是个弹丸小国。这是所有城邦国家的特点，罗马就是在这样一个弹丸小国的基础上发展成大帝国的。

罗马虽长期处于伊特拉斯坎人的统治下，其主要居民却仍是拉丁人，说的语言也是拉丁语，伊特拉斯坎统治者没有也没力量同化罗马的拉丁人。

大约在公元前 510 年，也就是中国的春秋时代，伊特拉斯坎最后一任国王塔尔奎尼乌斯·休珀布斯被罗马人赶下了台。休珀布斯是名暴君。传说罗马一个有夫之妇被他儿子强奸后自杀了，激起了本来就对休珀布斯暴政不满的罗马人的公愤，罗马人暴动了，把暴君和他的家族驱逐出罗马，伊特拉斯坎王朝就这样结束了。

塔尔奎尼乌斯·休珀布斯随后虽想夺回被剥夺了的权力，却没有成功。其他一些伊特拉斯坎的城邦也曾攻击和威胁罗马，但均以失败而告终。随着伊特拉斯坎人大败于希腊人在西西里的最大殖民城市叙拉古以及北上致力于在高卢发展，伊特拉斯坎人已无力也无暇威胁罗马了。

三、共和制的建立和完善

1. 走向共和：罗马的伟大建树

伊特拉斯坎国王被驱逐后，贵族控制了国家，但他们中还没有谁强大到可以称王的地步。罗马人民也由于刚摆脱了君主制，对君主制有强烈的厌恶情绪，特别是平民阶层。在这种情况下，贵族和平民之间达成了一个相互妥协的协议：永远废除王，废除君主制，实行共和制，由两个执政官来取代王领导国家。执政官任期一年，由森图里亚大会，也就是军人大会从贵族中选举产生。执政官是最高行政长官，有指挥军队以及解释和执行法律的权力，元老院和森图里亚大会也由他们召集和主持。他们虽由森图里亚大会选出，却并不对森图里亚大会负责，也不对元老院负责，而是受法律的限制。在某些方面，他们就像美国的总统。美国人在首创他们的总统制政府时，是深思熟虑地借鉴了古罗马人的经验。

授予执政官如此大的权力是和罗马人对共和国当局的尊重、服从和忠诚的信念一致的。不过，尽管执政官行使职权只受法律约束，而不对任何个人或集团负责，但他们所受的限制比今天任何一个国家的行政首脑都要大。一是他们的任期出奇短，短到只有一年。现代民选政府首脑任期没有如此短的，因为这样短的任期虽可防止权力的滥用，却也会给工作的效率和连续性造成很大的损害，甚至会损伤政府首脑工作的责任心。不停地换首脑也会造成社会的动荡。二是他们是权力相等的两个人，一个不能压倒另一个、高于另一个，他们彼此都受另一个否决权的约束。这有点类似联合国安理会的五个常任理事国。安理会的任何决议必须五个常任理事国都不反对，只要一国反对，安理会就无法作出任何决议，这就是一票否决权。罗马的执政官就有这种否决权。一个执政官可以否决另一个执政官的任何决定。否决权反映出罗马人的政治智慧。这既可使执政官在作出决定时，尽量与他人磋商，又可避免在选出不称职的，甚至愚蠢的执政官时造成无法容忍的错误。不过，有利也有弊，否决权的设立有时也会延误工作，也可能否决正确的决定。非常崇敬古罗马人的拿破仑，也曾仿效古罗马自任执政官。不过，拿破仑的这一执政官和古罗马的执政官大相径庭。罗马人的两个执政官权力相等。拿破仑所任的执政官是高居于其他执政官之上的首席执政官。古人的事，近现代人是无法照搬的。

开始时，几乎所有的政府事务都由执政官亲自掌管，随后，陆续增添了其他一些官职来协助执政官工作，如财政官、监察官、法官等。

元老院仍是一个重要机构。元老院在推翻伊特拉斯坎国王中可能起了重要作用，因而也获得了对国事的更大发言权。元老院完全由贵族组成，虽没有任何行政权力，是个纯粹的咨询机构，却可在国内外政策、财政和宗教诸方面向当选的官员提出建议。由于执政官任期只有一年，因而他们乐意听取元老院的意见，以免离职后树敌太多。同时，元老们的地位、家庭的传统和成就也使元老具有令人生畏的威信。这种威信使元老院拥有了不可替代的指导地位。

元老院的元老们

森图里亚大会是最高权力机构。大会制定法律、宣战、媾和、主持公审和选举执政官。由于大会是按森图里亚（百人队）投票选举，而不是一人一票，富人拥有比穷人多得多的投票权，执政官的候选人由元老院推荐并都来自元老院之元老。因而实际上，森图里亚大会是由元老院的元老们控制的。

罗马共和制下的贵族制还由于罗马独具的庇护制而变得稳固和有效。罗马社会除了有贵族和平民之分外，还有有权有钱的庇护人和依附于他们的被保护人之分。被保护人是自由民，大都是平民，他们把自己委托给他人并接受他的保护。被保护人要尽自己所能，用各种方法帮助他们的庇护人在公共生活中获取成功，增进他的利益；作为回报，庇护人则应照顾他的被保护人的私人事务，给予他们财政上和法律上的帮助。这种制度在其他社会很少出现，在罗马却无处不在，具有令人信服的约束力。这种约束力不仅体现在这种关系的契约性上，还体现在情感上。被保护人的身份是世袭的。庇护人甚至要在姻亲面前评价他的被保护人。双方要互相忠实。互相忠实被称为"菲得斯"。菲得斯也是古老的受人尊崇的女神。被保护人要像尊敬父母、祖国和神一样尊敬庇护人。

由于这种庇护制，被保护人在公共事务中有追随他的庇护人的义务，森图里亚大会作为富人的工具得到进一步加强，其民主性进一步削弱。富人不只是在大会中拥有绝大多数的投票权，参加大会的穷人大部分是富人和元老贵族的被保护人，他们有责任使他们的投票有利于庇护人，或有利于其庇护人的朋友和亲戚。

2. 贵族与平民：共和完善的两轮驱动

罗马人在驱逐伊特拉斯坎人后所建立的共和制度，除以执政官取代王外，新的东西不多。这个罗马共和国和希腊的诸城邦，特别是雅典，完全不同。雅典等城邦，其主要特点是公民在权力上的平等，并在这种平等的基础上形成一种直接民主的民主制度。尽管实质上并不是人人平等和完全民主的，但形式上总是如此。而罗马共和国权力完全掌握在贵族手中。贵族不仅垄断了共和国所有官职，垄断了元老院，控制了森图里亚大会，而且还垄断了宗教祭祀诸神的权力。这种宗教权力不仅是神圣的，而且也是无所不在的，因为罗马社会基本上是个宗教社会，做任何事都要进行宗教活动，获得神的认可和赞同才可进行。这种宗教权力一直由贵族掌握。在家庭里则由家长掌握，氏族里则是族长的特权。这种宗教权力还包含对法律和历法的掌管，因为在古代罗马，法律和历法两者都是宗教的。

贵族权力如此之大，但人数却少得可怜，还占不到罗马全体公民的 1/14。当然，这里的罗马公民不包括奴隶和没有公民权的外来移民等。公元前 5 世纪，贵族家族只有 53 个。这是个极端封闭的、有强烈排他性的集团，由不到 1000 个家庭组成。贵族只在贵族间互通婚姻，平民不能和贵族通婚。不仅在政治权力上，在社会生活方面，平民也和贵族有着严格的不可逾越的界限。

一个共和制城邦，全部权力集中在人数如此之少的贵族手中，平民的权力几乎荡然无存，这是很不正常的，也说明罗马的这种共和制是很不成熟的。贵族是离不开人数众多的平民的，平民对他们的处境当然有强烈的不满，他们奋起抗争，导致了一场延续两个世纪的平民与贵族的斗争，共和制在这场斗争中逐渐完善。

罗马公民中的 90% 以上是平民（不包括奴隶，在古罗马，在其他古代社会也一样，奴隶是不被当作人看待的。也不包括没有公民权的外来人），不少平民同时也有被保护人身份。这种身份使他们可以得到他们庇护人道义上的帮助，在一定程度上缓和了平民与贵族的矛盾，但并不是所有的平民都是被保护人，例如，外来的商人就被排斥在外，没有庇护人。而庇护人所能做的或愿意做的也不能完全消除平民的不满。

平民中较有势力和富有的那部分人，对完全被排除在有权势的职位——包括执政官和元老院的职位之外，愤愤不平。罗马的官职是无薪的，平民中只有他们能够支付得起任职的开销。他们有强烈的要从贵族手中分一杯羹的愿望，希望和贵族平起平坐。他们往往是平民进行这方面斗争的最活跃分子和领导人。

平民中的大多数没有谋取一官半职的要求，他们只反对权力的滥用。引起他们强烈不满的是他们的生活日益恶化和地位的日益降低。他们最迫切的要求，一是希望拥有一块可以谋生的土地，二是摆脱可导致他们丧失自由民身份的债务。

在推翻伊特拉斯坎人的统治后，罗马的经济情况恶化了。由于各方面敌人的反复袭击及和好几个拉丁同盟的竞争，罗马城竟贫困得成了只能勉强维持生存的、低水平的纯农业社会。许多平民没有可以谋生的土地，因为大部分土地是公地，而平民又无权参与公有地的分配和使用。有土地的平民也因为要经常参加无休止的边境战争，无暇耕耘，而使他们的农庄一片荒凉。在这种情况下，罗马不断闹粮荒，不少平民经常处于饥饿状态。大约在公元前497—前496年，为摆脱饥荒，罗马人在罗马修建了谷物女神刻瑞斯神庙，企求女神赐给他们粮食。然而女神既不能解决粮荒，也不能给平民土地。

农业状况的恶化使大批平民陷入令人绝望的债务中。不少人倾家荡产也无力还清欠债。按照法律，无力还债者，要用自己抵债。贵族债主往往把无力还债的债户拘禁起来，给他们戴上枷锁，使他们成为"戴镣铐的人"。虽然严格地说"戴镣铐的人"还不是奴隶，但失去自由，地位和奴隶已没什么两样了。有些负债者就被债主作为奴隶卖往海外。债务问题成了平民和贵族冲突的一个主要原因。当罗马当局为维护债主的利益，也就是为了维护贵族的利益，而不公正地、专制地、强行执行债务法时，平民的怨愤达到了顶点，于是他们忍无可忍了，奋起抗争了。

然而，平民没有把他们的怨愤化为暴力，他们没有采取武力抗暴，而是聪明地、理智地采取了和平的抗议方式。他们用一种集体撤离来表达他们的抗议、不满和不与贵族合作的决心。平民们虽和平地离开罗马，离开罗马的贵族，但规模却是很大的。他们知道，他们的离开会给贵族带来沉重的打击。没有平民，贵族政府就什么事也办不成，就没有人充当战士、保障边境、扩张领土。他们可以通过这种不合作运动，迫使贵族让步，达到自己的目的。

第一次撤离运动发生在公元前494年。一群平民，连同他们的家庭一起离开罗马城，走向被称为圣山的阿文廷山。那时，阿文廷山还在罗马城墙之外。阿文廷山是熟悉民主观念的希腊商人经常出入之地。平民一到这里，就按古老的意大利惯例，宣读彼此支持的共同誓言。平民的撤离实际上把国家一分为二，暂时建立起一个国中之国。这不仅使罗马兵力锐减，经济遭到严重损害，而且国家有可能分裂。在这种情况下，贵族政府当局不得不妥协，答应了平民的主要要求，允许平民集会，选举一种被称为平民或人民的保民官的特殊新官员。这种新官员的职责，就像其名称所显示的，是保护平民，使平民免遭处死、逮捕和骚扰，包括不受债权人拘禁。保民官有责任为反对任何行政官员的行为说情，特别有意义的是，他们有否决权，有否决政府任何官员（包括执政官）的命令的权力，无论哪一个平民受到执政官的虐待，他们都有权取消执政官的命令。他们在法律不公正时，可以阻止法律的实施。这是一种奇怪的官职，他们没有从任何法律中得到权力，也不是政府的官员，政府和法律对他们没有约束力。他们是从平民维护他们神圣不可侵犯的誓约中取得力量的，任何对他们的侵犯都会招致一场灾难或死亡。保民官的人身是神圣不可侵犯的，这一特权保证了他们履行其保护平民的职责。最初选出的保民官都是有财产的、有维护平民志向的平民。保民官是古罗马特有的，古今中外，除罗马外，都没类似的可以否决政府一切法令的官员，近代的权力制衡理论或多或少有古罗马的痕迹。保民官其实源于古罗马特有的庇护制，是庇护制的延伸。保民官，就像庇护人有义务和责任保护其被保护人一样，是平民的保护者。

保民官的设立是平民与贵族斗争所获得的第一回合的胜利。这一胜利成果说明罗马平民把自己的人身不受侵犯的权利看得比什么都重要，同时也显示了撤离运动这一斗争形式的有效性。据说，此后平民还多次采用这种斗争方式。

不过，保民官只能将误判的死刑改过来，保护平民免遭一些不公正的待遇，而不能确保平民享受各种权利，既不能使平民获得土地，也不能使平民享有竞选执政官、进入元老院以及和贵族通婚等权利。保民官的权力主要是否决权。

保民官的设立虽使平民与贵族的矛盾有所缓和，但平民的斗争并未停止，这一斗争才刚揭开序幕，路还长得很。和其他地方同样性质的斗争不同的是，罗马平民的斗争虽是顽强的、不屈不挠的，却不是暴力的，没有选择战争、内乱等流血方式，而是采取和平的不合作方式——撤离运动。它类似于近现代的工人罢工，印度甘地倡导的不合作运动也和罗马的撤离运动有点像。应当说，罗马平民的斗争方式是聪明的、成功的，反映出罗马人民在这方面的过人智慧。它也证明，在某种情况下，暴力并不是阶级斗争的最好的唯一方式。

大约在公元前471年，平民又迫使政府同意建立专门的平民协议会、平民大会，其成员只能是平民。平民协议会或平民大会，一年一次选举下一任保民官，提出和通过各种议案，处理某些类似的诉讼和审判。但是平民协议会和保民官一样，不是罗马官方机构，它的决定只是表达平民的意愿，没有法律约束力。不过，一般地说，政府还是非常重视它的决议案的，并明智地接受它们。

这样，罗马就有了三个公民大会。主要的公民大会仍是森图里亚大会，还有半失效的却并未废止的库里亚大会和非官方的新设立的平民协议会。平民协议会的创立，使平民可以按期选举保民官和有了一个充分表达自己意愿的场所。三个公民大会是不同阶层利益的代表者，库里亚大会是氏族社会的残余，代表氏族的利益，森图里亚大会反映贵族的愿望，平民协议会是平民利益的代表者。

3. 法的渊源：《十二铜表法》

由于饥荒、瘟疫和频繁的边境战争，平民社会经济的困难处境并没有多少改变。当时的法律还是习惯法，没有成文法。法律的解释权操纵在贵族祭司集团手中，平民坚持要求把现行法律用文字刻写出来，公之于众，以便他们在碰到法律问题时能够找到法律依据。平民的要求急切又猛烈，政府当局不得不在公元前451年暂停执政官的选举，而建立一个由阿皮乌斯·克劳狄乌斯领导的、由10个贵族组成的委员会来负责编纂法律。经过一年的努力，十人委员会完成了编纂工作，森图里亚大会通过了这部罗马历史上的第一部成文法，并令人把它刻在12块铜表上。铜表竖立在罗马广场，以便所有人都能看到。这就是罗马《十二铜表法》。

最初的铜表被高卢人入侵时销毁了，全文已不可知，但它部分典型的重要条文却在罗马当局以后编印的引文中保存了下来。《十二铜表法》虽然是由各种各样的、不完善的条款拼凑起来的，却是罗马在许多世纪里所拥有的唯一法典。它的内容十分庞杂，包括一些普通原则、各种细节、私法、公法和刑法以及从公共卫生到个人安全等各类事务的规则。《十二铜表法》文字简练准确，显示了罗马人在阐述法律条文方面的无可比拟的天赋。可以说，准确阐述法律是罗马人给人类文明的重要贡献。《十二铜表法》给后世的影响是巨大的，被认为是罗马法的主要渊源。

但是，《十二铜表法》一公布，招来的不是赞扬，而是平民的普遍反对。《十二铜表法》没有体现平民的愿望，没有任何改变平民命运待遇的条文。《十二铜表法》只是把已经存在的习惯法归纳成文，没有丝毫对旧风俗的改革或开明化。它承认贵族阶级和家长制家庭家长的特权，它规定债权人可以把他还不起债的债务人作为永久的"戴镣铐的人"或奴隶处理。不过，《十二铜表法》在涉及遗嘱权利、契约和财产权等方面却显得特别开明和早熟。它规定，对于任何欺骗其被保护人的庇护人处以死刑。这多少可以抚慰一下许多是平民的被保护人，同时也反映了罗马人对庇护关系的重视。婚姻法规中规定，妻子年满 25 岁便有保存财产的权利，甚至规定妻子每年可离开丈夫的家在外过三天，以摆脱丈夫的合法控制。在适当的时候，在彼此同意的基础上，也可实行自由婚姻。在这种婚姻中，丈夫没有任何压倒妻子的权威。《十二铜表法》的这些规定，使罗马人在这方面走得很远，使罗马妇女享有的权利和自由远远超过了希腊妇女，中国古代妇女讲三从四德，对自由婚姻想也不敢想。

《十二铜表法》虽不受平民欢迎，但公开法律本身就是对贵族的专横的限制，因为法律公之于众，量罪定刑，就必须以法律条文为准。在某种程度上，仍然可以说，《十二铜表法》的制定和公布是平民斗争的一次重大胜利，也是使罗马成为古代最重视法律的国家开始迈出的重要一步。而且在罗马人眼中，法不只是治民的，也是保护人民权利的。

由于平民的斗争，公元前 446 年，平民与贵族通婚的限制被废除了。不过，限制虽取消了，平民仍很少有可能与贵族通婚。贵族顽固地对和平民通婚持厌恶态度。这种态度对于贵族来说是愚蠢的、自杀性的，贵族家庭的数量没有增多反而减少了。

4. 三大难题：平民斗争的新纪元

公元前 376 年，李锡尼乌斯和塞克斯蒂乌斯当选为保民官。这时，平民与贵族的斗争已延续了一个多世纪，而平民最关心的债务问题、土地问题以及平民担任高级官吏的问题仍未解决。由于高卢人的入侵和对罗马的掠夺破坏，平民所承受的军事、经济负担更繁重，生活更加困苦，因而，平民要求解决债务、土地和担任官职等问题也更加迫切。李锡尼乌斯和塞克斯蒂乌斯两位保民官代表平民的利益，提出了解决上述三大问题的一系列法案，但遭到贵族的蛮横阻挠，他们的法案一而再、再而三地被否决。而平民针锋相对地一年又一年、连续十年选举他们两人为保民官，支持他们所提出的反映了他们要求的法案。李锡尼乌斯和塞克斯蒂乌斯也不负众望，顽强地一年又一年地提出他们的改革方案。

在平民不达目的决不罢休的斗争下，贵族终于让步了。公元前366 年，李锡尼乌斯和塞克斯蒂乌斯的法案通过了。法案的主要内容有三项：一是调整债务关系。规定债务人已交的利息应当从他欠债的总额中扣除，所欠债务在三年内逐年交付。二是限制个人所占有土地的数量。规定占有土地的最高限额为 500 犹亩（iugum，古罗马土地面积单位，1 犹亩约合我国 4 市亩）。这一规定是为了使穷困的平民能获得罗马侵占的土地中适当的一部分，满足平民渴望土地的要求。但是，这两项法案虽获通过，却由于贵族的阻挠，并没完全实施。平民为取消债务和获得土地还要走很长的路。三是规定今后执政官之一可以由平民担任。这一法案打破了贵族对执政官的垄断，满足了那些富裕平民的要求。在法案通过后25年，"可以"变成了"必须"，也就是说，执政官之一必须是平民。公元前351年，地位仅次于执政官的负责户口调查、评定公民应缴税额、确定选举事宜、监督人们日常活动、预防不道德事件发生的监察官（sensar）也可由平民担任了。公元前339年又颁布法令，规定监察官有一个必须是平民。这些法令的实施，使罗马社会逐渐形成了一个新的统治阶级。这个新的统治阶级或者说新的统治集团，不只包括贵族（patricius），还包括所谓的新贵（nobititas）。新贵既有贵族也有平民，共同之处是他们都有先人当过执政官、监察官等高官，这也是"高贵的"（noble）一词的本义。

在随后的十多年里，罗马在社会进步和团结方面有了更多的发展，以至于能腾出手来依次镇压外部敌人、大规模地扩张领土和掠夺资源财富。

公元前326年，迫于平民的压力，同时也是为了适应正在进行的第二次萨莫奈战争的需要，罗马通过了执政官波埃蒂尼乌斯的法案。法案规定，债款可以用债务人的财产而不是他本人作保，债权人必须接受债务人交出的作为债务抵偿的任何财产，不经法庭判决，债权人不得对债务人采取任何极端行动。法案的规定实际上取消了债务奴役制。奥古斯都时代的古罗马史学家李维对波埃蒂尼乌斯改革评价甚高。他写道："这一年（公元前326年）似乎是罗马平民的新纪元，因为债务奴役制被取消了……执政官受命向人民提出……用来担保债务的应当是债务人的财产，而不是他的身体。这样，被奴役的人遂获得了解放，就是在以后也禁止奴役债务人。"如果联想到我国在辛亥革命后仍有大量以人身抵债的情况，联想到歌剧《白毛女》中杨白劳被黄世仁强迫以他女儿喜儿抵债时，联想到至今还有人认为喜儿抵债是有理的时，我们不得不惊叹波埃蒂尼乌斯法案的进步性了。这里反映了东西方的一个不同观念，西方把公民的人身权利看得比什么都重要，公民的人身在某种程度上是不可侵犯的。当然，这种人身权利是狭隘的，仅限于公民。奴隶的生杀则完全随主人意。罗马取消债务奴役制也有希腊的影响，希腊一些城邦比罗马走得更远，他们干脆把债务一笔勾销了。

公元前 287 年，由于第三次萨莫奈战争造成的财政和社会危机，平民愤而使用撤离手段。他们携带武器，撤出罗马城，集合到台伯河北岸的一个山丘上。为解决平民撤离而造成的严重危机，平民昆图斯·霍尔坦西乌斯被任命为独裁官。独裁官是为解决严重危机而设立的权力极大、任期特短（最长不得超过 6 个月）的官职。霍尔坦西乌斯提出了一项具有制度性的法案来平息平民的怨愤。法案规定，平民协议会的决议无须得到森图里亚大会或元老院的赞同就具有法律效力，对整个社会都具有约束力，不管是平民还是贵族都必须遵守。不过，这时的平民协议会参加者已不限于平民，贵族也可参加。平民协议会建立在部落的基础上，也被称为部落大会，或按音译被称为特里布大会，实际上，成了全体罗马公民都参加的公民大会。平民协议会或部落大会，与森图里亚大会不同，由保民官主持，分部落开会，以人人投票的方式表决通过一种意见，然后 35 个部落再各投一票，够 18 票就通过。平民在各部落中占多数，因此，特里布大会比森图里亚大会要民主得多。平民协议会最高立法地位的确立和它负责选举保民官、营造官、财政官以及其他较低级别官员的职能，使它成为罗马最重要的公民大会。

霍尔坦西乌斯法案的通过，说明罗马人民在法律上已有至高无上的立法权，平民协议会的法令成了罗马法的重要部分，延续了近两个世纪的平民与贵族的斗争至此告终。

罗马平民与贵族的斗争时间长，影响深远。可以说，这场斗争的结果为罗马的强大、征服意大利进而统治地中海世界、建立举世无双的帝国奠定了基础，是罗马兴起的关键所在。

斗争的最重大成果是平民获得了参政的权利。平民在平民协议会这样的公民大会上可充分表达自己的意愿。平民大会成了罗马最重要的最高立法机构，平民有了充任各种官职的权力，可以担当法官、财政官、监察官和执政官等高级官吏，平民可与贵族通婚，可以进元老院充任元老。原来由清一色的贵族组成的祭司集团，现在也要有一半成员是平民。在形式上，或者说，在一定意义上，罗马人民似乎拥有相当充分的完备的权力。由于每个成年男性公民，其中大多数是平民，都参与政治活动，个人与国家息息相关。这样，罗马人民就都有一种公民意识，有一种自己是国家主人翁的责任心和自豪感。他们把热爱并忠诚于自己的国家、尽力为国家服务、作贡献，看作是一种义不容辞的责任和至高无上的荣誉。因此，无论碰上多大的挫折和困难，他们都能团结一致坚持到最后胜利。当然，公民意识还含有一种公民的平等观念，中国古代贫民就不会有这种观念。他们无权，无参政权，因此，他们认为国家大事是当官的事，是富人的事，与老百姓无关，《曹刿论战》中的乡人就是如此。即使是当官的，也没有为国家办事的观念，他们一般把自己看作是某个君主的臣，是为君主工作的。忠君是中国古人最高的道德要求。士人津津乐道的"士为知己者死"也是为某个知己的个人。国家在这里不见了，或者说，退居次要地位了。

平民的经济状况有所改善。平民有分享公有地的权利。虽然平民要求解决的土地问题并没彻底解决，但却有了良好的开端，有了希望。平民也分得了少量的公有地。债务奴役制度废除了，这不只是减轻了平民的经济重负，更重要的是使平民摆脱了沦为奴隶的命运，平民与奴隶之间有了明确的界限，平民的公民身份地位得到了国家的保护，公民的人身具有一定的不可侵犯权，从而使平民有了作为罗马公民的自豪感，国家也因此有了兵源保证。由公民组成的公民兵是罗马得以不断扩张的基础和力量所在。为国当兵作战是公民的责任和荣誉。

罗马人的公民权利包括政治、经济和军事各方面的权利。有公权，就是参政权，也有私权。有权利，也就有相应的义务。罗马人（包括平民）都把担任官职和从军作战看成是一个罗马公民应尽的义务。我国古人没有这种观念。奴隶和自由民没有什么严格的界限，自由民的地位不受国家保护，富豪的奴婢要比贫民神气得多。我国古人没有公民意识，也就不会有民主制度。中国古代没有希腊罗马那样的城邦，缺乏公民意识是一个重要原因。

罗马的共和制度在平民与贵族的斗争过程中逐步完善了。行政机构配套了，完善了，官职增多了。由最初的由两个执政官包揽一切，逐步发展出由一系列次要官员如监察官、财政官（管理政府资金）、法官（处理法律纠纷）等和更次要的一些官员分工合作、协助和配合执政官工作的较完备的一套行政机构。在国家面临极度危急状态时，还可任命一位德高望重的人担任为期极短的独裁官。罗马的官员有两个明显的特点：一是任期短，执政官任期只有一年，其他官职也一样任期短，最短的独裁官，任期最长不能超过 6 个月；二是除独裁官外，各种官职都不是一人独任，而是几人共任。执政官是两人，其他官员没有少于两人的。共任官员地位、权力相等，没有近现代的正职、副职之分，没有第一号、第二号、第三号之区别。古罗马人的平等观念在官职上表现得很充分。这样两个特点，好处是避免了权力被一人独揽，权力受到牵制和限制，缺点是有时会影响工作效率。与东方和中国古代的官吏相比较，罗马官员还有两点不同之处：一是官员是由各公民大会选举产生的；二是官员是无薪的。前一点相当进步，后一点反映了罗马人认为当官是为国尽责的观念，但却使当官成了富人的事，只有富人才有兴趣和条件当官。

立法机构完善了。过去组成和选举都极不公正的森图里亚大会，即军人大会，是最高立法机构，它完全受贵族操纵，实际上剥夺了平民的立法权。现在主要的立法机构成了平民协议会，即部落大会，平民有了发表意见的地方。表决方式和森图里亚大会相比，也对平民相对有利了。

共和制的完善，一个适应国内形势需要的、有效的、有权威的领导体制的建立，是罗马发展壮大的重要条件。当然，罗马的共和制是在城邦制的基础上发展起来的，在罗马称霸进程中，它将显示某些不适应性，甚至丑陋性。

5. 贵族共和：罗马的发展模式

那么，罗马平民与贵族的长期斗争，谁胜谁负呢？表面上看，是以平民的胜利而告终。实际上，罗马贵族并没有丢失什么，与其说是平民的胜利，还不如说，罗马贵族找到了发展自己事业的正确有效方式，扩大了统治基础，完善了统治体制。恩格斯说："在罗马，氏族社会变成了闭关自守的贵族，贵族的四周则是人数众多的、站在这一社会之外的、没有权利只有义务的平民；平民的胜利炸毁了旧的氏族制度，并在它的废墟上建立了国家，而氏族贵族和平民不久便完全融化在国家中了。"贵族的闭关自守只会毁掉贵族，平民的斗争冲破了贵族的封闭性，给贵族注入了新的血液和活力。平民和贵族通婚了，一些平民由于担任高官而跻身贵族行列，成了豪门贵族。贵族的基础扩大了，得救了。贵族和平民融化在国家中，平民获得了一定的权利，这只会增强他们履行对国家义务的责任心，只会增强他们对国家的忠诚。罗马的种种改革和新的立法，当然是和平民的斗争分不开的，但也是迫切发展罗马国家事业的需要。

平民虽取得了种种权利，罗马国家的贵族性质不仅没有削弱，反而强化了。原来只有平民参加的平民协议会成了部落大会，贵族也参加进来了。由于许多平民是贵族的被保护者，由于贵族的政治、经济地位，最能体现平民意志的平民协议会，也逐渐被有钱的成员控制了。平民可以当官了，但实际上，由于官员无薪，能当官的只有富裕的平民。这除了使少数富裕平民加入贵族行列、壮大贵族队伍外，对于广大平民，当官仍只是无法充饥的画饼。更有甚者，平民协议会的灵魂，和政府对立的、具有否决一切行政官员作为的平民保护者——保民官，也逐渐被贵族政府争取过去了。他们先是被允许进入贵族堡垒元老院听取讨论情况，接着又被授予向元老院提出动议的权力，最后成了元老院最重要的成员，被授权召集并主持元老院。保民官仍有平民保护者之名，却无平民保护者之实了，成为政府的亲信、元老院最重要的成员了。当然，这样的变化也是罗马发展的需要。保民官如果发展其否决权力，整个政府机器将无法运转，就可能陷入瘫痪状态。然而，从平民角度看，保民官的贵族化和与政府合作，显然是他们的失败。穷人今后更难找到真正的支持者和保护者了。

平民的斗争并没有削弱政府的权威，政府的权威反而增强了，政府机器运转更灵活有效了，人民对国家的忠诚也增强了。罗马人尊敬权力与纪律。他们对神、对国家、对自己的家族都心怀忠诚。执政官任期虽仅一年，罗马人民却对他们十分尊敬。执政官外出时，通常都有几位侍从官陪侍。侍从官打着象征国家权力的牌子，手持一束棒，当代意大利的政治词汇"法西斯"就源于这个拉丁词。这束棒意味着执政官有权鞭笞犯人，束棒中间突出一把斧头的标志，象征法律赋予执政官有宣判死刑的权力。其他高级官员外出也有侍从，不过人数稍少些。执政官和其他高级官员身穿镶着紫色边的白色长袍。他们离任后，仍可穿着这样的长袍参加某些宴会。

元老院虽然名义上仍是咨询机构，但权力和影响都增大了。过去，元老院成员是执政官从贵族中挑选的。现在，监察官被授权选择元老院成员，一般都挑选那些曾任职执政官的人，于是，出身平民任过执政官的新贵也有资格进入元老院。元老院出现了新人，增添了活力，成员增加到 300 人。他们人人都有从事政府和公共事务管理工作的丰富经验。只要罗马广场响起传令官的号声，所有元老都会闻声而来，在广场边的议会厅中各就各位。执政官是元老院院长，也是国家的行政首脑，他们的权力要大于其他元老，他们轮流主持元老院会议。不过，他们虽坐在高台上，俯身面对的却都是些深孚众望、智慧过人、英明贤达之辈，其中不少人也曾经坐在他现在的位子上，对执政官职责的熟悉程度比他们有过之而无不及。在这种情况下，执政官和元老院的关系有了新的变化。元老院集体的强大影响力，使执政官只能听取元老院的建议，实现他们的意愿，而不是告知元老院自己的想法和计划。也就是说，执政官要做的是尽量知道元老院要做什么、想做什么，而不是让他们知道自己要做什么、想做什么。执政官几乎成了元老院的管事了。

平民的胜利还由于许多平民生活在偏远的农村、生产活动的繁忙和路途的遥远，使他们不能来罗马参加公民大会，从而缩小了其意义。只有居住在罗马城区的少数公民才能出席公民大会，参加选举。由于平民自己对管理公共事务的无知和庇护制的影响，他们一般不会对元老院所决定的重大公共事务表示反对意见。实际上，随着平民与贵族斗争的结束，元老院发展成由经验丰富的政治家（他们都是富人）组成的一个大型委员会。正是这个委员会领导和管理着罗马共和国，这个由贵族（包括豪门贵族）组成的群体以及由这个群体对罗马的控制，使罗马成了贵族专制的国家，只是披着一件华丽的共和政体的外衣而已。了解了这一点，我们便可知道，罗马从共和到帝制并非难事，甚至可以说是必然的。

长达两个世纪的平民与贵族的斗争，显示了罗马平民的集体主义和不屈不挠的顽强斗争精神。没有这种精神，就不可能一而再、再而三地进行撤离。斗争也显示了罗马平民尊重法律、照章办事的秉性，他们没有采取暴力行动。斗争的结果反映出贵族在处理和解决矛盾中的政治智慧。一切都通过法律程序解决。共和国没有因这场斗争衰弱，反而日益强大起来。

四、统一意大利

1. 拉丁人：同族间的较量

罗马建立共和国之前，只是台伯河畔的一个小城邦。罗马的疆域只包括罗马城区和附近方圆几公里的地区。国小、民穷，外部条件也十分险恶，时时处处都在遭受外部世界的严重威胁和竞争。在长达两个世纪的大部分时间里，罗马都在为自己的生存和发展进行着持续不断的艰苦战斗。这也是平民斗争获胜的一个重要原因，要打仗，就要战士，就必须得到充当战士的平民的支持。这些持续不断的对外战争，有时是面对单个敌人，有时则面对好几个敌人。战争的胜负有时甚至关系到罗马的生死存亡，决定着罗马的未来。

罗马北部是伊特拉斯坎人。他们曾是罗马的统治者，虽被赶了出去，但仍时刻都想打回来。台伯河南岸附近地区是和罗马人同宗的拉丁部落领地。东边山区散居着古意大利人的诸部落，他们中的一些人还过着游牧生活。艰苦的山区环境，既培养了他们强悍好斗的性格，又使他们时刻都在渴望下山，获取拉丁姆地区的丰富资源。

拉丁诸城镇，在伊特拉斯坎人统治罗马时，也曾受伊特拉斯坎人的控制和威胁。但伊特拉斯坎人被罗马人驱逐后，和罗马人同一种族的拉丁人立即就成了罗马难以对付的竞争对手。罗马共和国的第一仗就是和拉丁人打的，时间大约是公元前496年。一个距罗马仅26公里的海边城镇拉文尼乌姆，成了拉丁海岸城镇联盟的共同圣殿。罗马人把这看成是对罗马的严重挑衅。一场战争就这样爆发了。罗马在处理公民之间的矛盾冲突时，态度平和、文质彬彬，而在对外关系中却显出一副凶神恶煞的面孔，动不动就诉诸武力，大打出手。战场在塔斯库隆领土的里吉勒斯湖，因为塔斯库隆在拉丁人抗击罗马人的斗争中处于军事领导地位。在骑兵的支持下，罗马的重装备步兵，显然要优于老式的拉丁骑兵，结果罗马人胜利了。战后，罗马人把两个很早就在塔斯库隆受到崇敬的神卡斯托尔和波鲁克斯并入自己的宗教。这两个神等于希腊的戴奥斯库里（骑士）。罗马人认为，在这次战斗中，这两个神奇迹般地帮助了他们，才使他们获胜。从此之后，这两个神就成了罗马骑兵或骑士们的保护神。这种把被征服地区的神拿来作为自己神的做法，罗马人在以后经常使用。

里吉勒斯湖战役胜利后，不知是考虑到自己的力量还不足以完全压倒拉丁人，还是出于需要联合拉丁人对抗山区的古意大利人诸部落和仍在台伯河北岸的伊特拉斯坎人的考虑，罗马人没有以胜者自居，而是在平等的基础上和拉丁人签订了和约。和约规定，在反对来自邻近山地的共同敌人的战斗中要互相提供支援，联合军队的统帅由双方轮流担任。和约还规定，互相承认私权。罗马后来经常这样做。罗马在这里不是和单个拉丁城市，而是和一个联合起来的共同体签约。这意味着，罗马的力量已足以和联合起来的拉丁城镇抗衡。

不久之后，罗马人获得了更为有利的位置。公元前415年，罗马被委托在阿尔班山组织拉丁同盟。随后，罗马人又和个别拉丁城市签订了更有利于他们自己的条约。罗马人和拉丁同盟的联合虽仍是平等的，但主动权完全操纵在罗马人手中。

2. 萨宾人：亦亲亦敌的尴尬

罗马人和拉丁人结盟后，联合拉丁人对山区的古意大利人各部落进行了一系列规模虽不大却持续不断、反反复复的战斗。对于罗马人来说，幸运的是，这些古意大利人虽然吃苦耐劳、尚勇好斗，却组织性极差，既没有联合的统一领导，也没有协同作战的计划，基本上是各自为战。在装备上、作战技术上，他们也大大落后于罗马人。尽管有时也为争夺某一城镇或某一地区反复战斗，罗马人最终还是获得了一个又一个胜利。经过一个多世纪，古意大利人中的沃尔斯奇人和伊夸伊人，先是他们的要塞被攻破，随后是聚居地被占领，最后是完全被罗马同化了。不管是作为独立的分离实体，还是不同于罗马人的种族都不存在了。

征服这些古意大利人的一项重大收获，就是在被征服地区建立殖民地。最早建立的殖民地是公元前 5 世纪 90 年代由拉丁同盟建立的拉丁殖民地。这里的殖民地不是近代意义的，如同英国在北美建立的那种整片领土，而只是一些城镇，周围有一片可供耕作的土地，它们是以租借方式或以可自由支配的赠物方式分配给农民战士开辟的居住区。它们既是对付敌人的可能的战斗基地，又是进行农业开发的生活基地。在随后的 150 年内，他们建立了 14 个这样的殖民拓居地。这些殖民地是和罗马人协商后由拉丁人建立的，定居于这些地区的罗马公民必须放弃其原有的身份而成为拉丁同盟的公民。罗马人后来借用了拉丁同盟这一富有成效的办法。这种殖民在随后的罗马和意大利发展中起了巨大的作用。

萨宾人也是古意大利人，居住在罗马东北部的亚平宁山脉的一些

抢夺萨宾妇女

孤立山丘上。他们和罗马人的关系，比其他古意大利人亲密得多。传说，罗马城的创立者罗慕路，曾为了解决移居罗马的男人的婚姻问题而强抢萨宾妇女给罗马人为妻。萨宾人为抢回被罗马人抢去的女人而和罗马人打了起来。这时，已做了罗马人妻子的萨宾妇女勇敢地挺身而出，站到了兵戎相见的丈夫与父兄之间，化解了这场战争。根据这个传说所述，罗马人有萨宾人的血统。萨宾人的声誉也好于其他古意大利人，他们以英勇、道德高尚和宗教虔诚而闻名。他们中的不少人渴望过上罗马人那样的生活。萨宾人的领导人之一阿特斯·克劳苏斯，在罗马共和国成立不久，就取得部落领导的同意，率领他的亲属和支持者的整个家族，共四千多人，移到罗马境内定居下来。这一家族后来成了罗马有巨大影响力的、伟大的克劳狄家族，产生了一些在罗马历史上堪称伟大的人物。罗马后来还有其他一些家族也声称有类似的萨宾血统。移居罗马的萨宾人肯定不止克劳苏斯一家，传说罗马最早的三个部落中就有一个是萨宾部落，是否真是如此且不说，可以肯定的是，罗马有萨宾血统的人相当多。但是，罗马人允许萨宾人移居罗马的友好态度，并没阻止萨宾人的威胁。萨宾人几乎是不间断地袭击罗马，他们的袭击比其他古意大利人的威胁要大得多。大约在公元前496年，萨宾人竟攻到了罗马城下；36年后，公元前460年，萨宾人甚至攻占了卡皮托林堡垒，幸运的是，一支来自塔斯库隆的拉丁援军及时赶到，罗马人才把占领者赶了出去。

公元前449年，罗马人多次打败萨宾人。如同他们过去把拉丁人的神拿过来作为罗马人的神那样，他们在打败萨宾人后，也把一个萨宾人的神桑库斯改名为狄乌斯·费狄乌斯，这是个负责监督各民族间誓言、协议和互相信任的神。罗马人不仅借用了这样一位萨宾人的尊神，而且由尊崇这位神而形成一种仪式，这种仪式后来成了惯例。罗马人在宣战前都要举行由宣战嫦和祭司主持的隆重宗教仪式。仪式上，祭司向敌对国家声述罗马人的怨愤，有些是事实，有些是假话，并提出苛刻严酷的赔偿条件。对方不接受，祭司就依照传统方式，象征性地走到敌国边界，请神证明，罗马人的要求公正合理，然后将一件武器象征性地掷入敌国边界，表示战争开始。罗马人通过这样一种仪式来证明罗马发动的所有战争都是正当的，以达到鼓舞罗马人士气的目的。后来，罗马人和萨宾人的冲突逐渐减少了。经过150年，两个民族合二为一了。经济上的互相需要可能是这种合并的一个重要原因，因为在冬天牧场（萨宾的）和夏天牧场（拉丁的）之间转运羊群对双方都有利。

3. 维爱战争：统一的第一步

其实，对于罗马来说，最大的威胁不是来自这些落后的古意大利人，而是来自台伯河北岸的原是他们统治者的伊特拉斯坎人。伊特拉斯坎人虽被驱逐，但影响仍在。伊特拉斯坎人的一个重要城邦维爱，离罗马只有须臾之遥，不到20公里。如此近的距离，使双方都感到对方的严重威胁就在眼前。维爱是个强大的城邦，处在一个险峻陡峭的高原上，三面有河山环绕，其中包括一条在罗马以北约8公里处流入台伯河的克雷默纳河。这条河在维爱城堡东面下方流过。维爱城由周围的一圈殖民地城堡和边境基地拱卫着。在文明程度上，维爱要高于罗马。对于罗马人来说，他们是比落后的山区部落更难对付的对手。

罗马和维爱相距太近了，双方在市场、土地和沿海食盐等方面的竞争都是无法调和的，台伯河又是一条双方都必须控制的、关系到两者生死存亡的交通干线。双方的矛盾和冲突最后只能以战争来解决。

开始，罗马人处于守势。公元前5世纪80年代，在罗马拥有巨大势力的费比家族，成了站在最前面的面对维爱的保卫者。这个家族传统上和伊特拉里亚连在一起，拥有邻近维爱的土地。他们用私人军队进行防卫。起初，双方只是互相抢夺牲口。后来，费比家族在克雷默纳河河边盖起了一排房子，以便控制该河和附近的道路。维爱当然把这看成是罗马的一种挑衅行为，小冲突终于酿成一场战争。在这场名为克雷默纳战役的流血冲突中，费比家族的300个家庭成员和侍从全都战死疆场，靠近克雷默纳河的一排房子也被维爱人毁掉了。台伯河的整个西北部都被维爱人控制，他们甚至占领了可以直接俯瞰着罗马的矗立在台伯河北岸的詹尼库隆山。

　　然而，正当罗马处于下风时，命运女神却眷顾罗马了。公元前474年，伊特拉斯坎人的舰队被希腊移民城邦叙拉古的舰队击毁，这是对伊特拉斯坎人的重大打击。而这时，罗马人却为和维爱决战作好了充分准备。大约在公元前444年，罗马用三个拥有执政官权力的军事保民官取代了选举产生的、任期一年的两个执政官，这一改革显然是适应军事需要的。随后又设立了两个监察官，四年一选，任期18个月。监察官虽有多种职责，但其主要职责仍是军事的——负责新兵的征召。因为按照财产征召新兵并不是一件简单的事。

　　决战的准备一切就绪了。这时，罗马正遭受着饥荒和瘟疫的折磨，罗马成了一只饿狼，所有的罗马人都渴望通过战争掠取财富、夺占新土地。公元前435年，罗马人主动出击，占领了处于克雷默纳河和台伯河连接处的菲迪尼城。这是个战略要地，既是通往海边盐场大道的第一站，又控制着罗马北边的水道。维爱当然不甘心让这样重要的地方落入罗马人之手。维爱向它的同胞伊特拉斯坎同盟求助，但毫无回音。伊特拉斯坎人这种缺乏团结、一致对外的致命缺陷帮助了罗马人。其他伊特拉斯坎城邦坐视不救，维爱只能靠自己的力量来抗击罗马。

　　从占领菲迪尼开始的对维爱的战争，是罗马人经历的最重要的战争。他们的未来决定于这场战争的胜负。他们借占领菲迪尼城之威，进而包围了维爱。维爱地势险要，易守难攻，罗马人投入了可能投入的所有兵力，花了几乎10年时间，大约在公元前396年，才攻到维爱城墙北边，占领了从这个方向进城的平坦通道的唯一隘口。这里还有一条灌溉农田用的重要水渠。水渠流经开阔的田野，在城墙下通过，流入维爱城。这是维爱城防守设施的一个不为人注意的，却是致命的缺陷。罗马人利用这条水渠把一批战士送入维爱城，摧垮了维爱人的一切反抗，占领了维爱。维爱战争的英雄是克米勒斯，他是罗马军队的主要指挥官。他也是我们从正史上所知的、没有传说成分的历史人物，正是他，在开始围攻维爱不久，就强迫罗马人连续服兵役，不间断地收庄稼，据说还实行了常备兵军饷制，从而把战争推向胜利的终点。

占领维爱，暴露了罗马人极具残酷的一面。这个独立的文明城邦被彻底消灭了，要塞被摧毁，所有的防卫设施都被铲平，全部或大部分居民被迫移到他处，变卖为奴。这样严酷地对待一个被打败和占领的城邦是罗马历史上的第一次，也是以后罗马人大量同样罪行的开始。罗马人把维爱城毁掉了，把维爱人变卖为奴，却把维爱的守护神朱诺接受过来，作为自己的神，并在阿文廷山建庙祭祀。朱诺过去也受到罗马人的崇拜，但和维爱人的崇拜不一样，她只是被作为朱庇特的伴侣而受崇拜，而在维爱，她是女皇，代表活力和青春，也代表政治和军事力量，享受着规模宏伟的单独祭祀。现在，她成了罗马的保护神。罗马人这种观念有点奇怪，朱诺没有庇护维爱人，又怎么会庇护罗马人？

战胜维爱，对罗马人来说，具有决定性的意义。罗马的领土扩大了一倍。扩大的领土不是荒山秃岭，而是一些由伊特拉斯坎人修建的道路连在一起的、有良好灌溉设施的土地，这些土地是罗马农民所渴望得到的，并将分给他们。罗马人根本没有要把这些土地分一部分给拉丁同盟诸城市的打算。维爱战争的胜利，使罗马去掉了前进路上的一个可怕的竞争对手，也使罗马人在国力上压倒了拉丁同盟。

4. 罗马陷落：高卢人的毁灭打击

不久，罗马人就遭到一次几乎使罗马毁灭的可怕打击。打击来自北方的高卢人。高卢人原住在中欧各地，说凯尔特语。公元前5世纪，有一部分高卢人，越过阿尔卑斯山，进入意大利的波河地区，掠夺并驱逐这里的伊特拉斯坎人。这部分高卢人后来被称为山南高卢。他们好勇善战，有着令人畏惧的军事组织和军事装备。他们的骑兵，骑在钉了铁掌的战马上，这种钉铁掌的战马是古代战争史上了不起的发明。他们的步兵则佩带有挥砍用的、锻造精良的宽剑。大约在公元前387—前386年，山南高卢国王布雷努斯率领大约3000名士兵，南下掠夺土地和财富。高卢人铁骑到处摧枯拉朽，所向无敌，很快打到罗马跟前。罗马人派出了一支有1万到1.5万人的大军去阻击高卢人。

自杀的高卢人雕塑，刻画了一个战败的高卢战士，为了不被敌人俘虏后受辱，先杀掉自己的妻子，然后自刎的情景

这是罗马人第一次投入如此大的兵力用于一次战役。罗马大军在距罗马城不到 12 公里的台伯河支流阿利亚河河边碰上了高卢人。罗马人虽在人数上占优势，战斗力却不如高卢人。罗马人曾令人生畏的携带投枪的重装备兵，在高卢人的骑兵和步兵面前，相形见绌。高卢人的骑兵更迅速，高卢人的宽剑也优于罗马人的武器，罗马方阵很快就被高卢人突破了，罗马军队开始惊慌溃逃，大部分战士被逼得跳入附近的河里淹死了。这场惨败几乎使罗马没有保卫罗马的战士了。三天后，布雷努斯和他的军队攻进罗马城，大肆烧杀抢掠，城市的建筑付之一炬。这是罗马 800 年来第一次落到野蛮的侵略者手中，罗马人永远不会忘记这次可怕的、令罗马人感到羞辱的高卢人入侵。当时，罗马人唯一还没丢失的只有卡皮托林山的城堡。据说，高卢人乘夜色掩护，偷袭城堡。他们爬上一个山顶时，罗马人还在酣睡。危急关头，一群放在附近圣庙中的鹅突然嘎嘎叫喊起来，惊醒了卫兵，从而击退了汹涌而来的高卢人。高卢人对卡皮托林山城堡久攻不下，又传来他们自己在北方的领土遭到外敌威胁的信息，便在勒索了大量银两后撤兵了。传说布雷努斯在用秤称量罗马人交的赎金时，罗马人怀疑秤砣有问题。他把他的宝剑扔进了秤盘说："打败的人活该倒霉。"这句话后来在有关赔款和赎金的争论中常常使用。高卢人后来还曾几次南下侵袭，却再也没有到达罗马。

高卢人的可怕袭击，罗马城的被毁，没有使罗马人灰心丧气，而是激励了罗马人去创造一个更新的罗马城，他们深感原有的、陈旧的、不堪一击的土壁垒已不能起防卫作用了。公元前 378 年，在维爱战争的英雄克米勒斯领导下，罗马人建筑了一堵环绕罗马的新城墙。新城墙由希腊人设计，用维爱的火山石砌成，厚 3 米，高 7 米，围绕的地区比旧城区要大得多。旧壁垒所围绕的地区只包括罗马七丘中的帕拉丁、凯里安、独自设防的卡皮托林、埃斯奎林、奎林纳尔和维米纳尔的一部分，新的城墙围地除七丘外，还包括阿文廷山以及和其连在一起的进行赛车比赛的大斗技场，面积超过 400 万平方米。罗马新城墙拥有意大利诸城市中最长的围界。

5. 昔日同盟：打拉并用的手段

伊特拉斯坎人被打败了，不再是罗马人的竞争对手了，可怕的高卢人撤回去了。昔日的同盟者拉丁同盟现在就成了罗马前进路上的障碍了。由于罗马日益强大，拉丁同盟诸城市对罗马的感情也日益恶化。一些大的城市，开始宁要独立也不要与罗马结盟。公元前 381年，拉丁同盟的塔斯库隆首先发难。面对塔斯库隆的反抗，罗马采用了一项对于罗马未来来说具有深远意义的明智举措。罗马人一改旧习，没有立即动武，他们提出：只要塔斯库隆同意和罗马合并，就给予其居民完全的罗马公民权，并保留自己的城市组织自治权利。罗马开出的合并条件太诱人了，甚至可以说是不可抗拒的。塔斯库隆接受了，一个拉丁城邦就这样成了罗马的一部分。

罗马人这一举措具有划时代意义。雅典、斯巴达等希腊诸城邦从未有也不愿这样做。它们把公民权看作是高于一切的纯属本城邦公民的特权，决不肯把这种特权给予其他城邦的人，这种狭隘保守最终导致了它们的灭亡。罗马开明的、颇有政治家风度的做法与希腊人完全不同，成了罗马强大的一个重要因素，使罗马的扩张得以稳步前进。罗马人之所以显示如此不同于希腊人的明智态度，突破城邦制度的狭隘性，一方面可能是由于罗马从一开始就不是纯粹的单一种族，另一方面也因为罗马人在公民权的认识上和希腊人不同。罗马人并没有像希腊人那样看重公民权。希腊诸城邦，特别是雅典，是真正实行主权在民、直接民主的，公民权的扩大会彻底破坏这一城邦制度；而罗马的主权在民和直接民主，有点有名无实，领导罗马的人不是公民大会，而是元老院。扩大公民权并不会影响元老院对国家的控制。因此罗马元老院能允许另一个城市也拥有罗马公民权。实际上，获得罗马公民权的其他城市的居民是很难来罗马参加公民大会享受参政权的。

当然，塔斯库隆之所以接受罗马的条件，是因为罗马的强大。在一个世纪前，罗马还是一个微不足道的、不起眼的小城邦时，没有一个独立的拉丁城邦会受变拉丁公民身份为罗马公民身份的条件的诱惑，放弃独立，和罗马合并。现在，罗马的强大使拉丁人的感情发生了微妙的变化。罗马公民权对于拉丁人来说是种保护，是种荣誉，拉丁贵族也因为和罗马贵族建立了亲密的关系而乐意接受这种合并。塔斯库隆和罗马合并后，很快就适应了罗马的新秩序，以至于在以后的年月里，有不少塔斯库隆人当上了诸如执政官这样的高官。

不过，也不是所有的拉丁城市都想和罗马合并。罗马对其他拉丁城市也不像对塔斯库隆这样开明和宽容。一般地说，拉丁姆平原上的拉丁诸城市和罗马结盟更有利于罗马人。在同盟的名义下，拉丁诸城市要向罗马提供兵源和粮饷，而对罗马的军政大事却无权过问。这当然有点不公平。敌视罗马的态度在拉丁集团中扩散，一些拉丁城市经常和罗马发生小规模冲突。这种敌视和冲突，最终由于罗马把它的势力扩大到坎帕尼亚而发展成为一场战争。

坎帕尼亚是意大利最主要的平原，在拉丁姆南边。坎帕尼亚的主要城市，也是全意大利位居第二的城市——卡普亚，农业和古铜冶炼业都十分发达。卡普亚距海岸也仅24公里。公元前7世纪和前6世纪，它是伊特拉斯坎人的城市，后来，萨莫奈人取代了伊特拉斯坎人。萨莫奈人是萨宾人的后裔，他们从山区下到坎帕尼亚平原，不仅夺取了伊特拉斯坎人的卡普亚，甚至还从希腊人手中夺取了丘米城。不久之后，萨莫奈人就完全控制了坎帕尼亚城市同盟，他们驱逐了希腊人和伊特拉斯坎人，却学习了他们的先进文明和经验，成为一个独特的坎帕尼亚部落。大约在公元前343年，这个坎帕尼亚城市同盟受到了来自山区的萨莫纽姆人的入侵，在卡普亚的领导下，他们作出了向罗马求援的重大决定。罗马本来就觊觎这块富饶之地，便非常乐意地接受了坎帕尼亚的请求，派兵进入坎帕尼亚。

可是，罗马军队进入坎帕尼亚却引起了一系列连锁反应。罗马人不愿在离家如此远的地方作战，罗马军队在公元前342年哗变了。邀请罗马帮助的卡普亚也很快后悔了，并转而和拉丁人站在一起。拉丁人则把罗马人出兵坎帕尼亚看作是罗马人要从两面包围他们，开始公开与罗马作对。他们乘罗马军队哗变、军事行动快要流产之机，向罗马提出了不能容忍的要求：罗马元老院的一半元老和执政官中的一个，应从罗马以外的拉丁同盟城市中产生。罗马坚决拒绝了，战争随即爆发，史称"拉丁同盟战争"（公元前340—前338年）。

这是罗马人所进行的最困苦的战争之一。罗马人面对的是昔日的同盟者拉丁同盟诸城市和站在拉丁同盟一边的坎帕尼亚同盟。和战斗力极强的罗马军团相比，拉丁人和坎帕尼亚人的骑兵战斗力太差了。在距卡普亚不远的特赖费楠一役，罗马人大获全胜。坎帕尼亚动摇了，单独和罗马议和。罗马获得了他们国家的北部地区。战争又进行了两年，拉丁城市一个接一个投降了。公元前338年，战争以罗马的胜利而告终。拉丁同盟解散了。拉丁同盟输掉这场战争的一个重要原因，是他们在面对罗马的强大军事压力时，不能互相支援、联合作战。拉丁人失败了，拉丁人的时代过去了，他们成了罗马的一部分。

6. 因地制宜：百利无一害的政策

公元前 338 年是非常重要的一年。这一年，罗马人最终征服拉丁人，马其顿国王菲利浦征服希腊恰好也在这一年。不过，这两个征服的过程和结果都不同。征服希腊的是个人，是马其顿国王；征服拉丁人的是罗马国家或者说罗马统治集团。我们在正史中甚至找不到这次征服中罗马的主要功臣和英雄。菲利浦的征服延续了两代人，在他的儿子亚历山大时达到顶峰，建立了空前强大的地跨欧、亚、非三大洲的亚历山大帝国。但这个帝国在历史上昙花一现，随着亚历山大的突然去世，迅速四分五裂了。而罗马人却将他们的征服事业一步一步地扩展到整个地中海世界。

罗马对战败的拉丁同盟诸城市采取了在古代世界绝无仅有的抚慰措施，显示了罗马对待被征服者的灵活态度和杰出智慧——除了残暴外，还有宽厚的一面。罗马人没有像对待维爱那样对拉丁人进行报复，而是以政治家的风度，根据各城市的不同情况，逐个进行安排。

对阿里西亚和另外三个靠近罗马的城镇，罗马人像过去对待塔斯库隆那样，给予他们完全的罗马公民权，罗马的领土因此扩大到 1.2 万平方公里，人口增至一百多万。

对提布尔和普勒尼斯特，罗马人采取了另一种安排，没有直接合并。虽剥夺了它们的一些土地，却仍让它们保持形式上的独立，它们过去和罗马的盟约也仍有效。

对其他拉丁城市，罗马人采取了第三种处理办法。在允诺它们保留以前地位的同时，只允许它们和罗马签约，而不允许它们互相签约。这类城市的男性公民被授予一种新的身份"没有参政权的公民身份"。这是一种不完全的半拉子罗马公民身份。他们没有公权，也就是说，他们没有参加罗马公民大会和在会上投票的权利（实际上，由于他们的住处离罗马太远，也根本无法去罗马参加公民大会）。但他们有私权，也就是说，他们有按罗马法律和罗马人签订协议及在不丧失父亲继承权的情况下与罗马人结婚等权利。

这是一个富有创造性的安排，既保证了罗马人对拉丁人和其他人的统治，又不伤害他们的感情。因为，对于大多数拉丁人和其他人来说，半拉子罗马公民身份和完全的罗马公民身份没什么不同。他们并不需要公权，因为他们住的地方太远了，无法去罗马参加公民大会，投票选举。他们需要的正是私权。而这些地方的贵族，由于罗马人承认他们在当地的贵族身份，让他们有一定的自治权力，再加上他们无须像罗马公民那样，在紧急情况出现时缴纳财产税，所以也没什么不满，不满是后来的事。总的来说，罗马人对他们还是仁慈的、宽厚的。当然，罗马采取这样的政策主要还是出于更有利地统治这些地方的考虑：一是罗马人可以随意在这些地方享受他们的公民权；二是这些地方必须遵守罗马的政策。战时，要征召"互相保卫"的军队并负担其费用。这里虽说有"互相保卫""利益一致"等冠冕堂皇的漂亮话，实际是为罗马的需要、为罗马的扩张服务；三是罗马不需要在这些地方驻军。那些被征召的当地士兵被允诺在当地的分遣队服役，指挥官是当地的贵族，他们是忠于罗马的。

罗马人采取这样一套聪明的、有百利而无一害的有效统治政策，把拉丁姆和罗马不可分地连接在一起，随着时间的推移，后来人都无法把拉丁人和罗马人区别开来了。奥古斯都时代的伟大诗人维吉尔就把拉丁人描写为世界的统治者，他所说的拉丁人就是罗马人。可以说，拉丁人和罗马人成了一个意思的两个表述方式了。

对于拉丁同盟所建立的"殖民地"，罗马人也采取了相同的政策。有 7 个殖民地保留了它们原有的特权；其余的，像一些拉丁城市一样，授予半拉子罗马公民身份。后来，这样的殖民地数目不断增加。殖民地的地理位置都是经过精心选择的，它们成了罗马的有效堡垒，保卫着罗马及其伙伴的财产不受外来敌人侵犯，并为进一步扩张开辟道路。殖民地的土地被分割成小块，分配给拉丁、罗马、坎帕尼亚的移民。在这些殖民地的移民中，拉丁人还是占多数。但在公元前 4 世纪，罗马人开始建立纯粹罗马人的殖民地。在这种殖民地的殖民者或移民中，没有任何同盟者，清一色都是罗马公民。这样的殖民地都被设置在战略要地，最初是用来保卫海岸。这类殖民地还有一个特点，虽处在边远地区，但却随着罗马领土的不断扩张而和罗马连接在一起。它们虽起着要塞作用，但每个殖民地却都移民不多，没有多少罗马家庭愿意到那么远的地方去。离罗马太远，罗马公民权的公权就失去作用了。因此，每个殖民地只有 300 家移民。台伯河河口的奥斯提亚就是这样一个殖民地。这里虽早就被罗马控制，却直到拉丁同盟垮台前不久，罗马才派遣了 300 个罗马家庭去那里定居。他们的住地被设计成一个壁垒，有一道坚固的防卫墙。这个殖民地的首要任务是保卫台伯河河口，阻止海盗的袭击。同时，奥斯提亚也经营商业，控制盐的收集，征收关税以及贮存粮食，并通过陆路或水路运往罗马。

建立殖民地除防务和扩张的需要外，还部分满足了罗马人和拉丁人对土地的要求。混合殖民地和纯罗马公民殖民地这两类殖民地所分配的土地，加上殖民地之外分配的土地，在公元前342—前264年间，共有6万多块，总面积达到大约13万平方公里。建立这样的殖民地不仅使罗马占领地区不断扩大，移居这些地方的殖民者，也对农业、防务和进一步扩张侵略作出了巨大的贡献。

罗马的殖民地不同于希腊的殖民地。希腊诸城邦的殖民地，有大有小，都在海外，都先后脱离母国成为独立的政体。殖民地与母国的关系，一般地说，是国与国的关系，而不是从属关系。罗马的殖民地在意大利，是罗马不可分割的一部分。罗马人的殖民地建立到哪里，罗马的统治也就扩张到哪里，有时，殖民地甚至是罗马侵略扩张的先锋。

7. 萨莫奈人：最难对付的敌人

拉丁同盟垮台后，萨莫奈人成了罗马最危险的，也是最难对付的敌人。萨莫奈人属于古意大利人，原来居住在亚平宁内陆峡谷和高原上，以农牧为生。他们大体上可分为四个大部落，这些部落组成了一个松散的但有时却十分有效的军事联盟。部落联盟会议由各部落选派代表参加。在公元前4世纪中叶，萨莫奈人是意大利的最大政治实体，人口和面积都是罗马的两倍。由于人口的压力，他们中的一部分已南下来到坎帕尼亚。罗马人要向东南发展，就必须要搬开萨莫奈人这块巨大的拦路石，消灭他们的强大军事力量，而萨莫奈人要定居坎帕尼亚，也必然会遭到日益强大的罗马的排斥，双方的冲突和战争是不可避免的。罗马人和萨莫奈人前后共进行了三次所谓的萨莫奈战争，延续了半个世纪。

三次萨莫奈战争中，持续时间最长、最激烈残酷的是第二次，也称"大萨莫奈战争"（公元前 326—前 304 年）。萨莫奈人是游牧民族，骁勇善战，行踪飘忽不定。他们凭借山区的有利地形，采取诱敌深入的办法，使罗马人遭到几次可怕的灾难性打击。第一次重要战役发生在公元前 321 年。萨莫奈人的领袖蓬提阿斯把由两位执政官率领的一支有 5 万多人的罗马军队包围在距卡普亚不远的东边的科戴因山峡。罗马军队在突围无望、饱受饥饿之苦的情况下，向蓬提阿斯投降了。

据阿庇安的《罗马史》所述，蓬提阿斯曾向他父亲请教，如何处理这些俘虏。他父亲的建议有点像近代思想家马基雅维利的观点。他建议儿子要么把俘虏全部杀掉，一个不留，要么全部释放，不要给予任何侮辱。蓬提阿斯没有听他父亲的话。他要罗马来的使者向被俘的执政官和全体军队传达他的话："如果你们宣誓，放弃我们所有的土地和要塞，从这些地区撤走你们的移民，以后绝对不和萨莫奈人作战的话，我一定允许你们每个人穿一件外衣，安全地从轭门下通过，不加伤害。"蓬提阿斯的条件传到军营时，罗马人伤心得大哭不已。他们认为，从轭门下通过的耻辱甚于死亡。但是，在死亡的威胁下，罗马人最终还是不情愿却又无可奈何地接受了萨莫奈人的条件。两个执政官和所有活着的罗马军官在蓬提阿斯面前宣了誓。蓬提阿斯把包围圈打开一部分，把两支长矛插入地中，把另一支长矛横放在这两支长矛的顶上，这就是所谓的轭门。罗马人一个接一个地从下面通过。这种从轭门下遣送战俘的方法，是对俘虏的一种极大的侮辱。消息传到罗马，全城被悲伤所笼罩，人人痛哭流涕，好像办丧事一样。罗马的妇女穿起了丧服，表示她们对那些贪生怕死、用这种可耻的方法逃命回来的人的轻蔑，把他们看作是死人。回来的士兵，有的躲在田野中，不敢回城；有的只能在夜间偷跑回家，不敢见人。回来的执政官因遭到人们的唾弃，也不能再行使他们的权力了。在一年的时间内，罗马禁止一切宴会、婚姻及其他一切类似的喜庆活动，以便不忘这次奇耻大辱。知耻而后勇，罗马人对这次受辱的态度令人敬佩，也令人畏惧。罗马人之所以称霸地中海，是和罗马人的这种精神分不开的。

这次灾难性的惨败后，和萨莫奈人的战争暂停了 5 年。不过，罗马扩张的脚步并没有停下来，罗马人重建了两个丢掉的拉丁殖民地，新建了 5 个殖民地。这些殖民地建立在亚平宁山脉的东面和坎帕尼亚平原。有了这些驻防地，罗马人就可从两边夹击萨莫奈人。

罗马第一条大道——阿皮亚大道

罗马人还铺筑了一条全程 243 公里的从罗马到卡普亚的阿皮亚大道。这条被称为"道路之王后"的大路，多采取直线，碰到河流，不是架桥，就是填塞河流；碰到沼泽地，则架设高空桥横越而过。它是后来闻名世界的罗马大道的先驱，是战时的重要战略设施，也是和平时期的交通要道。这条大道大部分经过沿海平原，军队和物资供应都可源源不断地通过这条大道运往前线。罗马人虽在战场上一而再地被萨莫奈人打败，但依靠百折不回、坚忍不拔的精神，依靠所修建的大道和所建立的殖民地改变了战争的不利形势，最终把萨莫奈人赶出南意大利，打赢了第二次萨莫奈战争。战争的胜利，使罗马在土地和人口上都远远超过了对手。

但是，战争仍未结束，不久又爆发了第三次萨莫奈战争（公元前298—前 290 年）。萨莫奈人的军队成功地挺进北方，与罗马的宿敌高卢人和伊特拉斯坎人会合。意大利的中、北部全面进入战争状态。罗马大军在伊特拉斯坎人由于转移还没出兵时，就和萨莫奈人与高卢人的联军在台伯河上游与东部海岸之间的亚平宁山脉的森提努姆地区展开了一场激战（公元前 295 年）。罗马人赢得了这一场战斗的胜利。这一胜利意义非常重大，有的历史学家甚至认为，这是一次决定了今后两千年罗马命运的胜利。顽强的萨莫奈人虽遭到致命的打击，仍继续战斗了 6 年，才最终被罗马人征服。罗马人不仅侵占了他们的领土，还把他们的财物洗劫一空。

8. 吸收同盟：征服者的秘诀

萨莫奈战争的结果，使罗马成了中部意大利的主人和统治者，罗马人这种地位的确立是通过战场上的胜利和战后对敌人的合理政治安排取得的，没有前者就不会有后者，但没有后者，胜利的成果就会付之东流，没有保障。

战场上的胜利靠的是军队。罗马人有一支由公民组成的、装备精良的军队。在萨莫奈战争中，罗马军队较以前更强大了，组织和战略都更成熟，更高明了。传统的罗马军团由8000人组成一个方阵。这种方阵源于希腊方阵，虽威武雄壮，却过于庞大，难以调动指挥，缺乏灵活性，尤其不利于在多山地区作战。现在，罗马军团被分成两个，每个军团分成30个支队，每个支队120人，共3600人。每个支队都能单独调动和作战。这样的军团既可在艰险的山区乡村与敌灵活周旋，也可在平原正面作战；既可组成威武的密集队列，也可以散开的队形出现。这种新的军团组织形式把组织的严密性和活动的灵活性、易适应性结合在一起。每一支队排成三列，其中每一列均可依次越过队伍走在前面。同时，为了休整和补充，也可回撤或被取代。每个军队还配有骑兵以保护其侧翼。这种新型的军团是当时地中海世界组织得最好的军团，经受住了战争的考验，是未来罗马军事上大获成功的关键因素。

罗马军队的武器也有了改进。公元前3世纪前期，罗马开始由国家提供统一标准的武器和装备。这是向职业化军队发展的重要一步。这样一来，罗马的所有军团战士就都戴着相同的头盔、胸甲和胫甲，佩带着一样的剑。这时，矛已被投枪所取代。投枪长1.8米，半木半铁。这种新武器是在萨莫奈战争中引进的。

这支军队经过无数次战斗，特别是萨莫奈战争，已锤炼成一支令人生畏的武装力量。这既是罗马统治意大利中部的保证，也成了罗马穷兵黩武的工具。尽管罗马人总把他们的一切军事活动通过一定的宗教仪式说成是神所赞同的、正当的，实际上，如同波里比阿所说："只要他们感到需要，他们就会毫不犹疑地采取武力。"

罗马人在萨莫奈战争中虽暴露出其凶残的一面，劫掠萨莫奈人的乡村，大量侵占他们的土地，却仍展示了罗马人所独具的明智的政治才能。他们没有把萨莫奈人斩尽杀绝，而是和他们签订条约，允许他们作为罗马的同盟者而存在。当然，这种同盟关系是为罗马服务的，只要需要，就必须为罗马提供军队。萨莫奈的贵族仍被承认为贵族，并让他们最大限度地按他们自己的法律统治他们的人民。罗马不是用直接占领，而是通过建立这种同盟网把它的统治扩大到整个意大利中部，这既不影响罗马对这些地区的控制，又避免耗费过多的人力和财力。罗马还通过鼓励和保持与同盟者的贸易关系而在经济上把中部意大利连接在一起。大约从公元前 289 年开始，罗马人把大量掠夺来的青铜器改铸成满足当地商业和工业共同需要的钱币，从而促进了工商业的发展。

罗马就这样，不是依照惯例，而是根据具体情况，根据各自的特点，采取一种分而治之的办法，依次和每一个共同体结成不同的永久性同盟关系。这样的同盟者共有 120 个之多，公开表示不满者甚少，这里面当然有害怕罗马的强大、无可奈何等因素，但应当说，大多数同盟者签约时，对自己的处境是满意的。这是罗马人取得的第一个历史性成就，创立了一个统一的中部意大利，在某种意义上说，意大利中部在古代就是意大利，南部被称为大希腊，北部被称为山南高卢，似乎都被排除在意大利之外。这个中部意大利，据公元前 265 年的一次人口调查，有 30 万公民，他们都关心罗马国家的安危；他们都多少拥有一些被共和国扩散的权利。这个意大利，在人类历史上是一件绝对的新生事物，在古代没有一个共和国能超出一个城邦的规模。一般地说，古代的任何城邦都不能像罗马这样，代表它所控制的所有领土说话。罗马的这一成就是空前的。在以后的一个世纪里，罗马不仅能随时集合起一支近40万人的罗马及其同盟者的军队，而且，罗马同盟者对罗马的忠诚，即使面临最严重的压力，甚至生死存亡之际也没动摇过。

可以说，统一中部意大利是罗马由一个城邦走向帝国迈出的第一步，这是突破性的一步，突破了城邦的局限性，作为一个城邦，罗马是完全不同于希腊诸城邦的。罗马实行贵族寡头统治，主权在民、直接民主这些希腊城邦的特点，在罗马有点有名无实，因此，罗马对公民权的扩大不像希腊城邦那样抵触和保守。罗马是在不断扩散其公民权中统一中部意大利的。武力和扩散一些权利给同盟者就是罗马成功的两个最重要的因素。狼的传人开始成了翱翔意大利的雄鹰了。

五、称霸西地中海

1. 进军南部：首战外国人

统一了意大利中部的罗马，成了意大利最强大的政治单位，它是个充满生气和活力的国家，在西地中海和希腊、迦太基成三足鼎立之势。三足中最弱的一足是意大利南部的希腊诸城邦。

这时，亚历山大帝国已分裂，希腊本土为亚历山大的后人所统治。和希腊本土一样，散布在被称为大希腊的意大利南部和西西里的诸希腊城邦，也长期处于一盘散沙的状态，从来没有联合起来过。一些城市在和古意大利人部落和其他民族的长期战争中逐渐衰落，这和罗马的情况正好形成了鲜明的对照。在公元前300年以前，大希腊诸城市和罗马没什么交往，当然，商人的来往是很早的。萨莫奈战争的结局改变了这种状况，罗马附属同盟的领土已远远地伸展到南部，伸展到希腊城市跟前。罗马气势逼人的扩张令大希腊诸城邦提心吊胆，但它们已无力抗争了，被罗马吞并的命运似乎逃脱不了。它们中有的城市已开始在罗马的压力下屈服了。利益的不同和传统的影响使它们很难联合起来对抗罗马人，除了寄希望于外援，它们已别无他法了。

最早和罗马发生冲突的是半岛底部的塔林敦。塔林敦是个相当富裕的城市，靠用港湾盛产的贻贝为内地的羊毛着色而繁荣起来。它是意大利海岸线上最安全又最宽阔的港口，也是距希腊本土最近的意大利港口，着了色的羊毛和谷物从这里运往希腊和其他地方。塔林敦有几乎坚不可摧的城堡，有一支意大利最大的舰队和一支1.5万人的军队。塔林敦和它的母邦一样，实行民主制。罗马和塔林敦签有一纸古老协议。罗马保证不派船只进入塔林敦海湾。可是，公元前291年，罗马人在距塔林敦160公里的战略要地维努西亚，建立起一个面积很大的拉丁殖民地。维努西亚三面被深谷环绕，从其高高的山岭上可俯视南部意大利的最重要的河流。塔林敦自然把这一拉丁殖民地的建立看成是罗马对自己的挑衅，而罗马也是要通过建立这一殖民地进一步向南扩张。

公元前282年，位于塔林敦海湾对过的另一希腊城市休里艾，因无力抵抗琉卡尼亚人的袭击而向罗马求援。罗马立即派出一支舰队拥兵进驻休里艾。塔林敦认为，罗马的这一行动违背了原有的罗马不派

皮洛斯像

船只进入塔林敦海湾的协议。罗马人的答复是，协议已过时了，无效了。以后罗马经常用诸如此类的理由为自己帝国式的扩张行为辩解。两国兵戎相见，塔林敦击沉了罗马人的战船，把罗马驻军赶出了休里艾。但塔林敦十分清楚，靠自己的力量是无法对抗罗马的，因此，向亚得里亚海对岸的伊庇鲁斯国王皮洛斯（Pyrrhus，公元前319—前272年）求援。伊庇鲁斯是希腊距意大利脚跟最近的地方，是亚历山大大帝母亲的故乡。皮洛斯自称是亚历山大大帝的后裔，是亚历山大死后流散的诸多较小统治者和雇佣军将军中的重要人物。他既是一个军事冒险家，又是一个才华出众、精力充沛、富有进取心的君主。他久经沙场，谙熟当时最先进的作战技术，拥有当时最优秀的色萨利骑兵和训练有素、富有作战经验的由老兵组成的步兵。他还从东方学会如何驱使战象作战。他可能早就有在西西里和意大利建立西部希腊帝国的计划，因此，一接到塔林敦人的求援邀请，便毫不迟疑地答应了，并大言他将结束罗马势力对西部希腊人自由的威胁。皮洛斯率领一支由2.5万名雇佣兵和20只战象组成的大军，乘船渡海来到意大利南部。这样一来，罗马不得不面对一个在经验和技术上都强于自己的对手，不得不第一次和一支来自意大利之外的外国军队作战。

公元前280年，罗马人与皮洛斯在赫拉克里亚进行了第一次较量，这是一次极其残酷激烈的战斗。皮洛斯在中央布置了由 2 万人组成的希腊方阵，前后排成行，长矛密集，进行正面阻击，而用骑兵和战象组成两翼，从侧面冲击。这种把战象置于侧面、配合骑兵攻击敌方侧翼的战术是皮洛斯的一大创造。战斗一开始，罗马军团正面抵挡住了皮洛斯的步兵方阵，显示出罗马军团在组织上并不比希腊方阵差。但罗马骑兵却抵挡不住皮洛斯侧翼 20 头战象的冲击。罗马人的战马从来没见过这样庞大的动物，罗马人也是第一次面对战象的攻击。罗马骑兵被杀了一个措手不及，陷入一片惊慌中，很快溃退，从而使罗马军团的侧翼暴露在敌方的骑兵和战象的攻击下，终于不支而全线溃退。在这次战斗中，罗马人损失惨重，伤亡 7000 人，被俘 2000 人。皮洛斯也付出了惨重代价，伤亡 4000 人。战后，皮洛斯在萨莫奈人和琉卡尼亚人的参加下，率军穷追罗马人，进入拉丁姆，直抵距罗马几十公里的地方安营，但拉丁姆没有人背叛罗马。罗马军队得到补充，罗马城也做好迎击他的一切准备。为避免陷入不利境地，皮洛斯立即率兵回撤。

公元前 279 年，皮洛斯在奥斯库隆附近和罗马人进行了又一次双方都伤亡惨重的激烈战斗。战斗的第一天，罗马军团成功地抵抗住了皮洛斯希腊方阵的进攻；第二天，皮洛斯抢占了有利地形，并再一次借助战象的帮助，打败了罗马人。不过，皮洛斯为这次胜利付出的代价更沉重。罗马伤亡 6000 人，皮洛斯伤亡 3550 人，其中有他的一些主要将领和朋友。别人向他祝贺时，他伤心地说："如果再有一次这样的胜利，我自己也完蛋了。""皮洛斯的胜利"也因此成了惨胜的代名词。

皮洛斯知道，这样打下去不会有什么好结果。他在国外作战，没有后备兵力。两次胜利并没给罗马致命的打击，罗马军队迅速得到补充，士气仍然高涨，而自己却再也经受不起伤亡如此严重的战斗了。因此，作为胜利的一方，他主动向罗马人提出媾和。条件只是让罗马承认塔林敦及其盟邦的自由。皮洛斯的这一要求低得不能再低了。令人意外的是，罗马元老院在年高德劭的元老、盲人阿皮乌斯·克劳狄乌斯的劝说下，拒绝和谈。

阿皮乌斯·克劳狄乌斯曾任过监察官，他在任期内，修建了两项巨大的工程：一是阿皮亚水渠。这条水渠通过一条地下水道把水从萨宾山引入罗马城，使罗马得到了充足的水源；二是阿皮亚大道。这条大道在第二次萨莫奈战争中起了很重要的作用。他还进行了社会改革，提升了平民在公共生活中的作用。他还是拉丁文学史上第一个有名的作家。他的功勋和业绩，使他不管在贵族中还是在平民中都享有巨大的威信。他年老了，眼也瞎了，却仍是罗马政治舞台上的重要人物。他认为，意大利南部一定会归属罗马，罗马不应和一个情况仍然相当好的敌人谈判。

罗马人接受了阿皮乌斯·克劳狄乌斯的意见，拒绝和谈。这反映了罗马誓做意大利霸主、不达目的决不罢休的决心和百折不挠的精神。

公元前278年秋，皮洛斯求和不成，转而移师西西里，打算把西西里作为他建立西部希腊帝国的基地。他在西西里连战皆捷，几乎占领了全岛。他的这一行动对在西西里两端占有殖民地的地中海西部强国迦太基的利益造成了威胁。因此，迦太基和罗马结盟，共同对付皮洛斯。皮洛斯又增加了一个强敌。迦太基派出了自己的舰队援助罗马人。皮洛斯建立希腊西部帝国的计划，最终还是要打败罗马人，否则，计划就是空谈。皮洛斯在西西里征战三年后，一无所获，又返回意大利半岛，在阿浦利亚西部的贝尼温顿又打了一仗。战斗的结果，可能是不分上下，互有胜负。罗马人发现，皮洛斯的战象并不那么可怕了，被投枪刺伤的战象，无法控制，便会反过来践踏他们自己的士兵。这时，皮洛斯的军队由于伤亡惨重而又得不到适时的补充，只有原来的 1/3 了。

面对得到迦太基舰队支援、愈战愈强的罗马军队，皮洛斯的雄心一落千丈，已完全丧失了获胜的信心，只好率兵撤回塔林敦，并再次派出使者去罗马求和。罗马人坚持，只要皮洛斯仍占领着意大利的土地，就决不议和。关键时刻，希腊内部又出现分歧，这是希腊人致命的弱点，每到紧急关头，内部就出现不和。皮洛斯在求和不成又无力击败罗马人的情况下，在公元前 275 年无可奈何地率领剩下的 8000 步兵和 500 骑兵返回伊庇鲁斯。据说，皮洛斯在撤离西西里时曾说，他把西西里留作罗马和迦太基争夺的战场。皮洛斯的话既反映了他不得不退出对西西里的争夺的无奈心情，又显示出了他敏锐的预见性。他预见到迦太基和罗马必将会为争夺西西里而反目成仇，大打出手。可惜他看不到了。三年后，在阿尔戈斯的巷战中，他被一个妇女从屋顶上掷下的瓦片砸死了。

罗马人和外国人的第一场战争以罗马的胜利告终了。罗马人的胜利证明，皮洛斯精良的、训练有素的希腊职业军仍然比不上罗马人明智地统一起来的人数众多的盟邦和殖民地联合军事力量。罗马人有源源不断的兵源，皮洛斯没有；罗马军团在组织上也显然优于希腊方阵，皮洛斯战象的成功只能得逞一时；罗马人得到强大的迦太基的军事支持，皮洛斯却无法得到希腊本土的支援，意大利的希腊诸城邦又不能团结一致。皮洛斯虽是个杰出的军人、不错的战术家，却缺乏坚韧性和一贯性。凡此种种，都决定了罗马人必能胜利、皮洛斯建立希腊帝国的企望只能是一场黄粱梦。皮洛斯不是亚历山大大帝，他的对手也不是亚历山大所面临的那种正在衰落的国家，而是蒸蒸日上要充当地中海霸主的罗马。

皮洛斯撤兵回去后，南部意大利诸希腊城邦再也无力抗拒，除了向罗马军队投降，加盟于罗马外，别无出路。公元前272年塔林敦接受了罗马人的要求，成了罗马又一同盟者。其他城市也无一例外落入罗马人的控制中，不是罗马的盟邦就是罗马的属国。不过罗马人只得到胜利果实的一半，另一半被罗马反皮洛斯的同盟者迦太基拿去了——西西里完全落入迦太基人手中。罗马人现在可以隔着狭小的墨西拿海峡和迦太基人相望了。一个新的时代，西地中海罗马和迦太基两强对抗的时代来临了。对抗的结果将决定谁是西部地中海的霸主。一山不容二虎，隔海相望、近在眼前的两个满怀扩张野心的强国是无法相安无事、和平共处的，尽管昔日他们曾是盟友，曾共同与皮洛斯作战。皮洛斯不幸言中了，两国很快就兵戎相见。西西里成了它们第一次对抗的战场。

2. 另一强国：迦太基的故事

罗马战胜皮洛斯，不只使罗马统一了除山南高卢以外的意大利半岛，也使罗马成为公认的世界强国，扩大了罗马的影响，引起了更大范围内国家的注意。远在北非的埃及托勒密王朝也开始和罗马建立外交关系。罗马和迦太基的矛盾，却随着战争的结束，日益加剧，两国关系迅速恶化，战争有一触即发之势。

　　迦太基原是腓尼基人的主要城邦推罗的殖民地，是地中海西部的一个战略要地。今天的突尼斯就在迦太基境内。迦太基建城的确切时间现在还没有定论，但要比罗马城早得多却是毫无疑问的。迦太基的建立有个有趣的传说故事。故事说，一群推罗的腓尼基人为了逃脱当局的暴政统治，乘船逃到迦太基，当地的土著阿非利加人要把这些外来者赶出去。这些腓尼基人向土著请求，让他们占有一张牛皮所能围起来的那么大的地方安身即可。阿非利加人被腓尼基人的要求感动了，同时，也出于好奇，想看看这些外来人如何在一张牛皮大的地方安身，便同意了腓尼基人的要求，并且宣誓，一定执行他们的承诺。腓尼基人早已胸有成竹，他们把一张牛皮，沿着边，团团转地剪成一根很细很长的长条，然后用这长条围住了后来迦太基卫城所在的地方。阿非利加人知道上当了，但因有承诺，也只好眼看着腓尼基人

古迦太基城复原图

在这里定居下来。由于这块地方是由一张牛皮围起来的，所以被称为"柏萨"（一张牛皮）。

这个建城故事和罗马建城故事一样，传说的虚构成分多于事实。不过，这个故事却也多少显示了以商业立国的腓尼基人的机智聪明。这是商人的特点。据阿庇安《罗马史》所述，他们就利用柏萨作根据地，打败了他们的邻居，后来又修建了环绕柏萨的外城。他们从事海上贸易，势力逐渐增强，征服了阿非利加人沿地中海的大部分地区，并在海外进行扩张，侵入西西里、撒丁尼亚以及地中海的其他岛屿，后又侵入西班牙。在军事力量上，他们可以和希腊人相匹敌，在财富上仅逊于波斯。

这就是阿庇安所告诉我们的迦太基的早期历史。实际上，迦太基是腓尼基人经过认真精心选择的殖民地，是保护他们商路的要塞，是商品集散地。迦太基位于地中海狭窄的腰部，是个战略要地。它处于突尼斯湾凹进处的半岛上，陡峭的高山使它不容易受内地侵犯，它面对的长长的位于一个小岬后面的狭窄海湾又提供了一个宽广隐蔽的港口，后来扩大为两个人工港。腓尼基在这里移民决不是随意的，而是经过深思熟虑的。

最初的六七十年，迦太基是推罗的殖民地，受母国控制，后来，它摆脱了日益缩小的、有名无实的束缚，独立自主了。公元前3世纪早期，它的人口是罗马人口的3倍。迦太基是个和罗马不同的共和制城邦，有两个通过选举产生的、被亚里士多德称为"国王"的首脑，但其职权可能还不及罗马的执政官，而只相当于罗马的监察官，还有个起不了什么作用的公民大会和一个由头面人物组成的元老院。元老院有两个委员会：104人委员会和30人委员会。委员会成员都是选举产生的。两个委员会像一个大商业公司的理事会一样管理着国家，形成了一种由最富有的、最有影响的少数人专权的寡头统治。迦太基有一支海军、一支陆军。和全由罗马公民组成的罗马军团不同，迦太基的陆军大部分是由非洲的雇佣兵组成。迦太基统治者认为，迦太基人不应服兵役，而应让他们有更多的时间从事商业活动。迦太基的居民也和主要从事农业的罗马公民不同，对政治持漠不关心的态度，满足于分享城邦的商业利润。到公元前 650 年，迦太基几乎接收并扩大了腓尼基过去在西地中海周围的所有商业港口和殖民地，并建立了许多新的、有合适隐蔽海滩的新港口。

迦太基人的扩张和罗马人的扩张，目的和性质都有所不同。罗马人最初的扩张是农业的，主要是侵占可耕的土地。而迦太基的扩张自始至终都是商业的，主要目的有两个：一是获取经商所需的港口和基地。这些港口和基地主要供来往船只停泊和货物贮存；二是掠取航海和经商所急需的金属。为了向东西方扩展贸易，迦太基占领了两边的沿岸地区，从东方和希腊边界城市到西边的大西洋沿岸。为了获取急需的金属，占领了银矿丰富的西班牙南部，控制了直布罗陀海峡，垄断了不列颠的马口铁进口。永不满足的迦太基人还进一步将定居点向西端拓展。一方面沿西班牙海岸向北延伸，另一方面沿大西洋非洲海岸向南延伸至撒哈拉的边缘。有一位名叫汉诺的迦太基船长甚至探险到达非洲的几内亚。

迦太基和西西里只有咫尺之遥，站在迦太基城的房顶就可看到西西里的最西端。迦太基人在西西里的扩张曾遭到希腊人的抵制。迦太基在巴勒莫建立了其在西西里的主要基地。这个基地包括一个良港和一片肥沃的内地。希腊曾想把迦太基人从这里赶出去，但没成功。迦太基人还占有撒丁尼亚和科西嘉。大约在公元前 535 年，迦太基海军在科西嘉附近打败了希腊海军，从而巩固了他们在这里的地位。迦太基人和罗马人的宿敌伊特拉斯坎人也曾有良好的关系。伊特拉里亚是重要的金属产地，迦太基占领撒丁尼亚使他们成了这里的近邻。在和希腊人的海战中，伊特拉斯坎人是他们的盟友。他们甚至分享伊特拉斯坎人在卡利的两个重要港口：一个是皮尔吉，在这里发现了伊特拉斯坎和腓尼基两种文字并列的碑文；另一个叫布匿库姆，也就是拉丁文"迦太基的"，顾名思义，这个港口应当是受迦太基人控制的。

迦太基这个面积广阔的帝国，不仅控制了众多的良港和基地，也占有宽广的内陆，特别是在非洲。除埃及外，迦太基人在北非建立的陆地帝国比以前的任何地中海国家都要大。不过，尽管占有突尼西亚的广大内陆，迦太基却和罗马不同，没有耕耘农田的农民。迦太基人虽有先进的农业栽培技术，庄园却全是由奴隶耕种的。庄园里有宽敞漂亮的房子，却只是城里商人的别墅。迦太基没有农民，没有自耕农。

开始时，农业的罗马与商业的迦太基矛盾不大。迦太基人的商业活动很早就出现在罗马，从没引起罗马人的反感。大约在罗马共和国建立时，罗马人与迦太基人签订过一项协议。协议确认了迦太基人对西地中海的垄断，迦太基保证不攻击意大利沿岸城市。这时，罗马人的目光还没有超越意大利，还能容忍迦太基对西部地中海的垄断和控制。萨莫奈战争时，也就是在公元前 306 年，双方又签订了一项新的协议。协议规定：罗马船只不得驶进西西里港口，迦太基人的船只不能进入意大利港口。协议实际上是把西西里看作是迦太基人的。罗马人这时的目光仍在意大利半岛，而不在海外，还没有认识到西西里对罗马的重要性。

皮洛斯战争改变了一切，随着战争的结束，罗马和迦太基的蜜月也结束了，这不仅是因为迦太基独占了西西里，其实，罗马以前一直把西西里看成是迦太基的囊中物，主要是因为罗马的政策发生了变化。罗马由单纯的农业扩张转为全面的，包括工商业的扩张了。农民的眼光越不过意大利海岸线，而商人则要把生意做到海外。罗马政策的转变，一方面是由于罗马工商业的发展，商人地位的提高和影响的增强。富裕的商人成了罗马政治生活的重要因素。有些商人成了罗马的新贵，罗马不得不重视他们的要求和利益。另一方面是受南部意大利诸希腊城市的影响。希腊诸城市的繁荣和文明生活使罗马人大开眼界，就像一个乡下人进城后，对城市钦羡不已一样。罗马人对希腊城市的繁荣工商业也十分倾慕。而南部的工商业也促进了罗马整个工商业的发展。这些经济文化，甚至感情上的变化，使罗马不满足于统一意大利，它要向海外发展了。当然，更重要的一点是，罗马已具备了向海外发展的力量和条件。在这种情况下，罗马人已不能容忍近在咫尺的生意兴隆的西西里港口由迦太基人独占，眼看迦太基人在那里大赚其钱，而自己不能染指，不能分享。罗马人更害怕有朝一日迦太基人会控制和意大利隔海相望的重要城市墨西拿，从而截断意大利西海岸和亚得里亚海之间的船只往来，扼住意大利的咽喉，严重损害罗马的工商业利益。

3. 第一次布匿战争：两强的激烈对决

果然，罗马人害怕的情况很快就出现了。占有西西里的迦太基是不会不控制有战略地位的墨西拿的。墨西拿当时处于西西里岛另一重要希腊城邦叙拉古海埃罗二世的控制下。叙拉古是希腊世界人口最稠密的城市，大哲人柏拉图曾在这里当过海埃罗二世的内廷哲人。公元前289年，一队曾在叙拉古服役的雇佣兵夺占了墨西拿，袭击了叙拉古的贸易。海埃罗被迫在公元前270年出兵镇压，并邀请迦太基出兵相助。迦太基立即接受了邀请，派兵占领了墨西拿。

迦太基的这一行动引起了罗马的极度不安。意大利南部已成了罗马盟邦或属国的希腊诸城市更把迦太基人此举看作是对它们安全和繁荣的威胁。因此，在墨西拿向罗马求援时，元老院虽有些犹豫不决，森图里亚大会却立即决定接受邀请，派出了一支由执政官阿皮乌斯·克劳狄乌斯指挥的远征军开往墨西拿。

这是罗马人采取的具有划时代意义的重大措施，罗马军队第一次横渡大海，到意大利半岛之外的地方作战。两个地中海西部的强国之间的残酷战争在公元前264年爆发了，史称"第一次布匿战争"（罗马人称腓尼基为"布匿"，迦太基人就是腓尼基人，故也被称为"布匿"）。《世界史纲》的作者赫·乔·韦尔斯称罗马人的这次远征为不幸的远征，称这次战争为最劳民伤财、造成损失惨重的一系列战争的第一回合，认为这次战争使人类一度陷入黑暗，罗马人也在战争进程中破坏了自己逐渐形成的政治品德。韦尔斯言重了，地中海西部只是当时世界的一角，这里的两强拼死厮杀，决没有使人类一度陷入黑暗的后果。在世界的另一头——中国，这一年，秦将白起率兵伐韩。秦加快了统一中国的步伐。在古代，暴力往往是创造新事物的催化剂。没有布匿战争也就没有罗马帝国。两强并立，相安无事是不可能的。韦尔斯指责战争破坏了罗马人的政治品德是对的，布匿战争使罗马人残酷、贪婪的一面暴露无遗。

当然，引起第一次布匿战争的责任不全在罗马一方，迦太基也有责任。从罗马一方来说，罗马的胃口越来越大，对西西里的战略地位和丰富资源垂涎三尺，必欲得之而后快。他们的扩张目标已对准了海外，迦太基的威胁只是一种托词，其实是要争夺地中海西部的霸权地位。他们不能容忍迦太基在这里称霸，对迦太基忌恨交加。不打败迦太基，他们是不会心安的。他们和迦太基人订立的由迦太基控制西西里的条约，在他们看来，已经过时了，无效了。从迦太基一方来说，迦太基是个商业帝国，它的胃口也是永远填不满的，扩张并获取更多的商业利益，夺占港口、资源和奴隶的步伐决不会停止。他们不会在罗马人面前退缩，他们认为，他们有权占领墨西拿，并制止墨西拿破坏地中海贸易的海盗行为。双方都有自己的理由，互不相让。有人假设，如果罗马和迦太基结成一个永久性的同盟，不知历史会如何发展。这个假设的确有趣，但却完全不可能发生。在古代历史上，国与国之间的利益冲突，特别是强国之间的利益冲突，战争是最终的唯一解决方式。

罗马的两个军团成功地越过海峡，占领了墨西拿城。迦太基的海军被政府束缚住了手足，没能阻止罗马军队渡海。原来和迦太基结盟的叙拉古国王海埃罗二世见罗马军队来了，立即背叛了迦太基人，转而向罗马人求和。罗马立即答应了。罗马人和海埃罗签订了一个为期15年的同盟条约，让他统治一块约56平方公里的领土，当然，叙拉古还要向罗马交付赔款和贡物。这样，叙拉古成了罗马一个在意大利之外的被保护国。这是罗马庇护制习俗的扩展，以后，罗马多次用这种方式使海外的地方从属罗马。

罗马虽取得了第一回合的胜利，但在墨西拿向西挺进时，遇到了麻烦。在围攻阿格里琴托镇时，遭到顽强抵抗。瘟疫和供应的不时中断，使双方都蒙受了巨大损失。罗马损失了 3 万人。公元前 262 年，迦太基主动撤离了这个地方，退到西西里岛西岸的市镇设防固守。他们认为，他们有海上优势，这里离他们的非洲本土又近，可以很容易得到后备供应。他们的海军可随时骚扰罗马沿海城市，坚持下去，就会使罗马丧失信心，取得胜利。

罗马也认识到，战争开始两年所取得的胜利解决不了问题，必须把迦太基赶出西西里，但要做到这一点，没有一支可以压倒迦太基海军的强大海军是不行的。罗马人没有，而且从来没有像样的可投入战斗的大规模海军。罗马是陆上强国，这样的陆上强国是无法打败在海上称霸的迦太基的。罗马人以令人惊叹的勇气，作出了向迦太基海上优势挑战的有决定性意义的决定：迅速建立一支舰队。罗马人几乎是从零开始的，但罗马有丰富的造船用的木材资源。幸运的是，不会造船的罗马人夺取了一条搁浅了的迦太基战船。这是一艘巨大的有五层

带"乌鸦"吊桥的三桨座战船

桨的大帆船,它能撞倒或轧断任何较脆弱的船。罗马就以这条船为样本,只花了两个月的时间,在公元前260年建造了100只五层橹船和30只三层桨船。罗马的希腊同盟者为这支舰队提供了熟练的驾驶员和有经验的桨手。罗马人还在这些船上安装了一种被称为"乌鸦"的新设备。这些所谓的"乌鸦"其实就是木板桥或舷梯,被用滑车固定在桅杆上,末端安装有很重的抓钩或长钉。敌船从旁撞击或擦过时,放下"乌鸦",抓钩或长钉就会砸穿敌船木板,突击队员可通过钩牢敌船的舷梯登上敌舰。

这支舰队的建立,是罗马人由一个单纯的陆上强国变成无论陆上还是海上都是强国的标志。"乌鸦"这种现在看来非常简单的设计弥补了罗马人不善海战的不足,发挥了罗马人善于近身肉搏的长处,从而改变了战争的进程和地中海世界的命运。公元前260年,罗马的这支新舰队在西西里东北海岸附近的米拉和迦太基舰队进行了第一次搏战。"乌鸦"大发神威,靠这种武器,不善海战却十分强悍的罗马战士俘获和摧毁了50艘敌船。这是罗马人历史上所取得的第一次海战的胜利。四年后,也就是公元前256年,罗马舰队又在南西西里的埃克诺穆斯海角附近和迦太基舰队进行了一次被称为"大概是古代最伟大的海战"。有七八百只大船投入了战斗。罗马人的"乌鸦"又一次发挥了威力。迦太基人并没有从上一次失败中吸取教训,找出对付"乌鸦"的办法。战斗中,罗马的中央战船陷于受包围的境地,罗马侧翼的战船迅速靠上去,利用"乌鸦"强行登上敌船作战,不仅解救了被围困的战船,而且击败了敌舰30艘,俘获64艘。

埃克诺穆斯海战的胜利,使北非海岸暴露在罗马人面前。罗马将军雷久鲁斯率军从海上侵入非洲,登陆后,立即向只有一天路程的迦太基本土挺进。这时迦太基正受到内地叛乱的困扰。雷久鲁斯乘机向迦太基人提出了苛刻的休战条件，遭到拒绝。罗马军队占领了距迦太基不到18公里的突尼斯。但罗马军队主要是由农民组成的，他们不愿长期在外作战，使田地荒芜。罗马元老院不得不把大部分军队调回，只留下少部分驻扎非洲。公元前255年春，由于兵力不足，雷久鲁斯率领余下的罗马军团在马格拉达河谷与迦太基雇佣兵的激战中全军覆没，雷久鲁斯也成了俘虏。罗马舰队赶来支援，虽取得了胜利，却无法救出雷久鲁斯军团。海军返航时又碰上了风暴，二百多艘战船葬身海底，罗马人的海上优势因此丧失殆尽。

罗马人显示了其百折不挠的精神，在3个月内又重新建造了220艘战船，组成了一支新舰队，再次取得海上优势。公元前251年，罗马人夺占了巴勒摩，并在这里击溃了一支迦太基大军，俘获了曾令罗马军队畏惧的104头战象。战后，罗马举行了一次凯旋的大游行，盛况空前。罗马人兴高采烈，夺取整个西西里岛似乎已指日可待了，迦太基人已被赶到岛的顶端。

然而，战争并没马上结束，又持续了13年。罗马人也没有轻易就取得胜利。罗马人围攻迦太基西西里的残存据点塞利丘贝乌姆，遭到迦太基人的拼死抵抗，无功而还。由于罗马的海军司令缺乏经验，罗马人的舰队又一次遭到风暴的毁灭性打击，损失惨重。迦太基将军哈米尔卡·巴卡不时率舰队袭击和滋扰意大利海岸。罗马国库亏空，靠私人捐赠，才又建立起一支有200艘战船的新舰队。这些新造的战船都是轻便的五层橹船，这些新船没有使船头重船尾轻的"乌鸦"，更灵便了。建造这支新舰队，几乎耗尽了罗马的财富。这是罗马维持海上优势的最后希望了。公元前242年，新船起锚下海。公元前241

年，罗马舰队在伊盖蒂兹群岛附近击溃了迦太基舰队。迦太基人再也无力派出援兵支援被围困在西西里岛据点的迦太基军队了。公元前240年，迦太基人不得不接受罗马人的苛刻条件和罗马签订了和约。

迦太基放弃了西西里岛和它周围的一些小岛屿，迦太基的船只永远不得进入意大利水域，迦太基要在10年内向罗马赔偿战争损失3200塔伦。

延续了23年的第一次布匿战争以罗马的胜利而告终。罗马接管了西西里，只有海埃罗二世统治的叙拉古和另外几个城市，作为罗马的被保护盟邦，仍保持独立，全岛其余的地方都成了罗马的地产，成了罗马所设置的第一个海外行省（现在成了意大利的一部分的西西里，古代不属于意大利）。这个行省的建立是罗马历史一个全新阶段的开始，标志罗马已越出了意大利走上了向海外扩张的帝国之路。罗马在这个海外行省征收农作物的1/10作为直接税或贡物，西西里人这时还不能服兵役，大量的西西里土地被征用为公共土地，用来出租给城市或其居民。

古希腊历史学家波里比阿把这场漫长的第一次布匿战争看作是发生的最残酷的战争，损失之惨重，对于任何一方都是十分可怕的、灾难性的。打到最后，双方都筋疲力尽了，人力、物力都到了无以为继的地步。双方都有失误，都有指挥不当之处。迦太基在战争开始没有充分利用它的海上优势阻止罗马人进入西西里。迦太基的将军不受政府信任，打了败仗，会被政府当局钉死在十字架上；打了胜仗，又会遭到政府猜忌，常常得不到援兵。迦太基政府内部存在严重的裂痕，拥有土地的主要集团，关心的不是和罗马的战争，而是开拓非洲领土。内部的裂痕使迦太基无法集中兵力和罗马人进行决战，而只能进行费时费力的消耗战。而对于迦太基军队来说，消耗战是最可怕的。迦太基军队是由雇佣兵组成的，他们是为钱而不是为国家而战，他们没有任何爱国主义的战斗激情。这样的军队怎能进行持久的消耗战？

罗马的指挥体系在战争中也暴露了不少缺陷。执政官常常胜任不了指挥舰队的工作，执政官一年一换，形成不了有经验的最高指挥班子。每年都要有一个执政官从正在激烈战斗的前线返回罗马主持一年一度的选举，而且按惯例，他还要把他率领的军队，也就是说罗马军队内的一半带回国。这样的惯例使罗马丧失了不少战机。然而，和迦太基不同的是，罗马是个有效的统一体，统治集团是团结的。罗马军队是由罗马公民组成的，他们的利益和国家，和这个统一体的利益或多或少、或松或紧地连在一起，他们是为国而战，为自己而战。罗马军队有迦太基军队所没有的爱国主义激情，他们能不屈不挠，拼死战斗。正是这种精神使罗马人赢得了这场战争。

但是，第一次布匿战争的结束，并不意味着和平的到来。双方都陷入新的战争灾难中。

迦太基刚以惨重的代价和罗马人签订丧权辱国的和约，结束了和罗马人的战争，却内乱又起。迦太基的两万名雇佣兵，从前线返回北非，没有得到被拖欠的薪饷，便公开叛乱了。这些说不同语言的、来自六七个民族的军人宣布成立一个独立的国家，铸造和发行自己的钱币，并向迦太基内陆进军。非洲内地的附属各种族也乘机拿起武器反对迦太基人。这次雇佣兵的造反被称为"不休战的战争"，前后持续了3年多。最后被迦太基将军哈米尔卡·巴卡用令人发指的手段镇压了，成千的叛乱者被钉死在十字架上。

迦太基发生雇佣兵叛乱时，罗马帮助了迦太基人。然而，紧接着在撒丁尼亚和科西嘉的雇佣兵也发动反迦太基的起义时，罗马人的态度变了。公元前238年，起义者向罗马求助。罗马立即露出了它暴徒式征服者的真面目，毫无道理地立即派遣军队去支援撒丁尼亚的反叛者，夺占迦太基的要塞，进而兼并了撒丁尼亚和科西嘉，并强迫迦太基增加1200塔伦的赔款。撒丁尼亚和科西嘉就这样轻而易举地成了罗马第二个行省。这个行省也像西西里一样，向罗马交什一税。

第一次布匿战争，使罗马成了东地中海的霸主，成了一个实行共和制的帝国。它不仅统一了意大利，还有了两个海外行省。罗马称霸地中海是从打败迦太基人开始的。

六、血战汉尼拔

1. 不共戴天：势不两立的两国人

第一次布匿战争结束后不久，罗马又陷入一场和高卢人的严酷战争中。居住在波河河谷的高卢人，念念不忘半个世纪前被罗马人打败、失去大量土地的耻辱，时刻图谋向罗马人报仇。公元前225年，他们组织了一支拥有强大骑兵和战车的7万人大军，南下复仇，深入半岛内，但在南下伊特拉里亚海岸的半路上，在特拉蒙受到罗马军队的阻击。在高卢人想安全保有掠夺物而转身撤退时，又陷入了两支罗马军队的包围，几乎全军覆没。高卢人的军队此后再也没有越过阿尔卑斯山。随后，罗马不仅夺占了高卢人的土地，还剥夺了他们的公民身份，把罗马的疆域向北延伸到阿尔卑斯山山脚下。

第一次布匿战争结束了，战争对两国人民心灵的伤害比人力、物力的损失更严重。两国人民深深地陷入互相仇视中而不能自拔。两国关系中，虽也偶尔出现宽容和和解的声音，主调却一直是互相敌视、不共戴天、不消灭对方决不罢休的呐喊。对于双方来说，停战不过是为了喘息一下，为了恢复和积蓄力量，以便重新开战，彻底打败并毁灭对方。

人类历史中充满仇恨和报复。中国春秋战国时，就有许多这样的仇恨和报复。吴国和越国之间的冲突就是其中生动的一例。不过，和罗马与迦太基之间的仇恨和报复相比，春秋时的中国人要善良和宽容得多。不管是迦太基人还是罗马人，他们都不只把仇恨时刻放在心上，还把这种仇恨传给下一代。迦太基的著名将领哈米尔卡·巴卡就是这样一个迦太基人，他自己极端仇恨罗马，他让他只有 11 岁的儿子汉尼拔发誓，永远敌视罗马。汉尼拔后来把摧毁罗马作为他最大的、终生为之奋斗的目标，不能说和这从小就培养起来的仇恨情绪无关。罗马人的这种仇恨情绪比之迦太基人有过之而无不及。好几代罗马人都对迦太基心怀忌妒、恐惧和仇恨。比汉尼拔还要小七八岁的卡图就是有这种情绪的一个典型代表。他在元老院发表演说时，不管内容是什么，最后总要歇斯底里地高喊一声："一定要毁灭迦太基！"

仇恨可使人丧失理智。按理说，有了第一次布匿战争的教训，双方都不应再挑起战端，引发新的大战。但在仇恨情绪的支配下，贪婪、谋利的因素也在起作用，不管是罗马还是迦太基都在做再打一次大仗的准备。

迦太基丢掉了西西里、撒丁尼亚和科西嘉三个重要岛屿，便把恢复霸权的希望放在西班牙。西班牙银矿丰富，迦太基曾在这里经营了近 200 年，占有西班牙沿海地区。不过，第一次布匿战争后，迦太基人也几乎丧失了在西班牙的全部领土，只有卡迪斯和直布罗陀海峡还控制在他们手中。战后，迦太基人又忙于镇压雇佣兵叛乱，无暇顾及西班牙。叛乱平息后，迦太基人便把很大一部分精力放在经营西班牙上了。西班牙不仅有迦太基人经商必需的银矿，而且可以为迦太基提供重要的兵源。西班牙土著居民强悍而又吃苦耐劳，正是迦太基重新建立一支和罗马对抗的军队所需要的。迦太基历史上最有才能的家族——巴卡家族被委派来完成这项对迦太基复兴具有重大意义的经营和治理西班牙的任务。巴卡家族在国内地位显赫，经营西班牙后，在西班牙实际上建立起一种半独立的统治者世袭制度。

第一个经营西班牙的巴卡家族的人是哈米尔卡·巴卡。他是第一次布匿战争中迦太基方面的英雄，他的顽强奋战虽没能改变战争的最终结局，却推迟了自己一方的失败。在镇压雇佣兵叛乱中，他也起了关键的作用。公元前 237 年，哈米尔卡奉命率军渡海侵入西班牙，重新夺取这里的领土和资源，以补偿在西西里等岛的损失。他在西班牙取得了惊人的成功，占领了西班牙南部和东部的大部分地区，北边远到以法奇角和内奥角，几乎抵达海滨。他在阿克拉列伊斯建立了港口和首府白海角。他所占领的领土已超过了迦太基人过去所占领的地方。他还雇用当地的土著西班牙人组成了一支迦太基历史上最好的军队，战士都佩带有精炼而成的、有名的凯尔特剑。铸造这些剑的原料来自本地矿场。矿场的一部分收入上缴迦太基政府，以便堵住政府中政敌的口，使他们不干涉他在西班牙的行动。

可是，正在事业顺利进展、准备大展宏图时，他却在公元前 228

年冬和伊伯利亚人作战时落水溺死了。他的职位被他的女婿哈兹德鲁珀尔继承。哈兹德鲁珀尔继承他的事业，加强备战，进一步扩大迦太基的领土。他建立了一座定名为"新迦太基"（迦太基哥诺瓦）的新城作首府。新城建立在一个半岛上，既控制着世界上最好的港海之一，又有一个环礁湖可使它免遭内地侵犯。新城还有一条溪谷，为通向城市居民开采的丰富银矿提供了一个入口通道。北部领土被一直推进到埃布罗河河岸。他还积极向西班牙腹地扩张。不幸的是，公元前221 年，哈兹德鲁珀尔打猎时意外地被他手下的奴隶杀死。他的内弟、哈米尔卡·巴卡的儿子汉尼拔（Hannibal，公元前 247—前 183 年）接替他继任迦太基驻西班牙军队的最高统帅。

汉尼拔是古代最杰出的军事家之一。他继任时年仅 26 岁。他体格健壮、精力旺盛、老练成熟、意志坚强，受过良好的军事训练和外交训练。他 10 岁时就被父亲带到西班牙，从小随父征战，培养了坚忍不拔的毅力和吃苦耐劳的精神。他对罗马怀着狂热的仇恨。他少年时，曾在他父亲要求下，跪在神坛前宣誓："长大成人后，一定要成为罗马不可调和的敌人。"少年时的誓言成了他一生的奋斗目标和动力。他继任驻西班牙迦太基军队统帅后，酝酿了一个宏伟的、具有无比胆略的计划：迫使罗马人首先向迦太基开战，然后率军袭击罗马本土，在意大利摧毁罗马帝国。

2. 第二次布匿战争：最可怕的战争

罗马人由于忙于应付高卢人而无暇顾及迦太基人在西班牙卓有成效及生气勃勃的活动。罗马人和迦太基人订立了一个协议，规定迦太基人在西班牙不得越过埃布罗河。这一协议为汉尼拔制造纠纷提供了机会。他毫无顾忌地果断地越过埃布罗河，攻击罗马在西班牙的同盟者萨贡坦城。萨贡坦向罗马求助。罗马派使者来到新迦太基城，向汉尼拔传达罗马元老院的要求：不要侵犯萨贡坦。汉尼拔是有意挑衅，当然拒绝了罗马这一最后通牒式的要求，并反过来指责罗马干涉萨贡坦内政。公元前219年，经过8个月的残暴围攻，萨贡坦终于落入汉尼拔之手。罗马人大怒，派出了以费边（Fabius，公元前275—前203年）为首的使团去迦太基问罪，要求迦太基政府交出汉尼拔。当迦太基元老院拒绝接受罗马的要求时，费边站了起来，撩起了自己长袍的前襟，做成袋状，指着里边说："我给你们带来了战争与和平，要什么，由你们挑选。"迦太基人既没有被费边气势汹汹的恐吓吓倒，也不想首先宣战，便以蔑视的口吻反过来要罗马人自己挑选。费边生气地放下长袍，断然喊道："战争。"

就这样，公元前218年春，汉尼拔战争，又称第二次布匿战争（公元前218—前201年）爆发了。这是罗马进行过的最可怕、影响最深远的一次战争。

罗马人对打赢这场战争充满自信，这也是他们毫不犹豫地主动宣战的原因。罗马计划分兵两路：一路由执政官塞姆普罗尼乌斯·隆古斯率领，从西西里渡海进攻迦太基本土；一路由斯奇比奥率领，取道陆路，经马西利亚进击和牵制西班牙的汉尼拔军队，使其无法援助迦太基本土。罗马人计划的都是如何进攻，在敌方领土作战。他们做梦也没想到汉尼拔会长途跋涉入侵意大利，这场战争的主战场会在本土。罗马人一开始就失算了，落在汉尼拔所设的陷阱中。

汉尼拔显然比罗马人棋高一着。他入侵意大利的大胆计划出乎罗马人的意料，他入侵意大利的路线选择了陆路而不是海路，从北方而不是从南方。这个战线的选择也是经过深思熟虑的。汉尼拔认为，从海上攻入意大利太冒险，第一次布匿战争后，迦太基舰队失去了制海权，缺乏护卫能力；他人数众多的部队，特别是其中的 6000 名骑兵，靠海上运输，困难太大。汉尼拔还认为，从意大利南部侵入可能会遭到当地人的反抗，得不到同盟者，而从北方侵入情况会不同，迦太基人可能得到意大利北部的高卢人的支持，因为这里的高卢人刚被罗马人征服，他们正渴望有向罗马人复仇的机会。汉尼拔从这里入侵正给他们提供了这样的机会，他们会加入汉尼拔一边，反对罗马人。同时，汉尼拔还认为，罗马的同盟者也对罗马不满，只要他在意大利北部迅速取得胜利，罗马的盟邦就会背叛罗马转而投靠他，并通过战争赢得独立，从而结束罗马在意大利的统治。汉尼拔的计划不仅显示他的胆略和气魄都非常人所及，也显示出他老谋深算的特点。他的计划是周密的，只有最后一个假设落空了，失算了。

双方都在按自己的计划行动。由于罗马人战前计划的错误，在罗马元老院还在打着入侵西班牙和迦太基本土的算盘时，却突然发现，汉尼拔已侵入意大利北部了。

汉尼拔用兵如神，迅速大胆而又出人意料。公元前 218 年 4 月，汉尼拔经过充分准备，亲自率领 9 万步兵与 1.2 万骑兵和几十头战象从新迦太基城出发，越过埃布罗河。为避开罗马派来进攻西班牙的军队，汉尼拔采取了迂回曲折的行军路线，到 9 月初，才到达阿尔卑斯山北麓。这时，过山相当困难，山中的陆路已有了积雪，山高路险，气候恶劣。但汉尼拔仍以大无畏的精神，毅然率军翻越这令人畏惧的高山。翻山过程中历尽艰辛，或与暴风雪搏击，或蹒跚于陡峭险峻的山间小道，小道过于狭窄时，还要凿开岩山，大象才能通过。汉

第二次布匿战争

尼拔大军前面似乎有爬不完的皑皑雪山，走不完的羊肠险路，沿途还不断遭到山里土著部落的袭击。在路滑难行的山道上不断有战士或马匹或大象失足掉进万丈深谷，或被土著从高山上掷下的石头砸死、砸伤。汉尼拔在这样艰苦的行军中，身先士卒，哪里需要帮助就出现在哪里，尽力鼓舞战士的士气。9月末10月初，饥寒交迫、筋疲力尽的汉尼拔大军才走出阿尔卑斯山山区，进入波河上游地带。汉尼拔从新迦太基到波河共走了大约5个月，翻越阿尔卑斯山用了33天。一路损兵折将，到达阿尔卑斯山北麓时，尚有4万人，包括训练有素的西班牙骑兵和非洲骑兵以及37头战象，而到达波河河谷时，只剩下了2万名步兵和6000名丢掉了战马的骑兵，37头战象只剩下一头了。

汉尼拔的军队在经历如此艰苦的行军后，成了一支疲惫不堪之师，本应休整一下，但时不我待。罗马人在发现汉尼拔军队出现在波河河谷后，急忙派遣大军前来阻击，想乘汉尼拔军队还未从长途行军的疲劳中恢复过来时，速战速决，一举击溃迦太基人。汉尼拔必须抢在罗马军队来到之前占领波河流域。汉尼拔显然比罗马人更迅速，正如他所预料的，很快便有一些高卢部落加入他的队伍。他的军队及时地从高卢人那里得到人力、马匹的补充。罗马军队到来时，汉尼拔已做好了接战的准备。两军两次交战就显示，罗马人根本不是汉尼拔的对手。一次在波河的北支流处，一次在波河的南支流处。第一次是罗马军队的前军和迦太基侦察骑兵的一次遭遇战。规模不大，却很激烈。罗马人本想在这里乘汉尼拔军尚处于疲劳时与之决战。一接战，罗马人就发现，汉尼拔的骑兵在速度、装备和训练等诸方面都优于自己。带兵的罗马执政官斯奇比奥在战斗中身负重伤，不得不放弃在这里决战的打算，率残部败退到波河右岸，避免和迦太基人再战，等待第二支罗马军队的到来。第二次，罗马两支部队会合后，在12月一个恶劣的下雪天，罗马指挥官、执政官塞姆普罗尼乌斯，不听同僚斯奇比奥的劝阻，下令全军出击。汉尼拔伪装不支逃跑，塞姆普罗尼乌斯令4万名军团战士在尚未吃早饭的清晨，离开军营，蹚过正涨水的特雷比亚河追击汉尼拔，结果却在迷迷蒙蒙的晨雾中，陷入早已埋伏在芦苇地的汉尼拔军队的包围，遭到突然袭击，溃不成军。罗马步兵一个接一个地在迦太基骑兵的刀下倒下，全军只有1/4的人逃了出来。汉尼拔的胜利，使那些尚在徘徊观望的高卢部落纷纷投到他的一边，他的军队迅速扩大到5万人。

就这样，仅仅两个月，汉尼拔就两次大败罗马军队，蹂躏了意大利的整个北部地区。令他感到不足的是，他所得到的支持并不像他所预期的那么多。不过，他相信，现在他可以从意大利北部这一新基地南下煽动罗马的意大利同盟反叛罗马了。

罗马这时才如梦方醒，初战的失败使他们知道碰上了强大的对手，速战速决的梦破灭，但也激起了他们更强烈的斗志。控制着平民协议会和森图里亚大会的富裕平民，不能容忍经过那么多艰苦战斗才取得的意大利北部土地落入迦太基人之手，他们被激怒了。公元前217年，罗马任命了一个"新人"弗拉米尼乌斯为第二执政官，让他率兵阻挡迦太基军队南下。

但是，汉尼拔又一次采取了罗马人意料不到的行军路线。他绕过弗拉米尼乌斯的重重设防，通过一条没设防的亚平宁山道，经三天三夜不间断的急行军，越过一片水深过腰的沼泽地。沼泽地的毒气，使汉尼拔的一只眼发炎，差点瞎了，不过，他的目的达到了。在他侵入伊特拉里亚，踏上通往罗马的大道时，弗拉米尼乌斯才发觉汉尼拔的军队已跑到他的后面去了。他大吃一惊，慌忙率兵撤出阻击汉尼拔的设防阵地，尾随汉尼拔大军，连夜急追。

汉尼拔就是要诱使罗马军队在后追赶他，以便在运动中使罗马军队陷入他设下的陷阱。公元前217年6月21日一个多雾的早晨，弗拉米尼乌斯莽撞地率领罗马4个军团近3万人，列成长长的纵队进入汉尼拔精心选择的特拉西美诺湖北岸的一个三面环山的谷地。汉尼拔一声令下，迦太基军队以迅雷不及掩耳之势同时从三面向毫无战斗准备的行进中的罗马军队发起了猛烈进攻。罗马人在迦太基人的突然袭击下，根本来不及作任何有组织的抵抗，不到3小时，战斗就结束了。罗马军团全军覆没，弗拉米尼乌斯战死。罗马人再一次因自己的无谋而付出了惨重的代价，罗马军团的指挥官在汉尼拔军事天才的对比下，一个又一个都好像是毫无作战经验和指挥才能的莽汉。为了离间罗马人和它的同盟之间的关系，汉尼拔下令给被俘的罗马士兵全都戴上枷锁，而把无罗马公民权的其他意大利人无条件地全部释放，不收取任何赎金。

特拉西美诺湖的胜利为汉尼拔进攻罗马城创造了条件，一条没有设防的通向罗马的大道完全向他敞开了。他可以轻而易举地就攻到罗马城前。但汉尼拔没有抓住这个机会猛攻罗马，什么原因使善于捕捉战机的汉尼拔放弃了这次机会呢？现在还不清楚，最可能的原因是汉尼拔还没有攻下罗马的把握，他缺乏攻城装备。他在敌人土地上作战，四周都是敌人，他不想把他的军队投入一场没把握的拼消耗的攻坚战中去。他的胜利都是在运动中取得的，给敌人的打击非常重，而自己付出的代价却十分小。这是汉尼拔能长期在敌方本土作战的重要原因。不打没把握的消耗战，这也是他比皮洛斯高明之处。汉尼拔不进攻罗马也许是当时最好的决策。

3. 费边主义：闻名史册的拖延战略

特拉西美诺湖战役给自傲的罗马人上了很好的一课，罗马人的信心被严重挫伤了。继任的罗马执政官和罗马统帅现在都不敢正面同汉尼拔交锋了。但是，汉尼拔所希望并预期的情况并没发生，胜利并没有使意大利中部的任何一个城市倒戈，投到他这边来，这使汉尼拔非常失望。罗马虽遭重创，它的殖民地和联盟系统仍然坚如磐石。汉尼拔在失望之余，决定绕过罗马城，去南部寻求联盟者。他率兵来到坎帕尼亚、亚得里亚海海岸，想通过这里的港口和迦太基本土取得联系，获得这里的粮食和骑兵急需的马匹。同时，他还想在这里让他的军队休整和操练新加入的高卢兵。

危急时刻，罗马森图里亚大会在元老院的赞同下，选举任命了一位独裁官。这位独裁官就是当初出使迦太基并向迦太基宣布战争的费边·马克西穆斯。费边是一位稳健的、精明老练的政治家、军事家。他受命之后，率领4个军团追赶汉尼拔。在他赶上汉尼拔后，却并不与汉尼拔正面交锋，而是尽可能地抓住一切机会，骚扰和拖住他的军队。这就是使费边闻名史册的拖延战略。

拖延战略可能是当时罗马对付汉尼拔最好的战略措施。因为汉尼拔的军队在罗马简直是支无敌之师。汉尼拔的指挥才能罗马尚无人可及，汉尼拔的军队，特别是骑兵也优于罗马军队。正面作战，罗马军队难抑其锋。然而汉尼拔也有其致命的弱点：孤军深入，异域作战，缺少后援。罗马的长处是本土作战，人员和给养的补充都较容易。在这种情况下，持久战是罗马最好的选择，贸然和汉尼拔决战，必然会重蹈覆辙。但如果能使汉尼拔陷入欲战不能、欲胜不成的境地，就必然把他拖垮。

然而，费边这一拖延战略所要付出的代价也太大了，引起了罗马人的极度不满。他们眼看着汉尼拔的军队在意大利境内随意驰骋，眼看着意大利的广大农业地区被敌军踩躏、洗劫。他们怎么能容忍费边率领罗马大军只是跟在汉尼拔的屁股后面转，进行一些于事无补的骚扰？罗马人愤而给费边取了个"落伍者"（cunctator）的绰号，后来竟被用来专门称呼他。

4. 坎尼战役：军事史上的典范

公元前217年，费边的独裁官6个月任期期满。费边交出了军队统率权。两个没有作战经验的执政官瓦罗和鲍鲁斯被授命接替费边共同指挥军队。由两个执政官共同指挥军队是过去没有过的，传统的做法是每一个执政官指挥一支军队。一支军队由权力相等的两人共同指挥，反映了罗马对和汉尼拔作战的重视，但这一做法本身就违背了指挥作战的常理。社会舆论和元老院都敦促这两位执政官立即率兵与汉尼拔决战，一举消灭迦太基人。公元前216年8月2日，双方在坎尼城附近干涸平坦的平原上展开了一场殊死的大战。这是两军主力第一次面对面地从容地排兵布阵后的交锋。前面三次大战，一次是遭遇战，后两次是罗马人陷入汉尼拔预先布置好的陷阱中，并不能完全反映罗马人的战斗力。罗马人在这场战争中投入的兵力有8万步兵，6000名骑兵，汉尼拔一方只有4万步兵，1.4万骑兵，总兵力比罗马少得多，但骑兵却要多于罗马人。

打仗，指挥官的指挥才能是个关键因素。罗马军队的指挥官瓦罗是个成功的商人，却是个毫无经验的蹩脚统帅。他把骑兵分布在左右两翼，让8万步兵排成70列，以密集的队形组成中央方阵，企图以中央步兵的强力冲击来突破敌人防线。瓦罗阵势的中心在中央步兵。

汉尼拔的布阵正好与瓦罗相反，重兵放在两翼。汉尼拔把4万步兵和1.4万骑兵列成半月形，把凸面对着敌人。也是步兵在中央，但中心位置是较弱的步兵队伍，而战斗力强的1.2万重装步兵放在两边，步兵的两翼是强大的骑兵。

战斗一开始，罗马步兵首先发起猛攻，汉尼拔军队顺势后撤，半月形的战阵遂向相反的方向弯过去，原来凸出来的部分变成凹进去了。罗马步兵由两侧向中间会合进攻，越是深入向前，越是楔入敌人的队伍，纵队就越从两侧向内收缩而变长，结果楔入汉尼拔阵内拉长的罗马军队，正好成了汉尼拔安置在两侧的精锐部队从侧面成横队攻击的目标。罗马军队很快就由主动出击变成被动抵抗。随之，两翼的罗马骑兵又被迦太基强悍的训练有素的骑兵击溃。迦太基骑兵击溃罗马骑兵后，立即掉头攻击罗马步兵。就这样，罗马军队又一次陷入汉尼拔精心设计的包围圈中，挤成一团，毫无抵抗之力，除了逃命，就只能做敌人的射击目标。迦太基人的每一次投枪，投石器放出的每一块石头都百发百中。战斗形成一边倒的局势。

夜幕降临时，战斗结束。罗马人几乎全军覆没，5.4万人阵亡，1.8万人被俘，执政官、元老、贵族和成千上万罗马最优秀的市民都倒在血泊之中。这是一场罗马军队曾遭受过的流血最多、死亡最惨重的失败。罗马城家家户户陷入失掉亲人的巨大悲痛之中。只有罗马骑士才可佩戴的作为职位象征的金戒指，汉尼拔就收集了一大木桶送回迦太基。汉尼拔为取得这场大胜利损失了6000人。代价之小，令人惊叹！坎尼战役成了古代军事史上以少数包围多数并全歼敌人的前所未有的光辉范例，它提供了一套完美结合的战术，以至于后来凡是包围并全歼敌军的大会战都被称为"坎尼"。1914年第一次世界大战时，德国将军冯·施里芬还在模仿这套战术，可见汉尼拔战术的不朽魅力。

坎尼战役后，汉尼拔的原定计划似乎接近成功了，胜利女神正在向他招手，彻底打败罗马人似乎只是时间问题了。汉尼拔在军事上和政治上都取得了非凡的成就。军事上，他在不到两年的时间里，仅用4场战斗便给予罗马人空前的重创，消灭了与他作战的三支罗马大军。政治上，包括希腊城邦在内的南意大利以及西西里的叙拉古人都背弃罗马而投靠了他。意大利南部只有几个拉丁城邦还在与他对抗。汉尼拔还派信使到马其顿，和马其顿国王结成反罗马的同盟。

5. 反败为胜：梅托拉斯河谷战役

坎尼之战的失败并没有打倒不屈的罗马人，却激发了罗马人更顽强的斗志。罗马军队的士气仍然高涨。南部的许多城市虽离罗马而去，卡普亚、塔林敦、叙拉古等也都先后投向了汉尼拔，中部意大利对罗马的忠诚却并没有因罗马一而再、再而三的失败有丝毫的动摇，罗马组织的坚固性、民族的团结性经受住了坎尼失败的考验。更重要的是，罗马从坎尼的失败中吸取了教训，费边的战略得到了正确的评价而被重新采用了。罗马重新征召起一支新的大军。这支军队人数上仍然多于迦太基人。这支新的大军吸取了以前的经验教训，尽量避免和汉尼拔决战，并分成一些较小的战斗单位，牵制和骚扰迦太基人，同时，逐个围困反叛的盟邦。罗马人的战略战术是正确的、有效的。在外交上，罗马人显示了成熟老练的一面，他们和希腊人结盟，导致希腊出现了反马其顿的暴动，从而阻碍了汉尼拔的盟友、马其顿国王腓力五世向汉尼拔提供援助。

在投靠汉尼拔的卡普亚、叙拉古和塔林敦诸城市遭罗马围攻时，汉尼拔没有分兵救援，而是采取"围魏救赵"的办法进军罗马。他的尖刀兵甚至爬上了罗马的城门，他自己也骑在马上，绕着罗马人时刻警戒守卫着的罗马城墙，寻找攻城的良策，但最终他还是无法攻下这座骄傲的、不屈的伟大城市，无功而返。而被罗马人围攻的诸城市却因得不到汉尼拔的支援，一个接一个地被罗马人又夺回去了。叙拉古在公元前 212 年被罗马人攻占，阿基米德发明的优良装备也没能阻挡住罗马人。意大利的第二大城市卡普亚，一度是汉尼拔的重要军事据点，也在公元前 211 年被罗马人收复。塔林敦则在公元前 209 年被罗马人攻占。

汉尼拔开始意识到，靠他个人的力量无法获得最后的胜利，与他对抗的是动员起来了的整个罗马。没有强大的外援，他有限的兵力不可能实现在意大利消灭罗马的愿望。可是，令他失望的是，最可能给他援助的马其顿已无力给他实质性的援助了。如果他真能得到地中海另一强国马其顿的强有力的援助，彻底打败罗马不是不可能的，不过那样，世界历史就要重写了。没有罗马帝国的地中海不知会是什么样子。亚历山大大帝的后继者们并没有看到迦太基与罗马争雄的世界意义，也不知这场战争实际上也在决定着他们将来的命运。

汉尼拔也很少能得到来自非洲本国的有力援助，这是汉尼拔的不幸。迦太基并不像罗马那样团结一致，迦太基内部两派争权夺利的斗争十分激烈。当权的一派根本不支持汉尼拔。汉尼拔基本上是孤军作战，他唯一可以寄予希望的援兵来自西班牙，来自昔日由他统治而今由他弟弟哈兹德鲁珀尔·巴卡统治的西班牙。不过，这唯一的希望最后也破灭了。

第二次布匿战争从一开始就有两个战场，主战场在意大利，是由汉尼拔入侵而形成的。另一战场在西班牙。罗马从战争一开始就派了一支军队进攻迦太基人控制的西班牙。罗马人在本土虽屡战屡败，但在西班牙却有胜有负。开始时，罗马人取得了一些胜利，并占领了萨贡坦。罗马人的胜利不仅牵制了哈兹德鲁珀尔，使他无力支援他哥哥，也使迦太基在北非本土征集的新兵没能派到意大利去补充汉尼拔的军队，而是输送到西班牙，增援他弟弟。由于得到本国的援兵，公元前211年，哈兹德鲁珀尔取得了一些胜利。罗马军队的指挥官斯奇比奥兄弟俩相继阵亡。但罗马人并没退出西班牙战场，他们仍在那里坚持战斗。公元前 210 年，罗马森图里亚大会让元老院任命只有 25 岁的普布利乌斯·斯奇比奥（约公元前 235—前 183 年）为西班牙罗马军团的统帅。他是战死在西班牙的斯奇比奥兄弟的儿子和侄子。这位年轻人将是罗马历史上第一位堪称伟大的统帅，后来被冠以阿非利加征服者的称号。

斯奇比奥一到西班牙便一举攻克了迦太基在西班牙的主要基地新迦太基。哈兹德鲁珀尔见势不妙，同时，考虑到在意大利孤军奋战的哥哥汉尼拔正在急切等待着他的援兵，便率领集结起来的一支大军避开斯奇比奥，取道一条出人意料的陆路，绕过比利牛斯山西端向意大利进军。哈兹德鲁珀尔撤离西班牙，对罗马有有利的一面，也有不利的一面。有利的是罗马人在西班牙战场取得了最后胜利。哈兹德鲁珀尔撤离不久，西班牙便落入罗马人手中，成了罗马的两个新行省：近西班牙行省和远西班牙行省。不利的是哈兹德鲁珀尔进军意大利，可能使汉尼拔得到他所希望的援兵。这引起了意大利的一片惊慌，因为罗马人虽在南部意大利成功地收复了诸城市，却也几乎耗尽了所有的人力、物力，差不多到了油干灯灭的地步了。尚存的 30 个拉丁殖民地有 12 个已在公元前 209 年声称，他们已不能提供任何军队和粮饷了，他们被榨干了，无力继续打仗了。哈兹德鲁珀尔比他哥哥当年顺利得多地越过了阿尔卑斯山，下到波河河谷。他在这里征召了一些高卢人参加他的队伍，他的军队人数增加到 3 万人。汉尼拔得知他兄弟来到意大利，开始率兵向北运动，而哈兹德鲁珀尔则向南运动，力图使两支部队尽快会合。

罗马人又一次面临危急关头，并又一次表现出坚忍不拔的顽强精神。尽管人力、财力都消耗殆尽，罗马仍迅速征召起一支军队，来还击哈兹德鲁珀尔。幸运女神开始眷顾顽强的罗马人了。罗马人从抓获的哈兹德鲁珀尔的信使身上，获得了哈兹德鲁珀尔要和汉尼拔在翁布利亚地区会合的绝密消息。罗马南军司令官在得知这一消息后，除留下一支军队监视汉尼拔外，率领其余部队以急行军的速度经 6 天 6 夜赶到亚得里亚海岸翁布利亚的梅托拉斯河，

普布利乌斯·斯奇比奥像

和在这里阻击哈兹德鲁珀尔的北军会合。哈兹德鲁珀尔得知罗马两支大军会合，人数远远超过自己的军队时，便想避开敌人，悄悄去和哥哥会师。他在夜色掩护下，向梅托拉斯河河谷移动，结果迷了路，在河谷和陡滑的山岩之间遭到罗马人的袭击，几乎全军覆没。

梅托拉斯河谷战役（公元前 207 年）的胜利，是罗马人在本土获得的对迦太基人的第一场激战的胜利。这次胜利意味着罗马人最终将打赢这场战争。汉尼拔获得巨大援助的唯一希望在可能成功之际破灭了，在他弟弟的头颅被掷到他的兵营里时，他的伤心和失望都达到了极点。他知道，一切都完了。他退回到意大利脚趾处的山区，在这里驻扎了四年，没有出动。罗马人迫于他的威名，也没能把他从这里赶出去。

6. 斯奇比奥：汉尼拔的克星

公元前 205 年，在西班牙取得巨大胜利的斯奇比奥当选执政官。

他没有率兵去进攻汉尼拔，而是要求元老院派他率兵入侵非洲，直接攻击迦太基。这正是当年汉尼拔所采取的策略。但斯奇比奥的这一要求，遭到许多罗马人的反对。

反对最激烈的是费边。费边反对斯奇比奥出兵非洲，把战场转移到迦太基本土。费边认为汉尼拔是罗马的心头之患，仍非常强大，罗马只能用他的老成持重的拖延战术，用重兵把他限制在意大利南部。其实，费边的拖延战术在意大利盛行十几年，在罗马军队屡遭重创的情况下，在没有可与汉尼拔相匹敌的指挥官的情况下，这样做是明智的。但一直奉行这样的战术会给罗马造成重大伤害，也无法结束战争，特别是在优势已转到罗马方面时，仍实行费边战术，而不去主动进攻，进行决战，在斯奇比奥这样的年轻将领看来，不仅是愚蠢的、认不清形势的，而且是可耻的，犯了对汉尼拔的恐惧症。

斯奇比奥是更具进取精神的年轻一代的代表人物，不仅受过良好的教育，才华横溢，而且有和迦太基人作战的丰富经验。比起费边等老一辈来，各方面都更富创造性。费边极力反对斯奇比奥还不完全是由于他对形势的看法有误，非常重要的一个因素是对这位年轻人的妒忌。他内心害怕斯奇比奥会成功，会取得更辉煌的战果，会以斯奇比奥的方式结束这场战争，这将使他多少年来实行的缓慢渐进行动有被人斥责为懒惰或怯懦的可能。

为了维护自己的荣誉，他极力反对斯奇比奥的计划。他在元老院和罗马广场高声大喊："斯奇比奥不仅自己躲避汉尼拔，还想把意大利剩下的兵力拉走。当没有打败的强敌还在门口时，却劝说青年们抛弃父母、妻子和本土。"他用这样冠冕堂皇的危言来恐吓罗马人民。费边家族是罗马古老而又有权势的家族，费边本人一度被认为是罗马的救星。费边的话是有巨大影响力的，同时，可能由于罗马人对汉尼拔还心存恐惧，不敢把过多的军队调离意大利。元老院虽最终同意了斯奇比奥出兵非洲的计划，却只是允许他在自己的行省西西里招募出征的军队。这是个有悖常规的决定，行省的人过去只充当辅助士兵。而罗马军队也不应由统帅个人去征召。公元前204年春，斯奇比奥克服了种种阻力，终于率领自己召集的一支2.5万人的西西里军团和300名曾追随他在西班牙征战的忠诚老兵，分乘50艘大战船渡海，成功地在距迦太基大约37公里的北非登陆。在这里，由于得到努米底亚国王马西尼萨的加盟，斯奇比奥的兵力大大增强了。马西尼萨的优秀骑兵成了斯奇比奥军队的强有力的两翼。斯奇比奥在非洲作战非常顺利，两次大败迦太基军队，逼得迦太基政府不得不一面求和，一面急召汉尼拔回国。

就在捷报频传，罗马人都兴高采烈地赞扬斯奇比奥的功绩时，费边却大泼冷水，并毫无道理地建议派人去取代斯奇比奥。他煽动说："把这样重要的大事委托在一个人的幸运上是危险的，因为他不太可能会是常胜的。"甚至在汉尼拔收兵上船撤离意大利、罗马举国欢庆时，费边仍在危言耸听，说什么"国家正面临最后和最坏的考验，值得害怕的是汉尼拔回师非洲，在迦太基的城下攻击罗马的儿孙，斯奇比奥就得对付一支身上还沾满了罗马将军、独裁官和执政官鲜血的军队。"罗马也的确有人被他的话吓着了，特别是那些有亲人在非洲作战的人，好像战争转移到非洲反而危险更大似的。费边的话和罗马一些人的反应，说明了汉尼拔对罗马人造成的心灵震撼有多大！他撤离了意大利，仍使不少罗马人对他心存畏惧。

事实上，胜利已在向罗马招手了。汉尼拔快走到尽头了。他的确创造了军事上的奇迹，他以少胜多，在敌人领土上打得敌人望风披靡；他孤军奋战，竟在意大利征战了 15 年，蹂躏了大半个意大利；他率领的是一支雇佣军，但 15 年中并没有出现叛变行为。所有的罗马将领在他的军事才能的照耀下，都黯然失色。但是最终他还是不得不无功而返。战争的胜负和汉尼拔当初所计划的正好相反，不是在意大利而是在非洲决出。

汉尼拔回国后，劝说迦太基政府中断了和斯奇比奥的和谈。公元前 202 年，在距迦太基城 120 公里的扎马附近，汉尼拔指挥的迦太基军队和斯奇比奥指挥的罗马军队进行了最后的决战。这次汉尼拔碰上了一个真正的对手，一个在指挥才能上毫不逊于他的军事天才，因而这次战役也成了军事史上有名的战役。战前，两位指挥官还举行了一次神秘的会晤，会晤内容无人知道。可以想象的是，斯奇比奥面对汉尼拔肯定不像费边所说的那样，感到这位双手沾满了罗马人鲜血的对手有多么可怕。斯奇比奥战胜对手的信心，肯定比对手大。汉尼拔的事业正在滑向最后的失败，辉煌时期已过去了，而斯奇比奥的事业却如日中天。双方的心情肯定不一样。会晤毫无结果。

战斗一开始，汉尼拔又一次使用他的从侧翼包围对方的战术，不过，这一次他没有成功。斯奇比奥也学会了这种战术，是学自汉尼拔的，但青出于蓝而胜于蓝，学生胜过了老师。斯奇比奥用汉尼拔的战术对付汉尼拔，由于斯奇比奥的骑兵强于汉尼拔的骑兵，两翼包抄遇到同样的两翼包围，汉尼拔败在了一位采用自己战术的伟大罗马统帅手下，他的战线被碾碎，全线崩溃，只有少数人逃了出来，汉尼拔也是其中的一个。

扎马大败后，迦太基已无力再战了，公元前 201 年，被迫和罗马签订了一个条件十分苛刻的条约。条约规定：迦太基在50年内向罗马交付赔款10万塔伦；除留下10艘三排桨划船外，交出全部战船；未经罗马同意，迦太基不得在任何地方进行战争。这一条实际上已剥夺了迦太基的独立地位，使它成了罗马的附属国。最后，还有一条，迦太基必须交出罗马的大敌汉尼拔。

扎马战败后，汉尼拔知道罗马不会放过他。公元前195年，他离开迦太基逃到亚洲。在这里，他继续与罗马为敌，鼓动亚历山大的后继者们联合起来对付罗马，失败后，他不愿落入罗马人之手，自杀身亡。汉尼拔最终失败了，但他在军事上创造的种种奇迹，使他名垂史册，他仍不愧为历史上最伟大、最具才能的将领之一。

汉尼拔战争（第二次布匿战争）以罗马的胜利而告终了。这是一场决定由谁来控制西地中海的具有划时代意义的重要战争，甚至有人认为，它是除了20世纪世界大战以外所有时代的最重要的战争。对于西方来说，这次战争的重要性无论怎样评价都不过分。因为这场战争如果罗马失败，就不会有罗马帝国，甚至不会有今天的西方世界，世界将是另一个样子。在某种意义上说，迦太基是属于东方的，而不是西方的。罗马的胜利，是西方世界的胜利。

7. 罗马：西地中海的新霸主

罗马之所以获胜，不是偶然的。和迦太基仅靠汉尼拔个人的才能不同，罗马是靠其统治制度的稳固性，靠罗马人的团结、忠诚、顺从和空前的忍耐力。即使在最严重的危急时刻，在战场连遭重创的困难关头，罗马和意大利的士气和纪律仍然毫不动摇。这也证明了罗马所实行的一套制度的有效性和正确性。而迦太基政府内部两派严重对立，迦太基的军队又是由雇佣兵组成，他们为钱而战，完全没有罗马人那种为国而战的精神。他们受雇主的剥削要比罗马人剥削意大利厉害得多，因而他们也不会有罗马人所显示的那种忠诚。他们忠诚于汉尼拔，完全是由于汉尼拔的个人魅力和不断率领他们打胜仗之故。这样的军队一打败仗就不可收拾。

罗马获胜的另一原因是罗马军队在人数上自始至终都多于敌人。战争期间，罗马降低了以前服兵役和当军团战士的财产限制而使可应征服役的人数大量增加，很多穷人靠政府支钱也能当兵。这些"无产者"（源自 Proles，和近代无产阶级完全是两回事）应征服役的年龄是18岁到46岁，他们在军团服役的平均时间是7年。

罗马获胜还有一个不可忽视的原因，罗马人的军事技术和战术不断改进。开始时，罗马在这些方面都略逊于敌人。到战争后期，斯奇比奥所运用的战术已不比汉尼拔差，在一些方面，斯奇比奥甚至改进了汉尼拔的战术。罗马军团作战所显示的整体性与灵活性的完美结合，证明罗马军团的组织已成为当时最先进的。当然，这种结合和组织是和斯奇比奥这样杰出的统帅分不开的。罗马人所拥有的武器，投枪和重剑也是制造精良的和当时最好的。

第二次布匿战争的结束宣告了一个时代的结束和另一个时代的开始。伊特拉斯坎人、迦太基人、希腊人和罗马四强角逐西地中海的时代结束了，罗马称霸地中海的时代开始了。罗马这个台伯河河岸并不怎么为人注意的村庄，正一步一步地发展成为西地中海的唯一强国，西地中海的所有地区，现在几乎都归属罗马了。但这不过是罗马称霸事业的开始，是罗马称霸整个地中海、建立庞大帝国的开始。在这块许多古文明的发祥地，罗马人的时代正在来临。

在角逐西地中海的四个竞争者中，罗马本是最落后的一个，它逐渐文明起来，是学习伊特拉斯坎人、希腊人和迦太基人的结果；它也是最弱的一个，人力、物力都无法和它的竞争对手相提并论，但就是这最落后的、最弱的一个逐一战胜了比它先进、比它强大的伊特拉斯坎人、希腊人和迦太基人。历史上这样的事是很多的，后来者居上。中国历史上就不断出现落后的打败先进的，野蛮的打败文明的事件。不过，罗马获胜，或者说，罗马兴起，引人注目的并不在这里，并不在罗马以一个落后者、弱小者打败了先进者、强大者，而是在罗马突破了城邦的局限性，把意大利结合成一个整体。这使罗马成了一个既不同于希腊城邦又和东方各国相异的特殊国家。罗马的胜利不是哪一个人的胜利，它不是亚历山大大帝那样的胜利，而是罗马赖以存在和发展的一种全新制度的胜利。罗马的胜利使以希腊、罗马为标志的不同于东方文明的西方文明得以发扬光大，在世界历史上开始树立罗马这样一个绝无仅有的典型。罗马胜利的根本意义也在这里。

第二章　扩　张

一、罗马的变化

1. 军事：军队私人化

第二次布匿战争不仅使罗马成了西地中海的唯一强国，也使罗马社会发生了许多影响其未来走向的变化，可以说，罗马从共和制走向帝制就是从这些变化开始的。

影响最大的变化是罗马军队的变化。罗马军队战前一直是从罗马公民中征集的，服兵役既是罗马公民的义务，也是权利。服兵役没军饷，而且要自带装备。没有公民权不能服兵役，无产者也不能服兵役。兵农合一，战时是兵，平时是农民，兵政合一，战斗力和投票权紧密相连。森图里亚大会既是公民大会，往往也是军事动员大会。参加者都是军事组织百人队成员，大会也按军事需要组织，大会投票不是按人，而是按军事单位（百人队）。由于兵农合一，士兵一身而二任，虽在国家需要时应征上前线，心里却仍牵挂着家里，想赶快回家种田。为了互相兼顾，作战、种田两不误，罗马军队在进行较长期的战争时，采用定期轮换的办法来增援和接替。

　　第二次布匿战争中，罗马的这一套军事组织和制度已不能适应战争的需要了。一是战场太远，已无法定期轮换了；二是战争的技术和组织愈来愈复杂，要求愈来愈高，需要有充分的训练时间进行训练。这样一来，亦民亦兵的士兵无法适应战争的需要。服役的时间延长了，开始发军饷了。罗马开始有了领军饷的士兵，为了激励斗志，不仅发饷，还分配战利品。斯奇比奥在西班牙就是这样做的。他在北非也这样做，却引起了担任财务官的加图的不满。加图攻击斯奇比奥耗费了过多的金钱给士兵发饷。他指责斯奇比奥说："耗费金钱还不是我们要指责的最大坏事。严重的事实是它腐蚀了士卒们固有的淳朴品质，每当军饷超过实际需要时，他们就要恣意寻欢作乐。"而斯奇比奥则回答说，在他一帆风顺奔赴战场之际，吝啬小气的财务官对他是没有用处的。他欠罗马城的是一笔功勋的账，而不是金钱。斯奇比奥和加图的对立反映了对给士兵发军饷的两种不同态度，加图是从维护传统道德的角度不赞成给士兵发过多的军饷，而斯奇比奥是从战争的需要考虑，认为应多给士兵军饷，但即使加图，也没完全反对发军饷，可见发军饷已是公认的必需了。三是战争中伤亡很大，兵源严重不足。为解决兵源问题，罗马不得不取消当兵的财产限制，无产者也可当兵了。他们当兵当然要给他们发军饷，否则他们无法当兵，而且还要给他们配置武器装备。这些有公民权的无产者，除了靠国家和富人的施舍外，基本上无所事事，现在，当兵成了他们不错的"职业"，他们应征服役的年龄规定得很宽，从18岁到46岁都可当兵。他们在军队当兵的平均时间达7年之长。这样，发饷和延长服役年限使罗马公民兵变得有点像职业兵了。

罗马实行兵农合一制度，兵无常帅，帅无常兵，兵不知帅，帅不知兵。因为不仅兵要时时轮换，统帅也是不断变动的。罗马军团的最高统帅是执政官，执政官的任期只有一年，带兵作战的时间就更短，他们还要留出时间来处理政务。特殊的危急时期，可由专门选出的独裁官任统帅，而独裁官的任期最长也不能到一年，费边就是以独裁官的身份取代执政官，在第二次布匿战争中领兵打仗的。这种兵不知帅、帅不知兵、兵无常帅、帅无常兵的状况在第二次布匿战争中也发生了变化。在西班牙战场，罗马军队在长达 13 年的时间里，一直由斯奇比奥家族两代三人指挥。普布利乌斯·斯奇比奥被元老院任命为罗马西班牙军团的统帅时，只有 25 岁，从未担任过任何被认为可获得这种任命的必要条件的高级军官职务，选定他做统帅显然是考虑到他是两位前任的儿子和侄子，他在他的前任和长辈领导下的作战经验和战功，特别是考虑到指挥的连贯和一致以及西班牙军团对斯奇比奥家族的崇敬和忠诚。这些考虑都是出于战争的需要，在过去是根本不会放在选拔统帅的条件中去考虑的。战争的进程证明，元老院这一打破常规的任命是正确的。

士兵和统帅关系的变化在斯奇比奥入侵非洲中表现得更加突出。元老院本来在费边等人的煽动下，不同意他率兵直接进攻非洲。但在他越过他们向森图里亚大会呼吁时，元老院让步了，然而，却只允许他抽调他所管辖的行省西西里的驻军和他所能征召的不管什么样的志愿兵渡海去非洲。结果，在斯奇比奥统率的 3 万大军中就有 7000 人是他自己想法征集的志愿兵。由于费边阻挠为斯奇比奥出征非洲拨款，斯奇比奥不得不自筹军饷，以私人名义从效忠于他的伊特拉里亚诸城邦募集款项。这样一支由个人收集并由以个人名义募集的款项发军饷的部队，和过去的公民军相较，已面目全非了。它不像国家的军队，却有点像是斯奇比奥的私人军队了，难怪追随斯奇比奥家族在西班牙征战多年的老兵也会加入这支队伍了。促使他们追随斯奇比奥的不是对国家而是对斯奇比奥的忠诚。这样的军队已不再是以共同的公民身份团结在一起了。斯奇比奥已不是个随时都可替换的统帅，而是保护者。统帅与军队的关系有点像保护者和被保护者的关系了。军队由斯奇比奥征集，由斯奇比奥发军饷，率领他们打胜仗，分配战利品，军队则效忠他，并为他作战。斯奇比奥与军队的关系当然不能代表全部罗马军队的统帅与军队都是这种关系，传统仍然在起作用，但这显示了一种新的军队，新的官兵关系的开始。罗马军队已不可能实行严格的兵农合一、帅不知兵、兵不知帅的公民兵制度了。在罗马以后的历史中，忠于个人而不是忠于国家的军队，其作用比平民更重要了，而且在罗马的政治生活中作用将愈来愈大，一切传统和惯例在它面前将变得苍白无力。有权力欲望的想干大事的人，过去总是企望得到平民的支持，以后则以取得军队的支持为主了。军队的这种变化使共和制离帝制不远了。

斯奇比奥是适应军队的变化而出现的一位新的杰出人物，是罗马第一位堪称伟大的统帅。他的出现，说明罗马领导人只充当某一军团短得不能再短的一个时期代表的时代开始临近终点了。斯奇比奥是罗马将军中第一个以被打败国家的名字（阿非利加征服者）而闻名的。这是突出个人的象征，阿非利加的征服者不是罗马国家而成了斯奇比奥个人了。他也是罗马第一个和军队保持着长久紧密关系的将军，在长达 10 年的时间里，他一直按照森图里亚大会的要求，担任高级指挥官职务。他是在不具备正式任职资格的情况下担任高级指挥官的第一人。他在非洲的胜利使他达到了过去任何将军都没有达到的权力顶峰。从这顶峰迈向独裁只有一步之遥。但他没有迈出这一步，他也不愿意迈出这一步。共和思想这时还根深蒂固。斯奇比奥本人深受希腊思想的影响，在思想上，他倾向西方的自由共和，而不是东方的专制独裁。不过，军队的变化，军队作用的增大，尤其在国内政治生活中作用的增大，迟早导致军事独裁。

2. 思想：反传统的新潮流

思想上的变化也是巨大的、影响深远的。由于外界的影响，特别是希腊文化的影响，崇尚朴实、简单、集体主义、谨慎保守、排斥外来思想和生活的传统观念受到了冲击和挑战，出现了突出个人、勇于冒险、热衷奢侈豪华生活、赞赏并推崇希腊文化的新思想和新潮流。它们之间的对立和冲突，和过去氏族之间的矛盾或平民与贵族的斗争都不同，是新旧两种思想的矛盾，是传统与反传统的矛盾。平民和贵族中都可能出现这种新旧思想的冲突。这种思想上的冲突在后来罗马历史上出现的一系列矛盾和斗争中都有所反映。第二次布匿战争后，传统思想的卫护者和代表人物是费边和加图，而新思想的推崇者和代表人物则是斯奇比奥。

费边从小就被称为"小羊羔"，举止安详，沉默寡言，不好娱乐。他出身名门贵族，曾五任执政官。第二次布匿战争中被委任为独裁官，解救处于危急中的罗马国家，以拖延战术和汉尼拔周旋，取得了很大成功，但他过分谨慎，行动迟缓，也时时贻误战机。在优势已转到罗马一方时，他仍坚持原来的一套战术，而不是审时度势，改变策略。他以过分冒险为由极力反对斯奇比奥出兵非洲，并尽力阻挠斯奇比奥在非洲的行动，但他比斯奇比奥年长得多，是思想保守的上一代人物，战后不久就死了。

加图像

　　加图虽比斯奇比奥小七八岁，和斯奇比奥仍属同一代人，但在思想上，和费边一脉相承。他一生都与斯奇比奥对立，以监察官职务而闻名。监察官有监督公民生活的权力。他毕生都以维护宗教和公共道德的姿态，反对一切新生的、优雅的或愉快的事物，谁要引起他的妒忌，不合他的心意就会遭到他道义上的谴责。他思想顽固保守，以道德的维护者自居。有一名元老只因白天当着他女儿的面拥抱了他的妻子，就被他以有伤风化为由逐出了元老院。加图的行为有点像中国旧时代的道貌岸然的冬烘先生。他仇视希腊文化和希腊生活方式，对罗马兴起的一股崇尚希腊文化之风，恨之入骨。斯奇比奥仅仅仿效希腊人刮光了胡子，便遭到他的非议。不知加图是否和古代中国人一样，认为发须皆受之父母，不能随便抛弃。他的儿子学希腊文，他无法反对，但反复叮咛要儿子当心，不要使家族堕落和败坏。他是把希腊文化看得比洪水猛兽还可怕。他的封闭心态到了令人吃惊的地步。他反对个人崇拜。他把斯奇比奥看作是野心家。他认为罗马不同于希腊，不是把民族的成就归功于几个人而是归功于众人结合起来的智慧和才能。他对斯奇比奥式的个人崇拜的厌恶，竟使他在他的历史著作《创始记》叙述第二次布匿战争时，完全隐去了伟大罗马统帅的名字，而宁愿代之以提及迦太基一头战象苏鲁斯的名字。这也是古今中外历史著作中的一大奇事！

费边和加图的这种思想观念是和他们农庄主的身份分不开的。他们的思想反映了经营农业的奴隶主的狭隘性、保守性。他们对奴隶和异族人极端残酷。加图认为奴隶就是牲口，应尽量使用，如果没用了，年老了，就应设法卖掉。一个残暴的吝啬的奴隶主面目暴露无遗。加图还有一句闻名于世的话，这就是他怀着对迦太基的极端仇恨，在元老院每次讲话最后都高呼的话："一定要毁灭迦太基！"而斯奇比奥家族的斯奇比奥、那西卡却比他宽容得多，讲话结束时常说一句："依我之见，迦太基必须予以宽容。"

和费边、加图相较，斯奇比奥是具有新思想、新作风的代表。他富于创造性和主动性，在他身上新的个人主义和冒险精神取代了传统的谨慎保守。他是外向的、开放的。他热衷希腊文化，追求文雅的豪华生活，他不把元老院放在眼里，他出兵非洲的计划遭元老院反对时，便直接向罗马人民呼吁，这是完全违背传统的人民领袖式的作风。他领兵打仗也不能忍受罗马当局对他的约束。他的这种作风实是后来诸如苏拉、恺撒等的行为的先河。但他对他所打败的敌人却是宽容的。斯奇比奥的行为和作风反映了罗马在思想观念方面的新变化。

两种思想、两种观念的对立是后来罗马历史上统治集团内部分裂成两派，长期斗争的一个不可忽视的原因。

3. 生活：享乐主义盛行

在生活方式上，享乐之风开始蔓延，浴室、剧场开始出现在古罗马人民的生活中，特别是一种可能源于伊特拉斯坎人的残酷娱乐活动

角斗士雕像

开始在罗马兴起。这就是贯穿于罗马以后整个历史的令罗马人入迷的凶残娱乐——角斗士角斗。公元前264年，罗马第一次出现了角斗士角斗。一位死者的两个儿子在为死者举行葬礼时，在罗马牲口市场同时举行了三场角斗表演。在以后的半个世纪里，同时在罗马举行角斗比赛的场次有时高达22场，并很快风靡全国，成为最流行的娱乐活动。这种充满血腥的娱乐，暴露了古代罗马人和意大利人的残酷性和极其强烈的虐待狂品性。像加图这样的以维护古罗马道德为己任的人物，对诸如刮胡子、接吻、拥抱、妇女的美丽装饰等都深恶痛绝，必欲禁止而后快，对这种新的残酷娱乐的流行却拍手叫好，这反映了罗马人堕落、野蛮的一面，他们以奴隶的流血为乐。

最初的角斗士是战俘，也有死刑犯。随后，为了延长角斗的时间和满足全国对角斗娱乐的需要，有了专门培养角斗士的角斗学校，学员都是身强力壮的奴隶。角斗表演以仪仗游行和一次假斗开始，号角一响，才进行正式格斗。拒绝角斗的角斗士会被皮鞭和烙铁赶出场。受伤的角斗士有时会举起食指乞求怜悯。观众或是挥动手帕表示宽恕，或伸出大拇指向下的拳头，表示死亡。被杀死的或快要死的角斗士都被拖到一个特定的地方，拿去他的武器和所有的东西，并把没死去的杀死。观看角斗场面的热烈，竟和今天的人们看足球赛相似。不过，今天人们是在欣赏足球运动的艺术性和强烈的竞争性，而古罗马人却是在欣赏流血、欣赏死亡。希腊人把罗马人喜爱角斗表演看作是罗马人野蛮的一个论据，后来，有人要把角斗引进希腊城市科林斯时，竟引起了骚乱，从某种程度上说，罗马人是一个酷爱暴力和流血的民族。当然，也有些善良的罗马人不喜欢也不愿意观看这种残忍的表演。

4. 经济：大地产兴起

罗马在经济上也发生了一些变化。由于汉尼拔对意大利农村的严重破坏，也由于意大利农民长期征战在外，农田荒芜了。同时，还有大量的农民死在疆场上，意大利的小农经济迅速衰落，代之而起的是大地产。

这种变化影响是深远的，小农的破产和衰落破坏了共和国的社会基础，是导致社会动乱和军队变化的一个重要原因，而大地产的出现又使罗马更具侵略性和扩张性，因为大地产需要大量的奴隶劳动。农业的地位下降了，而工商业的地位提高了。罗马称霸西地中海，它在海上霸权地位的确立和新的海外行省的建置，以及意大利南部原希腊诸城市的活跃工商业活动，都大大促进了罗马的工商业发展。新的思想、新的观念的产生和流行是和工商业的发展分不开的。

第二次布匿战争后，不论在政治、军事上，还是在经济、文化上，罗马都开始步入一个新的阶段。罗马扩张的步伐加快了。

二、征服东地中海

1. 希腊本土：扩张的首个目标

在强大的罗马正在西方冉冉升起，成为西地中海无可争议的霸主之时，东地中海的亚历山大的继承人们却没警觉到正在到来的罗马威胁，他们仍在互相争斗结怨，你拆我的台，我拆你的台。控制着东地中海的是瓜分了亚历山大帝国大部分领土的三个大君主国。距罗马最近的是马其顿的安提戈努斯王国，远一些的是以叙利亚为中心的、统治区域从爱琴海到兴都库什山的塞琉古王国和以埃及为中心的托勒密王国。在这三个大国之间还有一些小国，如最早和罗马发生冲突的伊庇鲁斯就是这些小国中的一个。

罗马早在第二次布匿战争之前，就开始觊觎亚历山大帝国之后的希腊世界。公元前280—前275年罗马曾与伊庇鲁斯国王皮洛斯数次交战，伤亡惨重。罗马自此以后就把希腊强国看成是自己的强敌。公元前246年，罗马在意大利东海岸布隆迪西建立了一个拉丁殖民地要塞，这意味着，罗马开始有了一个东海岸最优良的港口，这是意义深远的。罗马人建立这个要塞的目的显然不是防守，而是向海外发展，向它所面向的东地中海发展。这件事引起了布隆迪西对面的伊利里亚人的惊惶不安。伊利里亚王国也是亚历山大帝国崩溃后的一个小国，统治着达尔马提亚海岸一带，从南斯拉夫延伸到阿尔巴尼亚。罗马最初的目的是利用这个要塞阻止迦太基的船只通过亚得里亚海，不过，

113

也限制了伊利里亚人的活动。在伊利里亚人袭击罗马使者和暗杀了意大利商人后，罗马向伊利里亚提出了赔偿的要求，但遭到伊利里亚摄政皇后蒂尤塔的拒绝。罗马勃然大怒，立即派军队越海进攻，迫使蒂尤塔就范，并和原来处在蒂尤塔控制下的东海岸希腊城镇和部落建立保护关系。这是罗马第一次出兵东地中海和第一次和希腊地区的城镇建立保护关系。这些希腊城镇和部落对罗马的干预和与罗马建立这种关系甚为感激，希腊人可能认为罗马人把他们从伊利里亚王国的统治下解放出来了。实际上，只是换了个主人。罗马是把他们纳入自己的控制中。保护者与被保护者的关系，在希腊人眼中，可能不会对自己的独立和自由有什么不利的影响。罗马人则把这种关系看成是一种从属关系。被保护者是一定要忠诚并尽力为保护者服务的。希腊人后来明白了并为这种关系吃尽了苦头。

2. 出兵马其顿：挑战亚历山大的后人

罗马和东地中海的三大强国之一马其顿也早在第二次布匿战争之前就开始发生纠纷。马其顿国王腓力五世对近在眼前的罗马迅速扩张和日益强大心存疑虑。公元前 215 年，腓力五世和正在蹂躏意大利的汉尼拔签订了一个互助条约，但双方都无力支援对方，条约成了一纸空文。汉尼拔没有海军，没有舰队，腓力五世的舰队也无法与罗马舰队对抗。而罗马人又派人到希腊煽动反马其顿活动，使腓力五世自顾不暇。第二次布匿战争结束后，罗马为报复和打击马其顿，与中希腊的伊托利亚结成同盟。这是罗马人在希腊本土参与的第一个正式同盟。伊托利亚是希腊中部占支配地位的、正在发展为堪与马其顿相匹敌的力量。罗马企望通过结盟而在希腊拥有一个发展之地。

面对罗马人步步进逼的令人恐惧的扩张，马其顿没能联合希腊诸王国来共同遏制罗马人。希腊三大王国相互间的频繁冲突，已使它们貌似强大，外强中干，实为强弩之末。而罗马却正处于急速扩张的上升时期。在面临罗马这样的强敌威胁的紧急关头，三国仍在为一己之私利而互相攻击。公元前203—前202年，腓力五世和塞琉古王国国王安蒂奥克三世结盟，乘埃及的托勒密王朝国王年幼之机，联合向埃及进攻，瓜分它的海外领土。埃及物产丰富，首府亚历山大里亚是地中海世界最大的商港和文化中心。因此，埃及也是贪婪的侵略者诱人的目标。但是，腓力和安蒂奥克这个以消灭埃及为目的的阴险结盟和联合行动，却使希腊诸城邦惊惶不安，害怕下一个进攻目标会落到自己头上。它们开始求助于罗马。带头的是两个二等国家罗德和帕加蒙。罗德是个岛国，是靠海外商业繁荣起来的共和国。帕加蒙是从塞琉古分离出来的一个国家。这两个国家比别的国家更害怕腓力和安蒂奥克结盟。它们只有在这两个大国互相敌视疏远时，才能生存发展。因此，它们开始对腓力采取军事行动，并派使节向罗马请求支援。

接到罗德和帕加蒙的求援要求后，罗马元老院和森图里亚大会在是否答应给予支援的问题上出现了分歧。森图里亚大会考虑到刚刚和迦太基人打完仗，反对挑起又一场和希腊一个大国马其顿王国的战争，主张拒绝罗德和帕加蒙的要求。而元老院和贵族们却主张接受请求，支援罗德和帕加蒙向腓力宣战。他们对腓力和安蒂奥克结盟，也和罗德和帕加蒙人一样，紧张不安。他们认为这一结盟是对罗马的威胁。这种恐惧和怀疑后来经常成为罗马采取军事行动的理由。西方一些国家现在还保持了罗马这一传统。元老院最后决定，接受请求，向马其顿递交最后通牒。

罗马的最后通牒显示出罗马以地中海保护者自居的帝国主义面目。腓力根本没有做损害罗马人的事，罗马却蛮横地向他提出了这样的要求：给罗德和帕加蒙赔偿；今后不准有任何敌视希腊诸国的行动发生。这个最后通牒所提的要求令人吃惊。它实际上剥夺了马其顿制定任何对外政策的权力，就像剥夺迦太基这样的权力一样。罗马在这里把马其顿看作是它的被保护国了。对迦太基是这样，对伊利里亚也是这样。但迦太基和伊利里亚都是订的城下之盟。罗马还是第一次用这种态度来对待一个主要的希腊国家，一个并没在战场上见高下的希腊强国。这表明，罗马认为，它已强大得只要愿意，就可以用这种方式对待任何国家了。

腓力五世，这位自视甚高的亚历山大大帝的后裔，岂能容忍罗马以一个战胜国的姿态向他提出如此无理的要求，理所当然地拒绝了。这样，公元前200年，在汉尼拔战争结束后不到一年，罗马又发动了一场新的战争。罗马的扩张步伐加快了。这是罗马人在希腊土地上进行的第一场重要战争，是当时欧洲仅有的两个强国之间的战争。

战争一开始，腓力五世就发现自己处于不利地位。希腊诸城邦不支持他，安蒂奥克则因忙于夺取埃及在小亚细亚的领土而不遗余力给他援助。他不得不独自抵抗罗马军队的进攻。最初两年，腓力靠自己杰出的指挥才能，尽力与罗马人周旋，避免与罗马军队进行决战。手持长矛的巨大马其顿方阵，较之由斯奇比奥训练出来的罗马军团，相形见绌。罗马军团配备有令人生畏的短剑，军团以分队编排，不停地移动，其灵活性是密集而又呆板的马其顿方阵所望尘莫及的。公元前197年，两军终于在库诺斯克法莱的山脊上展开了一场决战，罗马军队的指挥官是年仅29岁的执政官弗拉米尼乌斯。马其顿军队由腓力五世亲自指挥。结果马其顿军惨败。遭此重挫，马其顿无力再战，被迫与罗马签订了城下之盟。罗马考虑到腓力五世还有利用价值，便让他保留了马其顿国王王位，但让他放弃了小亚细亚、爱琴海和希腊的全部领土，并交出舰队。就这样，亚历山大大帝的古王国成了罗马的又一附属国，下场和迦太基一样。不同的是罗马征服马其顿要比征服迦太基容易得多，付出的代价也少得多，这说明罗马比过去更强大了。

希腊诸城邦由于在这场战争中是罗马的盟友，罗马是为解救它们才对马其顿宣战的，因此，在大商业城市科林斯举行的地峡运动会上，弗拉米尼乌斯当众宣布，今后的希腊诸城市是自由的。弗拉米尼乌斯这样宣布，有对希腊文化崇敬的成分。他是如同斯奇比奥那样的新的崇尚希腊文化的罗马人。但他所说的自由，却不是希腊人所理解和所向往的完全独立自主，而只是希腊作为罗马的被保护者，享有一定的社会自治权利而已。然而，当时希腊人却为获得这样的自由而兴高采烈、欢呼歌唱。据说，希腊人庆贺他们获得解放所发出的震天动地的叫喊声，把鸟儿都吓住了。但是，希腊人的高兴为时极短，不久之后，他们就要为这种罗马所恩赐的自由而哀伤哭泣了。

3. 对战塞琉古：蒸蒸日上与日落西山

当然，也有一些希腊人不高兴。罗马的同盟者伊托利亚同盟就感到很失望，因为，只有他们给了罗马实质性的援助，作为回报，罗马人却只给了他们一块微不足道的领土，他们不满了。公元前193年，他们转而投靠安蒂奥克，请求他率领塞琉古军队来希腊，推翻他们所说的罗马人的新专制。

伊托利亚人的邀请是条引火索，使罗马和塞琉古两国的矛盾激化了，冲突很快发展成战争。

罗马现在已不能容忍任何一个国家在地中海与它分庭抗礼了。安蒂奥克乘罗马人与腓力五世作战之机，不仅夺取了托勒密王国的小亚细亚地区，还越海进入欧洲，夺取了色雷斯沿岸地带。罗马对安蒂奥克这种肆无忌惮的扩张早已忍无可忍了。罗马要求安蒂奥克从欧洲撤出去，作为回报，罗马答应不进入亚洲。罗马人这个要求显然对罗马有利，罗马人什么也没放弃，塞琉古却要放弃其欧洲部分。罗马显然已把欧洲和地中海看成是它的势力范围了，决不容他国染指。但这是罗马的一厢情愿，安蒂奥克不仅不答应退出欧洲，反而声称，他有权夺取曾经归他先人所有并理所当然属于东部地中海领导力量的塞琉古王国的领土。安蒂奥克在这里公然把自己看作是东地中海的老大，东

塞琉古王国文物

地中海的事由他作主。罗马和塞琉古都以霸主自居，都要在地中海进行扩张，冲突是不可避免的。

令罗马人不能容忍的还有一件事，罗马人的死对头汉尼拔这时正在塞琉古宫廷。罗马人认为安蒂奥克收留汉尼拔是公然和罗马为敌。不过，罗马元老院还不想马上用战争来解决和安蒂奥克之间的矛盾，想通过谈判协商达到目的。安蒂奥克却没有罗马元老院这样的耐心，成功地侵占托勒密王国的小亚细亚和欧洲的领土刺激了他的扩张欲望，他不满足仅仅占有欧洲的一角，他要充当东地中海的真正领导力量，他要侵占希腊。伊托利亚人的邀请来得正是时候，给了他一个进军希腊、显示力量、进一步扩张的机会。他要抓住这个机会。其实，安蒂奥克被扩张的欲望蒙住了眼睛，不能正确分析形势而过高地估计了自己的力量，看不出伊托利亚人的邀请对他来说不是机会，而是灾难，是陷阱。安蒂奥克毅然作出了接受邀请、出兵希腊的决定。公元前192年3月，安蒂奥克率兵越海在北希腊登陆，会合伊托利亚同盟的军队，向罗马宣战。罗马和腓力的战争结束仅5年，又开始了和地中海的另一强国塞琉古的战争。由于塞琉古的中心在叙利亚，这场战争被称为"叙利亚战争"。

这是罗马和一个完全东方的，也就是说和一个亚洲国家的战争。在人口的数量上和领土的面积上，这时的塞琉古仍然多于和大于罗马。但在制度上，特别是在军队的组织装备和作战技术上，罗马却优于塞琉古。塞琉古不过是亚历山大帝国崩溃后的余晖，呈日落西山之势，而罗马却像冉冉升起的太阳蒸蒸日上。

安蒂奥克主动向罗马人挑衅发动这场战争是莽撞的、不明智的，公元前191年，两军在昔日希腊人拼死抵抗波斯人的温泉关进行了一场决战。安蒂奥克指挥的塞琉古军队被罗马军队重创，安蒂奥克也被一块飞石击中嘴巴，打落了牙齿。他们的军队在罗马军队的攻击下，纷纷退避，蜂拥地抢着逃出山口，结果，除被罗马人杀死的外，还有许多人掉入深渊和沼泽而死。温泉关一役后，安蒂奥克被迫撤离了希腊，但是，对他来说，厄运才刚开始。第二年，罗马海军又在小亚细亚沿海打败了他的海军。这是罗马人对外部敌人的最后一次著名的海上胜利。它是罗马海军在地中海已成了无敌之师的标志。安蒂奥克终于按罗马的要求退回到亚洲。但罗马并没就此收兵，而是乘胜追击。率领罗马军队的名义上的统帅是执政官鲁西乌斯·科利尼乌斯·斯奇比奥，实际上，出谋划策的是以顾问身份随军出征的他的哥哥——阿非利加征服者斯奇比奥。公元前 190 年，安蒂奥克率领的波斯混合部队和罗马军团在小亚细亚的马格尼西亚（马尼萨）进行了最后一次较量。对于安蒂奥克纠集的未加训练的军队而言，面对拥有两位杰出的斯奇比奥指挥官且具有最新战术的罗马军团是不幸的，取胜的希望几乎等于零。罗马军队首先突破了由穿戴重盔甲的波斯骑兵组成的安蒂奥克大军的左翼，被标枪惊吓的塞琉古战象转身向安蒂奥克的中央方阵猛冲，罗马军队随后攻击，塞琉古中央方阵溃散，士兵狼狈窜逃。

　　罗马取得的这场胜利是一次令人震惊的、光辉的胜利，是一次在异域他乡取得的以少胜多的决定性胜利。安蒂奥克被彻底打垮了，再没力量继续作战了。据阿庇安《罗马史》所记载，安蒂奥克此役的损失，包括被俘的，估计有 5 万人之多，而罗马方面参战的全部军队也只有 3 万人。其实，罗马人获胜是必然的。罗马军队虽几换主帅，参战的队伍有多有少，作战的地方或陆地或海上，或近或远，或欧洲或亚洲，罗马都取得了胜利，安蒂奥克的军队好似不堪一击。这在某些方面要感谢安蒂奥克。

　　安蒂奥克志大才疏，腐败愚昧，却又贪得无厌。安蒂奥克过去曾因获得过多次胜利，扩大了领土，被人称为安蒂奥克大王。这使他目空一切，认为他可以不顾罗马人的态度而随心所欲地占领他想占领的地方。汉尼拔在他宫廷中，汉尼拔有和罗马人作战的丰富经验，他也向安蒂奥克提出了一些十分宝贵的意见，他本可以听取汉尼拔的意见，但安蒂奥克害怕听汉尼拔的会显得自己不如汉尼拔而愚蠢地拒绝采纳，并让汉尼拔去指挥他从未指挥过的海军，结果可想而知，汉尼拔在海上并不能有所作为。安蒂奥克一再延误战机，入侵希腊后，年过50岁的他却在战火纷飞、军务繁忙的情况下，悠闲地和当地的一个美丽少女谈情说爱，举行盛大的结婚典礼和公众宴会，让他的军队整个冬季的时间都浪费在安闲奢侈的生活中，简直把这场战争当成了儿戏。退回亚洲后，他本可以立即向罗马议和，以便积蓄力量再战，他却没有这样做，而是匆匆忙忙地纠集所有兵力作毫无把握的孤注一掷的决战。他是应希腊人之邀侵入希腊的，而大部分希腊人却站在罗马一边。罗马人的胜利是和他们的希腊盟友的支持分不开的。海战的胜利，罗德岛海军的参战起了重大作用，马格尼西亚的最后胜利，得力于帕加蒙的骑兵。

　　马格尼西亚战后，安蒂奥克不得不和罗马人签订城下之盟。塞琉古失去了在欧洲的所有领土和小亚细亚，并交付大量赔款。罗马人控制的地方自小亚细亚向东延伸到哈利斯河。塞琉古自此以后就再也不是一个地中海国家了。这样，在12年的时间里（公元前200—前189年），亚历山大后继者的三大王国中的两国马其顿和塞琉古就先后成了罗马的附属国了。

4. 消灭马其顿：罗马扩张的新形式

虽然马其顿和塞琉古成了罗马的附属国，但仍是独立国家，也仍是罗马心头之患。马其顿作为罗马与安蒂奥克作战的伙伴，甚至保持和改善了其政治、军事地位。腓力五世去世后，他的儿子珀休斯继承了王位，采取了不少措施来加强对邻国的影响。这在罗马统治集团中引起了一种恐惧，他们担心马其顿复兴。因此，公元前 171 年，罗马借口珀休斯攻击了一些与罗马有友好关系的边界首领而向马其顿宣战，开始了又一场马其顿战争（公元前 171—前 168 年）。

一些希腊城邦虽也有反抗罗马之心，但迫于罗马的压力，不敢和马其顿站在一起，珀休斯基本上是孤军奋战。战争持续到第 9 年，双方主力在马其顿平原的皮纳德进行了决战。这是又一次马其顿方阵和罗马军团的对决。结果，珀休斯指挥的马其顿方阵没能挡住由罗马执政官波卢斯率领的罗马军团的攻击，全军溃散。珀休斯无路可走，只好投降。

这一次，珀休斯没有他父亲腓力五世那样幸运。罗马人对战败者的态度时宽时严，一般说，随着罗马力量的强大愈来愈严酷。腓力五世尚有利用价值，所以受到较宽容的对待，而珀休斯已没有利用价值了，罗马人已不需要他了。他被带到罗马，在波卢斯的凯旋式上被作为战利品向人们展示。珀休斯的所有军官都被逐出马其顿。罗马人把马其顿分成四个独立的共和国。这是一件在罗马发展史上有划时代意义的事。它标志着亚历山大帝国的三个大继承国之一的马其顿王国被罗马彻底毁灭了。罗马之所以没有把它直接纳入自己的版图，只是因为罗马还没有做好这样的准备，因此宁愿暂时充当这被一分为四的小国的保护者。

对那些支持珀休斯的希腊城邦，罗马采取了更加严厉的惩罚措施。伊庇鲁斯和伊托利亚同盟诸城邦遭到奴役和大屠杀，希腊各城邦被勒令各送 1000 名人质去罗马。历史学家波里比阿就是人质之一。公元前 2 世纪前半期，由于罗马人的疯狂劫掠、屠杀，希腊丧失了它的全部居民的 1/4。

然而，屠杀仍未能使马其顿和希腊完全屈服。公元前 150 年，马其顿有个叫安德里斯库斯的人，谎称自己是珀休斯之子，重新把马其顿联合在一起，取消共和制，恢复君主制。公元前 148 年，罗马出兵镇压了这一反罗马活动。这一次，罗马没有重新恢复自己原来建立的四个共和国，而是把马其顿直接并入罗马的版图，在这里建立了一个新的罗马行省——马其顿行省。这是罗马扩张政策的一个重大转折，显示罗马在向东扩张过程中，已不满足于仅仅充当保护者的角色了，它要把被征服地区直接并入自己的版图了。为了便于控制，罗马在这个新行省修建了一条大道——埃格纳提亚大道。这是罗马在东方修建的第一条重要道路。大道从亚得里亚海海滨一直通到爱琴海北边，它不仅把马其顿诸城市连接起来，还把马其顿和意大利连接在一起。

5. 血腥 146：肆无忌惮的大屠杀

公元前 146 年，罗马对希腊又进行了一次更加严酷的打击，由于科林斯人对罗马的专横作风不满，将罗马使者痛打了一顿。就因这点事，罗马歇斯底里大发作，派执政官麦米乌斯率 4 个军团沿马其顿南下，占领了科林斯。占领者按罗马政府的命令，将整个城市夷为平地，所有幸存的居民全被卖为奴隶，它丰富的艺术宝藏被装船运往罗马。这是希腊和地中海文明最古老、最杰出的中心之一，这个半世纪前希腊人还在这里庆贺并向宣布今后希腊诸城市都是自由的罗马执政官弗拉米尼乌斯欢呼的城市，就这样被凶残的罗马人以令人发指的罪恶手段彻底毁掉了。亚细亚同盟被解散了，希腊诸城市都被并入马其顿行省。这就是罗马给要求独立自由的希腊人的最后答复。

希腊人完全不应该遭受这样的迫害。希腊人是罗马人的老师，罗马文明是在希腊文明的基础上建立起来的，罗马人是从希腊人这里学会过文明生活的。希腊人不同于迦太基人，也并没有对罗马和罗马人造成什么伤害。罗马这样对待希腊，完全是奴隶主对待奴隶的方式。罗马真的把大量的希腊人卖为奴隶了。罗马如此惩罚希腊充分暴露了它极其丑陋的一面。

同一年，迦太基也遭到了科林斯同样的命运。

迦太基在55年前被罗马打败后，在经济上不久就开始复兴了，但迦太基的复兴遭到了邻国努米底亚国王马西尼萨的阻挠和破坏。在罗马的支持下，他肆无忌惮地侵占迦太基的沿海殖民地和小麦产地。为了生存，公元前150年，迦太基被迫以武力抵抗马西尼萨。马西尼萨立即向罗马求助。早有彻底毁灭迦太基之心的罗马元老院，乘机以迦太基违背了不得到罗马同意不得进行任何战争的条款为由，向迦太基宣战。迦太基要求和谈。罗马人提出一些无法接受的苛刻条件。迦太基走投无路，只好进行一场绝望的悲壮的抵抗。这是一场狼与羊的角斗。但迦太基人宁死不屈，所有的迦太基人，包括妇女和小孩都投入这场拼死的战争中了。迦太基人全民奋战，坚持了4年，公元前146年，斯奇比奥·埃米利安努斯攻陷了迦太基城。城破之日50万迦太基人仅剩下5万。按罗马政府的命令，罗马将所有幸存的迦太基人都卖为奴隶，将整个城市铲为平地，并用犁翻了一遍，再在地上撒上盐，以便使它永远成为荒芜的和被诅咒的地方。对迦太基的仇恨竟使罗马疯狂到如此地步！

罗马毁掉了迦太基城，采取了在马其顿和希腊同样的办法，将迦太基合并入罗马版图，不知罗马既要吞并迦太基，又为什么要毁掉其首府迦太基城！罗马在这里建立了非洲行省。非洲行省后来成了继西西里之后的罗马的主要粮仓。

公元前 146 年是个充满血腥味的年份。罗马人在这一年用丧失理智的疯狂手段同时毁掉了地中海东西两个文明古城。据说，攻占迦太基的罗马统帅斯奇比奥目睹迦太基被毁灭的惨象时，情不自禁地流泪痛哭，并顺口吟诵了一句荷马的诗句："总有一天，我们神圣的特洛伊、普赖阿姆和持矛的普赖阿姆所统治的人民都会死亡。"当时在场的波里比阿问他，他所吟的诗是否有所指，斯奇比奥毫不迟疑地回答说，他是指罗马。斯奇比奥是触景生情，想到自己的祖国将来也可能会有同样的命运而伤心痛哭的。斯奇比奥不幸言中了，罗马帝国后来的确被暴力摧毁了，斯奇比奥在这里是害怕罗马的暴力会遭到天谴吧！整个地中海都在罗马的血腥暴力中战栗。罗马人就这样通过东征西讨成了地中海无可争议的主人。迦太基、马其顿、西班牙和希腊都被纳入罗马的版图，塞琉古被逐出了地中海。虽然埃及的托勒密王国仍是独立的，罗马却已把它纳入自己的势力范围，并充当起它的保护者来了。罗马在皮纳德打败珀休斯之后不久，就派使者命令安蒂奥克三世的继承人安蒂奥克四世，从他占领的托勒密王国的首都亚历山大里亚撤回去。这件事证明埃及已是罗马的附属国，甚至要靠罗马来保护了。罗马成了整个地中海的霸王，正如罗马人自己所说的，地中海是"我们的海"，他们是多么自豪又是多么蛮横啊！

三、新社会

1. 文明开化：希腊文化的渗透

罗马用暴力征服并控制了地中海世界，成了地中海的霸主，罗马人胜利了。但在罗马东征西讨的同时，罗马社会、罗马人也在被外来文化渗透、侵入、影响，许多罗马人都为高度发达的希腊文明心折和惊叹，尽管希腊城市被摧毁，许多希腊人被卖为奴隶，罗马仍然兴起了一股学习模仿希腊之风，这股风早在第二次布匿战争前就刮起了，这时，由于侵占了希腊，大量希腊艺术品流入罗马和许多罗马人去过希腊而达到了高潮。正如罗马诗人贺拉斯所说的，作为征服者的罗马却被希腊文明所征服。希腊文明改造了罗马社会，改造了罗马人，改造了罗马人的生活和观念。这种情况在中国历史上是屡见不鲜的。少数民族入主中原，没有不被汉族文明所征服的，甚至有不少征服者还同化于被征服的汉族。

罗马受希腊文明影响是从观念上开始的。罗马原是农业社会，整个意大利也是个农业社会。人们崇尚朴实无华的、毫无变化的生活，这和农业经济是一致的，豪华奢侈为国人所不容。布匿战争前，一位前执政官只因家里的银器超过 10 磅便遭到处罚。可见罗马人对奢侈何等深恶痛绝！罗马人原来的住房都是以实用为目的，不追求外观的漂亮，没有任何装饰。但是，这种朴实无华的观念随着侵略的不断扩大，财富的源源流入，随着罗马人东西征战而改变了。眼界开了，世面见得多了，一股追求奢侈豪华之风油然而起，吹遍了整个意大利。不少罗马人都目睹了希腊人，特别是希腊富人是怎样生活的，他们开始对原来朴实无华的生活不满了，心中滋长了要过类似生活的要求，就像一个乡下人进城以后，对城里人的生活充满羡慕之情，再也不愿过乡下人的生活了。同时，由于侵略扩张给罗马带来了大量财富，不

古罗马贵妇头像

少人发了战争财，罗马出现了一批富人，他们有条件过希腊富人那样的生活。国家有钱了，罗马开始出现一些由国家修建的壮丽的公共设施，如庙宇、剧场、竞技场等。罗马人有钱了，富人开始为自己修建豪华的、富有希腊情调的私人住宅。意大利的其他城市也出现了这样的建筑。希腊家庭的各种便利设备，诸如自来水、管道、浴池和卫生设备等，都被介绍到罗马。在讲究的家庭中，在富豪的家庭中，后来还安装起暖气管道，为主要的房间取暖，这是世界上发现的最早的供暖系统。厨房里配有漂亮的青铜器具，其豪华程度远远超过今天的普通家庭。

罗马的有钱人还以拥有希腊艺术品或希腊的家内物品为荣，就像今天我们中有些人以房间内有几张名人字画或外国玩意儿自夸一样。这甚至成为一时的时尚。源源不断地从东方掠夺来的大量艺术品和室

内的精致物品满足了这种需要。罗马人侵入东方，就像八国联军闯进了圆明园一样，疯狂地进行掠夺抢劫。金银财宝之外，各种艺术珍品和室内用品是他们抢劫最多的东西，往往是一掠而空。有一位征服马其顿的指挥官回到罗马时竟带回250辆马车的雕像和绘画作品。一位击败伊托利亚的将军从那里带走了五百多件青铜和大理石雕像。小斯奇比奥摧毁迦太基后，从那里带回来的艺术品之多，竟使希腊雕刻作品泛滥于罗马街头。罗马官人的住房都用东方最精巧的家具、挂毯和地毯装饰起来。然而，虽然拥有希腊物品成了时尚，除了少数人外，大多数罗马人并不懂希腊艺术品的价值。否则，就不会有科林斯这样的文明古城的毁灭。波里比阿说他在科林斯被毁灭时，亲眼看见罗马士兵正在一幅古代名画上掷骰子。他们从墙上扯下这幅画，放在地上，就像这是一块破帆布似的。一位庞贝城的商人竟然用亚历山大驰骋疆场的绝世彩画装饰他的壁橱。根本不懂艺术为何物的罗马人除了自命同流外，怎么能欣赏希腊艺术品的美！

当然，罗马人不仅学习模仿希腊人的生活，虽然这种模仿有点东施效颦，罗马人还热衷于希腊文学，学习希腊的教育方式。希腊的文学作品《奥德赛》被译成拉丁文，并被作为儿童教科书，其他希腊文学作品也被陆续介绍到罗马来。一些罗马人的生活中开始出现希腊文化的形式和内容。希腊式的学校也开始被介绍到罗马。一些有文化的希腊奴隶获得自由、开办学校时，罗马人也会将子女送入这些学校。罗马不重视学校教育，而只由父亲作为儿女主要教育者的传统在希腊人的影响下改变了。时间不长，罗马就出现了一些有名的希腊教师，青年贵族开始师从他们，学习修辞和演讲，以便将来更有效地担任公共职务。希腊文学作品被介绍到罗马来，激发了罗马人的创作欲望，罗马开始出现诗人和作家，开始有了拉丁文的反映罗马人自己生活的戏剧作品和其他文学作品。希腊的影响不仅使罗马人生活舒适了，也文明起来了。

2. 唯利是图：奢侈淫靡的泛滥

追求舒适超过一定限度就会导致奢靡。财富的堆积为一些人追求奢侈生活创造了条件，也培养出一批追求时尚的花花公子和浪荡女人。古老的罗马家庭中简朴、纯洁和和谐的生活已经一去不返了，即便以传统道德的维护者自居的加图也禁不住诱惑，偷偷地和一个已婚的年轻女奴同居，后来为了逃避别人指责，又把这女奴卖掉，并娶了一个比他儿子还年轻的姑娘为妻。奢侈淫欲的泛滥甚至使一些十分热

庆祝酒神节

129

衷希腊文化的人也感到无法接受，小斯奇比奥看到罗马儿童在希腊舞蹈学校里学跳一些带有淫秽色彩的不健康的舞蹈时，也感到痛苦和吃惊。听凭情欲恣意发泄的对巴克斯（狄俄尼索斯）的崇拜和祭礼——酒神节，也在全意大利广泛蔓延。酒神节成了人们突破习俗的禁忌，进行放纵的、无拘束的狂欢的集会成了人们发泄感情的集会，以致罗马政府认为这种崇拜是性道德败坏，是罪恶和公众骚乱的集中点，而下令禁止 5 人以上的人在一起庆祝酒神节。

奢侈淫靡的生活是和财富连在一起的。没有大量挥霍不尽的财富，就不可能有奢侈淫靡的生活。因此，追求财富、集敛钱财就成了一些人的生活目的。随着罗马国家疆域的日益扩大，罗马城不仅成了地中海的政治中心，也是重要的商业中心之一，这为某些人集敛钱财创造了条件。罗马人过去以经营农业为最高尚的职业，贵族除经营农业外不准从事其他行业。担任公职不是为捞钱，而是尽一种责任、一种义务。有治理国事才能的人，理所当然地应出任官职。他们担任官职没任何薪水，还要用自己的钱支付一些必要的费用，即使是执政官，也常常将自己的家当成办公室，与他的助手和会计一起在家里处理政府事务。

但是现在不同了。除了观念的变化外，还有两点不同：一是竞选官职要用大量的钱进行贿赂；二是他们谋取罗马官职，特别是执政官的目的是借此扩大自己的影响，卸任后可以外任一个行省的总督。这成了惯例。这个总督职位完全是东方式的，是集权的、独裁的。他可以任意在行省横征暴敛。中国有"三年清知府，十万雪花银"之说，罗马人也有类似的说法。总督第一年赚到的钱，足够偿还谋取职位时付出的贿赂款项；第二年赚到的钱，足够将来支付因渎职而受审需送给陪审官的贿赂款项；第三年赚到的钱，足够他卸任后过豪华生活。这样，每一个退职的总督返回罗马时，都已不再是以前那个过着俭朴生活的罗马公民了，而是奴仆成群的、过着王子般生活的富豪了。

除了担任总督外，罗马贵族还有其他的敛财手段。贵族虽不能从事农业以外的其他行业活动，但他可以把那些"低贱"而又赚钱的业务委托给雇用的代理人或委托给可以信赖的奴隶去处理。有些贵族还从事律师工作，罗马的律师是免费工作的，但可以接受礼品，这就使律师成了大有利可图的职业了。

愈有钱就愈追求钱，贵族和富人比平民和穷人追求钱财、追求享受的欲望要强烈得多。监察官加图就是个很典型的例子。他给人的印象是道貌岸然，是传统道德的维护者，但他在晚年却绞尽脑汁设法赚钱。他对农业很有兴趣，却因农业无利可图，便将资金全投入稳妥可靠的利又大的商业。他老谋深算地购进，按他自己的话说，朱庇特也毁坏不了的池塘、温泉、可进行漂洗工作的地段、沥青工厂、带有天然牧场和森林的土地，竟获得了巨大的利润。他还以最不光彩的方式放债。为了能安稳地把本利收回，他让借款的人以50人或50条船集合为一个借钱个体。他还经常借钱给需要钱的奴隶，让他们用这些钱去买进小孩，在加图家中进行训练和教育，一年后再以高价将这些孩子卖出。这个加图就是这样一个吸血鬼式的人物。

3. 社会分化：贫富差距的加大

道德败坏、奢侈成风、贿赂无所不在当然不是一日形成的，而是逐渐演变的。比这影响更大的是罗马社会的分化，贫富的两极化。在一个人人追求钱财的社会这是必然的。

战争和赋税使农民纷纷破产了。那种由一家一户经营的小农场，那种全家共同勤劳耕作、自给自足的幸福生活如秋风扫落叶似的被战争摧毁了。汉尼拔的入侵使意大利南部荒无人烟，中部虽好些，也遭到沉重的打击。长期战争，使土地荒芜，无人耕种。家中的父亲和长子往往离开家乡，常年征战在外。这些既要经营农庄又要长年服兵役的农民的出路只有三条：一是过惯了军旅生活，回到故里后，对农庄的单调生活极不习惯，感到厌烦乏味，往往又回到军团，追随自己崇拜的将领，四处征战掠夺，犹如职业兵。家中的小农庄则由于没有劳力而荒芜破败。二是不少士兵返乡后，发现自己已无家可归，原来自家的农场已被卖出抵债，成了城里富人大庄园的一部分，他的亲朋和邻居也不见踪影。他们如不愿再回到军团去，便只好流浪到罗马城，成为罗马的无产者，靠政府的救济生活。这样的生活也还可以，不仅有饭吃，还时常有角斗和马戏可看。罗马的无产者，由于拥有公民权、选举权，因而是那些想登上高位者争取的对象。马克思在分析罗马无产者和近代无产阶级的区别时说："罗马的无产阶级是靠社会过活，现代社会则靠无产阶级过活。"三是有些士兵的小农场仍然维持着，他们回乡后也愿意和家人一起留在农庄，像父辈那样春耕秋收，经营农场。然而，时间不长，他们就会发现，他们无法靠自己的辛勤劳动来养家糊口。他们的农场无法与由奴隶耕种的大庄园竞争，而源源不断从非洲行省、埃及等地输入的谷物，又使种粮无利可图。他们只能不断借债，直至最终不得不卖掉农场，流落到罗马城，加入成千上万靠政府救济为生的无产者行列。当然，在连续的无休止的对外战争中，还有大量的意大利、罗马士兵战死疆场，侥幸生还的还有一些人带回了疟疾，使一些地区成了无人居住的不毛之地。小农的萎缩，自由民的减少，是对外战争所引起的罗马社会的一个影响深远的变化，它实际上摧毁了罗马共和制的基础，在某种程度上可以说，罗马在征服地中海时也在消灭罗马的共和制。

然而，战争却使贵族、富人愈来愈富了。一是他们从战争中获得了大量的战利品。例如，公元前168年，皮纳德一役获胜后，罗马指挥官在3天中就掠取了250车掠夺物和300顶金制王冠。除掠夺物外，还有大量赔款。这些新的财富大都落入元老院贵族手中。二是侵占公有地和购买或强占农民土地。侵略战争侵占了大量土地，除一部分安置军事性农业移民外，其余的都成了公有地。这部分公有地大都落在了富人手中。古罗马历史学家阿庇安对此有过生动的描述。他写道："富人占领了这种没有分配的土地（公有地）的较大部分，并且由于长期侵占，认为不会再从他们手里收回这种土地，于是他们就开始把相邻的农民的土地也并到自己的地产里，一部分是用钱买的，一部分则是靠强力夺取的。"因此，他们最后所拥有的已经不是不大的农庄而是巨大的地产了。大地产的出现是和小农庄衰落同步的。三是这些富人在他们的大地产上广泛使用奴隶劳动，这也使他们愈来愈富。奴隶制的高度发达也是对外掠夺战争和大地产发展的结果。大地产需要大量的奴隶来充当劳力，而对外战争则保证了源源不断的奴隶来源。早在公元前396年，罗马攻陷伊特拉斯坎人的维爱城，就曾把全城居民都卖为奴隶；第一次布匿战争时期，罗马占领西西里的阿格里琴托，曾把2.5万名俘虏卖为奴隶；第二次布匿战争时期，公元前204年，罗马攻陷塔林敦，把居民3万人卖为奴隶；公元前167年，罗马摧毁伊庇鲁断地区各城市，把15万居民卖为奴隶；公元前146年，迦太基的5万居民全被卖为奴隶；同一年，希腊城市科林斯全部居民也被卖为奴隶。罗马对外战争，除掠夺土地和财富，就是为罗马提供奴隶来源，把战俘和侵占地居民卖为奴隶，成为罗马的传统或惯例，罗马人将其征服的迦太基、西班牙、高卢、马其顿、希腊、小亚细亚等地的大批战俘带回罗马，卖为奴隶。这不仅满足了大庄园主对劳力的需要，也满足了罗马富豪过奢侈生活的需要。一个普通劳动力可卖到300元，一位会弹琴的年轻姑娘则可卖到1000元。奴隶买卖本身也可大赚其钱。

米开朗琪罗《被缚的奴隶》

意大利的大庄园都使用奴隶劳动。这些奴隶不管他们过去是干什么的，都被作为牲口对待，要被烙铁烙上永久性记号。据加图的《农业志》记载，奴隶吃的仅能维持生命，穿的一年只有一件紧身衣，两年才有一件短斗篷。旧衣服还要收回去，以便用来缝制破布拼成的褥子。奴隶每天都要劳动，除了睡觉，就是干活，不准和外界有任何接触。年老和生病的奴隶就设法卖掉，以免增加负担。这种对奴隶敲骨吸髓式的剥削，使大农庄获得大量利润。

4. 骑士：新的贵族阶层

对外侵略战争还使罗马形成了一个新的富人阶层——骑士。所谓骑士，原来指在骑兵中服役的富人。到公元前 2 世纪，经营金融、商业、放高利贷和承包行省税收的富人都被称为骑士。他们有别于只经营农业的贵族。

骑士事实上是新兴的贵族阶层，但不同于元老贵族，他们被元老贵族看不起。这不仅因为他们没有显赫的门第，出身不高贵，属于暴富一族，而且因为他们所从事的行业是贵族不齿于干的"残业"，这种观念根深蒂固。公元前 1 世纪，出身骑士的西塞罗还仍然认为税吏及高利贷商人是可憎的职业。

不过，随着罗马称霸地中海，骑士愈来愈富，愈来愈活跃。他们不仅从战争中掠夺了大量财富，他们的商业活动也由于罗马成了地中海的中心而遍及整个地中海。他们还承包行省的税收。罗马行省的税收是包给收税人办理的。承包人大都是骑士。他们承包某个行省的税收后，提前把全部税款交给国库，然后再向行省勒索比上缴国库要多得多的税款，从中取得暴利。包税人还有权将不能向他们缴税的居民变卖为奴隶。社会公共事业也包给各种承包商。放高利贷也是骑士所从事的一项十分发达的活动。高利贷的利息高达 40%—50%。包税、包工和放高利贷，在东方各行省特别普遍。就这样，通过经营商业、包税和放高利贷，一些骑士逐渐成为商业金融贵族，他们的经济实力是谁也不能忽视的。有些没落的元老贵族也求助于他们，向他们借钱。骑士的经济地位虽高，政治地位却无法与贵族相提并论。他们对这种情况是不满的，他们不甘心屈居于贵族之下。

5. 时过境迁：新矛盾的产生

罗马国家的疆域已和过去不可同日而语了，但在罗马掌权的、控制这庞大世界的，仍是罗马元老院，是罗马元老院中人数有限的元老，而起核心作用的，只是几家豪门大族。公元前 167 年，一位小亚细亚的小国国王走进罗马元老院，立即匍匐在地喊道："致敬，救世的诸神！"他的话虽充满东方君主政体的色彩，是阿谀之词，但也道出了在东方人的眼中，统治罗马世界的就是像神一样的元老院元老这样一个事实。元老院的权力随着罗马的扩张，不是缩小了，而是增大了。森图里亚大会等公民大会虽仍存在，一般情况下，都和元老院保持一致，并为元老院所控制。高级官吏虽仍由推举产生，能当选执政官的却大都是出身豪门贵族家庭的人，没有执政官先人的"新人"是很难当选高级官吏的。

罗马政府是由一个属于不到 20 个家族的大约 2000 人组成的封闭俱乐部般的集团管理的。斯奇比奥家族就是这种制度的狭隘基础的一个生动例子。在不到 100 年的时间，这个家族的成员就获得了不少于23 个执政官的职位。公元前 200 年至公元前 146 年，共有 108 位执政官，其中100位都是出身于罗马的豪门世族，"新人"只有8个。元老院权力的加强还由于罗马人已习惯了由他们来控制而进一步强化了，对于一个拥有整个地中海的共和国来说，这个统治集团太狭隘了，而要实行帝制则人数又太多了。

总之，随着罗马疆域的扩大，罗马社会变了，旧貌换新颜了。罗马成了地中海的霸主，罗马城成了地中海的政治中心和重要的工商业中心之一。希腊文化开始深深地渗入罗马人的生活中，罗马人开始告别俭朴、纯洁和谐的农民生活，发了战争财的富豪开始过豪华奢侈的生活，人欲横流，传统道德开始被破坏。战争使穷人更穷了，农民大量死亡、破产或流落到城里，成了靠政府救济的无产者。共和国的基础动摇了，被破坏了。富人更富了，贵族靠奴隶劳动经营大庄园、大地产，骑士靠经营工商业、包税和放高利贷大发横财，贫富的急剧分化，使社会弥漫着紧张和不满。山雨欲来风满楼，共和国的表面繁荣并不能掩盖其基础已在腐烂。

共和国的统治基础在罗马国家日益扩大中日渐削弱。控制和掌握共和国这条巨船的舵手仍是罗马不到20个豪门家族，公民大会徒有虚名，而且大多数居住于边远地区的公民实际上无法履行参政权，公民大会、公民参政权，这些曾令罗马人自豪的东西，现在开始成为可笑的摆设。在布匿战争时，罗马公民已有30万人，公元前100年左右，则超过了90万人，而能参与公民大会的则只有居住在罗马城里及其附近的几万居民，其中除贵族外，很多都是靠政府救济的无产者，他们不是依附于这个富豪，就是依附于那个富豪。人数众多的行省居民没有任何公民权。公民大会已失去它原来的作用，已不能反映人民的意愿了。曾经使罗马强大的共和制度，由于罗马的强大而为自已掘好了坟墓。实际上，这时的罗马共和制，严格说，是一种帝国共和制，是一种由少数寡头统治的帝国，是没有皇帝的帝国。它正在向帝制过渡。

四、格拉古兄弟改革

1. 矛盾重重：严重的内部危机

公元前 2 世纪，罗马在对外战争获得极大成功之同时，内部却陷入深刻的危机中。许多破产农民流入城市，成为无所事事、游手好闲的群体，也成了社会动荡不安的一个因素。小农的衰落，使罗马兵源出现了问题，军队的战斗激情消失，战斗力下降。罗马军队在镇压西班牙人民的反抗中，开始显露出其惊人的无能，对奴隶的残酷剥削和虐待使奴隶不断进行反抗，甚至掀起大规模的起义，这是过去从未有过的事。意大利盟友的不满日益增强，他们过去对自己是次等公民，只有半拉子公民权，还能容忍，现在则无法忍受了。这种不满不是要享有参政权，而是要参与分配罗马对外扩张的胜利果实。行省人民的不满更加强烈，他们在罗马的统治下苦不堪言。罗马没有一套行之有效的管理行省的办法。行省人民不仅没有公民权，而且受到集权的俨然是国王一样的行省总督的任意盘剥压榨。庞大的罗马国家各种矛盾都在激化。

要把共和制度维持下去，核心问题是要给农民土地，让农民回到农村去。这是个十分难以解决的问题。正如赫·乔·韦尔斯所说的，把人从田地转移到市镇比使他们返回到吃力而简单的农业生活常规中去容易得多。问题还不只是农民不愿返回农村，主要是农民在农村无地可种，因为富人不会轻易让出其占有的公有地。这是个共和制罗马无法解决的问题，而不解决这个问题，共和制就难逃崩溃的命运。

2. 提比略改革：民主派的反击

公元前 134 年，也就是在迦太基和科林斯被罗马人毁灭后的第 12 年，罗马出现了一个众望所归的领袖人物——提比略·格拉古（公元前 163—前 132 年）。罗马城中要求他出来领导进行土地改革的舆论和呼声日益高涨，柱廊上、墙上、碑石上都写满了呼吁提比略"为穷人恢复土地"的文告。在群众的拥戴下，提比略挺身而出，竞选公元前 133 年的保民官并顺利当选。随着他的当选，一场以他的名字命名的改革开始了。

格拉古兄弟像

提比略·格拉古出身最高层的豪门贵族之家，他的父亲老格拉古是阿非利加征服者斯奇比奥的女婿，曾任执政官、监察官等高级官职。他的母亲科尔涅利亚，美貌贤淑，丈夫死后，拒绝了埃及国王托勒密六世的求婚，悉心教子。她聘请有名的希腊学者做孩子的家庭教师。提比略和他的弟弟盖约从小就在家中受到良好的教育。普鲁塔克称赞他兄弟俩"勇敢、克己、阔达、善辩以及气宇豪迈"。他们的家庭背景、良好的道德和文化修养使他们在罗马历史舞台上演出了一幕令人感动的悲壮话剧。

公元前 133 年 12 月 10 日，提比略就任保民官。这时的保民官恢复了其早年的某些权力，他们坚持不同于元老院意见的提议，往往受到赞同和支持。提比略一上任就提出了一项土地法案。法案限制公有地占有份额，超出的要交出来，再分成小块分给来自罗马的贫穷公民。土地分配由每年选举一次的三人委员会主持办理。提比略将他的土地法案提交给公民大会表决。在公民大会上，提比略发表了诚挚动人的演说，呼吁人民支持他的法案。他说："漫游在意大利的野兽，个个还有洞穴藏身，但是那些为意大利奋身作战、不惜一死的人，却除了空气和阳光外，一无所有。他们无家无室，携妻挈子，到处流浪。那些身为统帅的人，鼓励士兵们为保卫祖宗坟墓而战。这句话不过是说谎，因为在士兵中，没有一个有世代相传的祭坛。在这么多的罗马人中，没有一个有祖先的茔穴。他们在作战时出生入死，都只为了保全别人的豪华享乐。他们虽被称为世界的主人，但是没有一寸自己的土地。"听众很受感动，纷纷表示支持他的主张。

然而，尽管提比略的土地法案得到民众的欢迎，内容上又和过去的李锡尼乌斯、塞克斯蒂乌斯法案大体相同，实施法案的措施又异常温和，对于多占公有地、犯法自肥的贵族，既不惩办也不课罚，收回多占部分还偿付份地，却仍遭到贵族地主的反对。他们唆使另一位保民官马尔库斯·奥克塔维乌斯行使否决权（按照传统惯例，否决权可使肯定的建议无效），命令书记官不要宣读提比略的法案。法案无法交付公民大会表决，提比略的态度却愈加坚定和强硬起来，他进而命令地主无代价地交出违法侵占的土地。他封闭国库，禁止所有行政官员在法案表决前处理公务。他把问题提交元老院裁决，但在元老院，提比略并没得到支持，反而遭到元老院里的大庄园主的谴责。提比略只好再召集公民大会。在会上，他提出了违反人民利益的保民官能否继续任职的问题。表决中，提比略劝告奥克塔维乌斯不要再行使否决权，不要阻碍一项最有正义、对全意大利最有益的工作，不要破坏人民以这样的热忱所怀抱着的愿望，身为保民官，应当有和人民一样的愿望。但奥克塔维乌斯听不进提比略的话，对他苦口婆心的劝告，无动于衷，不肯让步。公民大会最后通过了罢黜奥克塔维乌斯职务的决议。一个保民官任期未满而被罢黜、被免职，这在罗马历史上还是第一次。大会选举了一位新的保民官取代他。没有了奥克塔维乌斯的阻挠，土地法案顺利通过了。大会还选出了一个由提比略、他的兄弟盖约和他的岳父阿庇乌斯·克劳狄乌斯组成的分配土地三人委员会。

但是，三人委员会实施土地分配法案十分困难。这一方面是公有土地情况年久失察，地主化公为私，多方隐瞒。一些农民一无所有，即使分得土地，也无力置备生产工具、种子等生产用具，仍无法进行耕作，有等于无。另一方面，元老院的反对者从中多方破坏，阻止法案的实施。他们拒不批准拨给提比略必要的经费，唆使一些人指控提比略罢黜奥克塔维乌斯侵犯了保民官神圣的权力。法案虽通过了，法案的实施却困难重重。

这个时候，也就是公元前 137 年夏，帕加蒙国王阿塔罗斯去世了。这位远在亚洲的罗马附属国国王的去世本来和罗马发生的斗争没什么关系，但这位国王却立了一个奇特的遗嘱，将他的王国赠给罗马。这在古今中外历史上都是绝无仅有的奇事。帕加蒙是与罗马结盟的国家，并没受到侵犯。谁也不知道这位去世的老国王用意何在。这一遗嘱使罗马得到一笔不小的意外之财。这笔意外之财立即在罗马引起了激烈的争夺。提比略正为缺少实施法案的资金而发愁，主张将阿塔罗斯的金库作为贫穷农民的补助基金，同时将帕加蒙城的处理权交给公民大会。反对派不愿这笔钱落入提比略手中，诬称帕加蒙使者给提比略带来了去世老国王的冠带，提比略有称王的野心。

提比略保民官的一年任期很快就到了，为了不使他的法案半途而废，他决定竞选下一年度的保民官。这一做法不合法，但民众拥护提比略，特别是乡村的农民，他们把提比略看作是他们真正的保护人；而反对派则以连任保民官违法为借口，大造提比略要篡政的舆论，寻衅闹事。选举日这一天，许多乡村农民携带武器来到罗马城，支持提比略。民众集会于卡皮托林山广场，准备开会，但遭到反对派破坏，会议被迫中止。第二天，会议又在原地开始。元老院的元老则聚会于卡皮托林山忠诚女神庙，策划谋杀提比略。正当公民大会开会时，一伙元老率领他们的门客和奴隶，以大头棒子和板凳腿为武器，狂呼乱叫，冲进会场，见拥护提比略的人就打。一场混战，提比略三百多名拥护者被杀死，提比略被两个元老用一条破板凳活活打死。这是一场对改革者的屠杀。提比略等被残杀者的尸体，不让他们的亲人领回，而全都被投入台伯河。对其他侥幸没死的改革派人士也不放过，大肆迫害，或放逐或处死，有的甚至被关进放有毒蛇的笼子里折磨而死。

这场流血冲突是个象征，它说明罗马共和制已经无法通过和平的或法律的措施和手段去解决它所面临的严重内部矛盾了。法律在暴力面前变得软弱无力，毫无约束力，保民官的人身神圣不可侵犯性和公民大会的权威被公然践踏。在暴力肆虐中，公民已无人身权利可言。这一流血事件实际上已破坏了共和制的法律基础，拉开了长达百年的内战或革命时期（公元前133—前31年）的序幕。

元老们对改革派的疯狂迫害激起了公愤。迫害活动被迫停止了，杀害提比略的主要凶手也逃到海外去了。

3. 盖约改革：百年内乱的序幕

提比略死后十年，他的弟弟盖约当选为公元前123年的保民官，任满后，他做了他哥哥想做而没做到的事，又连任了第二年的保民官。他在两任保民官任期内，不仅继续为实施他哥哥的土地法案而斗争，尽力为没有土地的农民争取土地，还极力拉拢骑士阶层来削弱元老的势力，他把帕加蒙去世国王遗赠给罗马的帕加蒙地区税收承包给骑士。他设立了专门由骑士组成的法庭，负责审判元老院任命的罗马诸行省的贪官污吏，对他们绳之以法，从而增大了骑士的权力和影响。骑士法庭的设立，是独立于元老之外的另一重要统治阶层骑士阶层开始形成的标志。骑士阶层和元老贵族的矛盾是造成内战频繁的一个重要原因。

盖约还提出了一项廉价供应小麦的法案来维护城市平民的利益。这项法案规定以政府的补助来保证法案的实施。盖约的这一措施是学习希腊人的，希腊不少城邦一贯是这样做的。但这一法案却遭到罗马贵族的反对。为了给无地的农民提供土地，盖约提出了在诸如塔林敦、卡普亚和迦太基等中心地区建立殖民地的法案。对于罗马人来说，在迦太基这样的地方建立殖民地，还是第一次。过去，罗马殖民地或拉丁殖民地都在意大利，在海外建立殖民地是希腊人的做法，保守的罗马人不愿离故土太远。

盖约还提出给所有的拉丁人罗马公民权，给其他的意大利人拉丁公民权和给地方城市官员罗马公民权的提案。这是一项充分显示盖约政治家风度的提案，可以增强和扩大罗马的统治基础。盖约的提案可以平息罗马的拉丁和意大利同盟或附属同盟者对自己所处地位的强烈不满，并争取到他们对土地法案的支持。实际上，拉丁同盟者早就应得到这样的权利。在第二次布匿战争中，拉丁同盟者起了巨大作用，那时就应给他们罗马公民权，但元老院出于狭隘的本阶级利益考虑，觉得给那些住得太远的人公民权，无法控制其选举，而没有授给拉丁同盟者罗马公民权，在随后的年代里甚至不断侵犯他们本应享有的其他权利，从而使同盟者的不满愈来愈强烈。他们觉得罗马人已不是他们的保护者了，他们需要其他的保护者。

盖约扩大公民权授予范围的提案不仅遭到了元老院的激烈反对，有罗马公民权的普通罗马人也不满意。他们不愿意有更多的人分享他们的权利。结果，像他哥哥改革时一样，公元前121年，改革又导致了一场暴乱，一场比公元前132年杀了提比略的暴力行为更大的暴力行动。盖约的三千多名支持者被那些以"法律和秩序"维护者自居的暴徒屠杀在罗马街头。盖约带着一个奴隶逃过了台伯河，为了不落入追捕者手中，他让他的奴隶割断了自己的喉咙。他的头被送到元老院时，送头的人被奖予和头同样重的金子。

杀害盖约和他的支持者的命令是元老院下的。元老院过去是没有这种权力的，它名义上只是一个咨询机构，它的威信和权力来自组成元老院的元老的个人威信和经验，而不是直接以元老院的名义发号施令。元老院发布杀害盖约的命令开了一个先例，在随后内乱频繁的年代里，这种被称为"元老院最终法令"的法令，成为随意地、非法地镇压对立派的武器，成为罗马国家的一种背离传统的、虽称为法令却并不那么合法的必要手段。"元老院最终法令"的出现，说明元老院不仅实质上，而且在形式上也成了高于公民大会的权力机构，因为它竟能公然以自己的名义下令杀害由公民大会选举产生的、享有人身神圣不可侵犯权利的保民官了。

格拉古兄弟的改革最终失败了，这失败不仅是指他们因改革而丢掉了自己的性命，而且是指他们的主张、他们的法案完全落空了。尽管由于平民的支持，土地委员会仍继续工作。他们的失败，一方面说明通过改革，也就是通过和平的方法已很难解决罗马的内部矛盾了；另一方面也说明罗马的内部矛盾所导致的对立两派已开始势不两立了。过去，罗马公民只在对外战争中流血，现在，罗马公民开始在内乱中互相残杀，大量流血了。格拉古改革宣布了罗马历史的一个新阶段的开始，宣布了长达百年的内战的开始。共和制在内战中崩溃，帝制将在内战的废墟上建立起来。

格拉古兄弟改革的失败还说明，传统的依靠选民的支持、公民大会的支持来实现某种主张和达到某种目的的道路已走不通了。选民的支持是不稳定的，要在每次公民大会上都获得选民的支持也是很不容易的。格拉古兄弟的主要支持者是乡村的农民，而农民由于农事繁忙又住在城外，有时就抽不出时间参加重要的公民大会。这更增加了选民支持的不稳定性。

罗马需要领袖。格拉古兄弟的行动显示了一种群众领袖的行事风格，他们不顾共和国寡头统治的传统，避开元老院而直接呼吁选民的支持。他们是以群众领袖的面目推行他们的主张的。但是，由于他们缺乏坚强稳定的支持者，尽管他们有成为群众领袖的才能，却无法成为罗马所需要的领袖。他们的失败说明，公民、公民大会已不那么重要了，在这样的传统力量的基础上产生不了领袖。领袖也不能依靠这样的传统力量。他们必须依靠新的更强大、更稳定的力量。这种新的力量正在出现，它就是军队，不同于公民军的新式军队。在这种军队的基础上，在随后的年代里，产生了一个又一个领袖人物，他们将在罗马呼风唤雨，控制一切。但他们已不是格拉古兄弟这样的民事领袖，而是军事领袖、军事统帅。军队统率权将起越来越大的作用，和过去军事统率权只是诸如执政官这样的行政官员的从属权力不一样，军队统率权将独立于行政权力之外，并最终成为高居于行政权力之上的最高权力。随着军队统率权作用的增大，个人权力在罗马政治事务中的作用也愈来愈大。一个新的时代，军事统帅的时代即将到来，一切传统力量都将屈服于军事统帅的暴力之下。

格拉古兄弟改革的根本目的在于挽救已陷入危机的共和制，他们的土改法案不过是要恢复自耕农，使共和国有足够的兵源。提比略曾在罗马西班牙军团服役，深知罗马军团战斗力正在衰退。恢复自耕农是解决罗马军团衰落的根本方法，结果失败了。格拉古兄弟的失败说明共和制已无可救药了，公民兵制也实行不下去了。其实不同于公民兵制的新兵制在第二次布匿战争中就出现了，格拉古兄弟改革的失败标志罗马只有用新的兵制来取代公民兵制了。

五、马略军事改革

1. 朱古达战争：马略的机会来了

格拉古兄弟的改革失败后，元老院的权力加强了。公元前111年，罗马通过了一个允许出卖份地的法案。一些农民分得的土地最终又落入大地产者手中。贵族派和民主派的斗争也日益激烈。贵族派以元老贵族为首，民主派则以失去土地、破产和无业的平民为主力。不过，这种在格拉古兄弟改革中所显示的对立的两派，还不能和近现代的政治派别或政党相提并论。它们既没有严密的组织和明确的纲领，也没有固定的阶级属性。骑士有时和贵族勾结，有时又和平民联合，盖约就曾与骑士合作，一切都受当时利益的驱使，在最激烈的时候，甚至也发动和武装奴隶与对立派斗争。同时，古老的更换制度，建立在亲属关系上的个人联姻、庇护关系以及传统的爱好和习惯也仍在起作用。贵族派与民主派的斗争，在盖约死后不到10年，在朱古达战争时期（公元前111—前105年）又达到了十分尖锐的程度。

公元前118年，罗马非洲行省的近邻、昔日和迦太基作战的盟友、被保护国努米底亚王国的老国王死了，按照罗马的安排，他的两个儿子瓜分了这个王国。其中一个叫朱古达，曾在罗马统帅小斯奇比奥麾下服务，在西班牙立有战功，是个非常能干的军人。他对于自己只得到王国的西邻不满意，出兵占领了整个努米底亚，并把在努米底亚的为当地人所愤恨的罗马和意大利商人、高利贷者全都杀了。虽然有不少元老接受了朱古达的贿赂，不想追究，但在民主派的强烈要求下，于公元前 111 年，元老院向朱古达宣战。

战争一开始，罗马共和国政治制度和军事制度的腐败就暴露无遗。朱古达之所以敢公然向罗马挑衅，除了贪婪之外，也是看穿了罗马统治者的无能。他确信这样一条"真理"："在罗马，任何事物都是可以买到的，钱能通神。"他甚至这样说："如果我能找到买主的话，整个罗马城也可以卖出去。"朱古达的话既显示他十分蔑视罗马，也说明罗马已腐败到何种程度！元老院里那些把金钱看得比公道还重的人占了上风，他们接受朱古达的贿赂，尽力包庇纵容他。派到前线率兵与朱古达作战的司令官也接受了朱古达大量贿赂，有意不尽力作战，因而屡遭失败。

前线的失败，使罗马的平民和骑士十分不满。平民害怕这位被称为"沙漠之狮"的朱古达，会成为另一位汉尼拔，骑士则因为他们在国外的商业和高利贷活动受到损害。当然，战争的拖延和失利，受打击最大的是平民。平民和骑士对贵族将领已完全丧失了信心。公元前 107 年，他们采取了一个决定性的措施，选举盖乌斯·马略（公元前 157—前 86 年）为前 107 年的执政官，并授予他在北非指挥作战的全权。

马略是一个出身地道农民的"新人"，没有担任过任何高级官职的先人，少年是在乡村度过的，没受什么教育。成年后，投身行伍，因作战勇敢，能吃苦耐劳，受到统帅赏识，得以步步高升，担任过参将和军队财务官。后来，马略转入政界，公元前 119 年当选为保民官，接着，又先后担任过行政长官和西班牙行省总督。通过自己的不断努力，马略才得以跻身骑士行列，并与古老的贵族世家联姻，娶了恺撒的姑母尤利娅。朱古达战争期间，马略在军中任副将。在战争迟迟不能结束的情况下，马略利用自己的威信，营造了只有他才能胜利结束这场战争的舆论。他渴望担任执政官，全权指挥北非战争。按罗马的传统和惯例，马略的这种愿望似乎是无法实现的奢望。过去从没有一位"新人"会由于其勋业而出名或显赫，人们认为他没有资格担任执政官。让这样一位"新人"任执政官好像会玷污这一职位，执政官职位一直在贵族中传来传去。但马略对这种传统不屑一顾，毅然向统帅请假，回罗马竞选公元前107年的执政官。尽管元老院不愿意，在平民和骑士的热情支持下，马略还是在公民大会上成功地当选了。马略这位"新人"在元老院的反对下当选为执政官意味着罗马的寡头统治快要寿终正寝了。

2. 军事改革：马略扭转战局

马略一就任执政官和北非罗马军队的统帅，立即着手进行军事改革。他一反旧制，放弃了早已难以执行的对兵役财产资格的规定，改征兵制为募兵制。规定凡是志愿而又符合服役条件的公民（无财产的公民也包括在内）都可以应募入伍，士兵入伍后，必须服役16年，服役期间由国家供养，并发给薪饷和武器，老兵退役后，还分给份地。这一军事改革不仅解决了罗马的兵源问题，而且使平民争取土地所有权的斗争也和服兵役结合在一起了。马略军事改革的某些内容，虽然早在第二次布匿战争中就开始出现了，但在马略改革以前，都是作为一种临时的应急措施，而且大都是统帅的个人行为，征兵制的各项规定并没废除。马略的改革从法律上把传统的征兵制度和兵农合一的制度彻底废除了，或者说，把早已存在但不那么合法的募兵从法律上加以肯定了。马略的军事改革实际上铲除了罗马共和制的基础，为罗马从共和帝国过渡到军事帝国创造了条件，为帝制的产生奠定了基础，其意义是非常重大的。

当然，马略的本意并不是要破坏共和制的基础，他改革的目的是军事性的，而不是政治性的。他的目的是要扩大兵源，提高军队的战斗力，在这一点上，他的目的其实和格拉古兄弟是相同的，只是采用了不同的途径而已。格拉古是要恢复过去的公民兵制，增强有土地的公民数量和把公民权扩大到拉丁人和意大利人。而马略则是在看到募兵取代征兵成必然趋势的情况下干脆把征兵制改为募兵制，取消服兵役的财产资格限制。格拉古兄弟是逆流而上，马略则是顺势而下。

由于马略的改革，军队得到大量补充。作为北非罗马军队的统帅，马略狠抓了军队的训练，使军队适应北非酷热缺水的环境。军队的战斗力提高了，战场上便连连获胜，使朱古达陷入困境。公元前105年，朱古达被马略的副将苏拉活捉，朱古达战争宣告结束。

3. 转战北部：日耳曼人的挑衅

北非战事结束后，马略又转战高卢地区。早在朱古达战争尚未结束时，罗马北部的边境就遭到两股日耳曼部族辛布赖人和特乌托涅斯人的严重威胁。这两股日耳曼人原来居住在波罗的海沿岸，由于人口过剩的压力和海上民族的侵袭，被迫离开故土南下。在阿尔卑斯山北边和西边几次打败罗马军队。公元前105年，由两个无能的执政官率领的罗马军队遭受了一百多年来最严重的军事灾难。八万多罗马士兵被辛布赖人歼灭于阿拉乌西奥（奥伦治）。消息传到罗马，朝野震惊。危急关头，人们又一次把希望寄托在尚在北非指挥作战的马略身上。

公民大会不顾法律传统，推选他为公元前 104 年的执政官，委托他管理高卢行省，抗击日耳曼人的入侵。

日耳曼人重创罗马军队后，没有敢乘胜侵入意大利，而是转向西班牙运动。这给了马略准备时间。为了让马略有打败日耳曼人的充足时间，公民大会连续 3 年选举他为执政官。公元前 102 年，马略在阿克维塞克斯提埃的一场血腥、惨烈的战斗中，打垮了特乌托涅斯人。战前，马略的军队隐藏在这里的高地上，特乌托涅斯人不知有埋伏，没做好战斗准备，遭到马略军队从背后发动的突然进攻，措手不及，全军覆没，被俘和被杀的各有 10 万人之多。第二年，在意大利北部费拉拉附近的罗迪伊，马略又大败辛布赖人，歼敌 6.5 万人。这两股日耳曼人的威胁就这样结束了。

马略在和日耳曼人作战期间，进一步完善了他的军事改革。实行募兵制后，由于武器装备由国家统一配给，规格、式样统一，因而更利于军队进行长期的正规训练。武器也改进了，投枪和投矛都装了木铆钉，在冲击力下就折断，以便使敌人无法把它掷回来。马略特别重视平时军队的训练，为迎击日耳曼人，他让士兵背负行囊，长途行军。为保证供应，他组织军队修建运河。马略还改变了罗马军队传统的队形排列，扩大了战术单位。他用力量集中的较大的步兵队取代了原来力量较为分散的支队，每一个步兵队包括 6 个规定了必要连续性等级的百人队。每个军团的人数由 4200 人增加到 6000 人。这支经过马略严格训练和改造了的军队在和日耳曼人的战争中，发挥了威力。

战胜日耳曼人，使马略的个人事业达到了顶峰。马略军事上的成功是和他的军事改革分不开的。由于军事改革，罗马有了一支和过去不同的、兵源较充足的、训练有素的职业军队。结束朱古达战争和击溃日耳曼人靠的就是这样一支军队。

当然，马略军事上的成功也是和他个人在治军和指挥方面的才能分不开的。他治军严厉，大力纠正败坏的军纪，树立良好的军规。他身体力行，虽贵为统帅，却仍和士兵过一样的艰苦生活。他赏罚分明，用人只看功过，不问亲疏。他重视军队的给养和训练。他决不轻易把没有经过充分训练的士兵投入战场。他老成持重，不打无把握的仗。公元前 102 年，他与特乌托涅斯人遭遇。他没有仓促接战，而是命令士兵留在营寨里，听任敌人在营外大声叫骂，百般凌辱，毫不理会。就像中国三国时期，司马懿面对诸葛亮的侮辱毫不动心一样。特乌托涅斯人见挑衅无效，便绕过马略营垒转而进攻意大利。马略抓住机会，紧追不放。追到阿克维塞克斯提埃时，马略占据了有利地形，才发动进攻，一举打垮了敌人。马略的平民作风和杰出的指挥才能，使他深受士兵爱戴。大家都乐于服从他的命令。

4. 功成名就：民主派的胜利

马略在罗马政治舞台上大放异彩，是骑士和平民的胜利，是民主派的胜利，是对元老贵族派的一次沉重打击。马略由于出身贫贱，没有可靠的背景，完全靠自己的不倦努力才获得无与伦比的荣誉和成功。因此，他对那些靠先人的业绩或靠高贵的门第而有权有势的元老们是十分轻视和不满的。他在第一次当选执政官并被委任为非洲罗马军队统帅时，就向罗马人民发表了一席极富煽动性的讲话，对那些腐败的元老贵族进行了毫不留情的谴责。他公开宣称人民选他而不选一个出身豪门的贵族来当执政官是正确的选择，他为自己由于个人的努力而获得的成功和经验而自豪。他说：

公民同胞们，请你们把我这个"新人"拿来同那些高傲的权贵们比较一下吧，他们从别人的传述和阅读中才知道的东西，在我却是亲眼看到或亲身经历过的，他们从书本上学到的东西，我是从服役中学到的……他们瞧不起我的卑微出身，我还瞧不起他们的庸懦无能呢……如果他们对我今天的地位心怀嫉妒，那他们应当嫉妒我的劳苦、我的诚实，甚至我的经历和危险，因为我是通过那些东西才赢得了今天的地位的。事实上，那些人妄自尊大已经到了不知好歹的程度……他们在元老院发表演说时，他们的主题总是称颂他们的祖先，通过列举他们祖先的功业，他们就以为他们自己也变得光荣了。实际上，恰恰相反，他们的祖先一生越是光荣，他们自己的卑鄙也就越是可耻……为了证明你们的信任是正确的，我不能摆出家族里祖先的塑像，也列举不出我祖先的凯旋式或执政官职位。但是，如果需要，我可以摆出长枪、旗帜、胸饰和其他战利品给你们看。我还可以把我脚部的伤痕给你们看。这些就是我的塑像，这些就是我所以有权置身显贵中的证据，这是通过我自己的无数劳苦与危险挣来的，不像他们的贵族身份是继承来的……好啦，让他们继续干他们喜欢的、他们珍爱的事情去吧；让他们去做爱和饮宴吧；让他们在老年时还到他们度过青年时代的地方去过活吧；让他们的老年在宴会中，在沉湎于口腹之欲和淫欲的状态中度过吧；让他们把汗水、尘土和诸如此类的一切都留给我们吧，这些东西对我们来说比宴饮更加可爱。但是，有了这些还不够。当他们那些最无耻的人用他们的罪行玷污了他们自己之后，竟还要夺取有道德的人们应得的报偿！因此便发生了极不公正的事情：他们的奢华与懒散，一切恶习中最可恶的两种恶习，决不会对已经染上了这种恶习的那些人有所伤害，可是却毁了他们无辜的国家……因此，所有已经达到服兵役年龄的人们，为了共和国的事业，把你们的努力和我的努力结合起来吧！别人的悲惨遭遇或统帅的横傲不应成为你们任何人感到畏惧的理由。无论在行军时还是在战斗中，我，马略，都要和你们站在一起，在你们遇到危险时，既是你们的顾问又是你们的同伴。在所有的方面，我将完全同样地对待我自己和对待你们。在诸神的帮助下，一切对我们来说时机已成熟。这就是：胜利、战利品、光荣。

　　马略的这一席话是代表他这样的"新人"骑士和平民向元老院贵族下的挑战书，公然蔑视他们的权威和地位，指责他们的奢华与懒散、贪欲、无能和妄自尊大正在毁灭他们的国家。他十分自豪地宣称，只有他这样的"新人"才能靠自己的努力来拯救国家。这实际是骑士阶层的宣言书，宣布他们将是罗马的主宰者，也只有他们有条件主宰罗马，马略认为自己当选是众望所归，是他的劳苦和危险经历挣来的。他的话也是他作为罗马军队统帅的募兵广告，他号召人们踊跃参军，他要以一种新的作风带领他们去获取胜利。他的讲话既揭示了骑士、平民与贵族的尖锐对立，也显示出一种新的统帅和士兵的关系。

　　马略实现了他对士兵许下的诺言，他带领他们在战场上获得了一个又一个胜利。这些胜利不仅给马略带来前所未有的光荣和威信，也培养出士兵和统帅的一种全新的感情。在马略的军队里，每一支步兵队都有自己的军旗，每一个军团都有自己的银制鹰徽——罗马的象征。每一个这样的单位都充溢着一种新的集体精神，不过，这种感情对于那些无地的志愿兵来说，与其说是对国家的，还不如说是对统帅本人的。他们是把马略，而不是把国家看成他们的保护人。他们忠于马略而不是忠于国家，因此，有人不怀好意地把马略的士兵称为"马略的骡子"。

5. 最大的功绩：罗马出路的探索

为了回报士兵的忠诚，马略在士兵退伍后，必须在元老院反对的情况下，找到可作为士兵服役报酬的土地分配给他们。给退役士兵分配土地本应是国家的责任，由于元老院的反对，成了马略的责任。马略求助于罗马的民主派领袖萨特奈尼努斯。萨特奈尼努斯在公元前103年和公元前100年两次当选保民官。民主派希望获得赢得了巨大胜利的统帅和士兵对其改革的支持，马略则想借助民主派的帮助来满足老兵的要求，两者一拍即合，结成了同盟。公元前100年，在萨特奈尼努斯第二次当选保民官时，马略第六次当选执政官。萨特奈尼努斯提出了一系列改革法案，其中包括将原来被辛布赖人夺去的、现在为罗马所有的高卢土地分给马略的士兵以及在西西里、希腊和马其顿建立殖民地，安置其他需要土地的人等法案。建立海外殖民地是学习盖约·格拉古的，同时也在罗马恢复了盖约·格拉古逐日配给粮食的制度。

萨特奈尼努斯的法案，满足了马略给老兵酬劳的需要。在马略军中服役7年的老兵都得到100犹格的份地。但这又遭到了城市平民和骑士的反对，因为马略的老兵大多是意大利人，分给他们份地，实际上是承认他们有罗马公民权，把国有土地作为份地来分配，也损害了骑士的利益，骑士和罗马城的平民都倒向贵族一边。萨特奈尼努斯一面强迫元老宣誓同意他的法案，违者流放，一面把他的乡村支持者召集到城里举行集会，威胁甚至用暴力对付他的政敌。一个和他竞争保民官的人被谋杀了，接着又有一个执政官候选人在公民大会上被当众打死了。萨特奈尼努斯的暴力行动动摇了他和马略的合作关系。马略是个伟大的统帅，能征善战，而他却不是高明的政治家。作为执政官，他无力控制改革派，转而倒向了元老贵族一边。这背离了他一贯的立场和态度，也有出卖曾经帮助他的盟友之嫌。他这样做可能是违心的，是迫于元老院的压力。在元老院宣布紧急状态并要求他作为执政官立即平息街头暴力时，他召来他的老兵，组成一支军队。他率领这支军队对付他的老朋友萨特奈尼努斯。萨特奈尼努斯在军队面前无能为力，被逮捕了，并在狱中被私刑拷打而死。

然而，马略这种出尔反尔、背弃盟友的行为并没有改变元老院贵族对他的态度，却把他的盟友得罪了。元老、骑士和平民都离他而去。他被抛弃了。在公元前 1 世纪最初的 10 年里，他在罗马的政治生活中几乎不起任何作用，他的英雄业绩也似乎被人遗忘了。

不过，马略虽被人们抛弃了，他组织军人干预政治却开了一个对共和制来说十分不祥的先例。因为这显示统帅可以谋取自己的士兵所组成的军队的支持，而这样的军队实际上已成了统帅私人的扈从，统帅可以通过军队的这种干预来保证自己的绝对权力。不过，在马略这个时代，似乎还没有形成出现独裁者的社会环境，马略本人也没有要成为一个独裁者的愿望。虽然他是一个完全不同于罗马历史上其他有名的统帅——如斯奇比奥——的将领，他是全凭个人的奋斗而当上执政官这样高位的第一人，他却不是那些独裁者统帅的第一人，而是斯奇比奥这样的伟大统帅的最后一人。马略的经历还显示，依靠军事改

革的职业军队，可以压倒罗马政治舞台上的其他一切力量。马略虽没
走上独裁之路，他的成功、他的改革却为后来的统帅探出了一条走向
独裁之路。

六、苏拉独裁

1. 盟友之怒：大战迫在眉睫

在马略失势、元老院重新控制局面的同时，罗马与其意大利诸
盟友的矛盾激化了。罗马的意大利盟友曾接受了罗马给他们安排的只
有一半罗马公民权或完全没有罗马公民权却有一定自治权的二等公民
地位，但随着罗马侵占的土地日益扩大，掠夺的财富日益增多，与罗
马人一样为罗马的对外扩张提供了大量士兵、出生入死的意大利盟友
却只能眼睁睁地看着罗马人独享那侵占的土地、掠夺的财富，而自己
无权分一杯羹，不平之火自然在心中腾起，他们开始不满自己在罗马
共和国所处的地位了。原来罗马在公民权问题上，还是比较大度开明
的，这也是罗马的发展超越了城邦局限性的重要原因，但随后这种开
明大度消失了。罗马公民权成为排他的、封闭的了，罗马统治者已没
有了过去那样的胸怀，对外侵略战争的胜利，冲昏了他们的头脑，使
他们妄自尊大；大量财富的流入，使他们陷入奢华、腐败的泥坑中不
能自拔。他们只看到眼前的利益，短视了，他们不可一世，根本无视
意大利盟友的利益，整个意大利实际上已四分五裂。意大利盟友由于
长期得不到罗马公民权，不能融入罗马社会，他们已忍无可忍了。意

大利又一次处于分裂状态，并不得不在新的条件下重新统一。

当然，罗马的统治集团中还是有一些有远见卓识的人物，他们看到意大利分裂状态的严重性，认识到必须让意大利盟友享有如同罗马公民一样的公民权。公元前91年，一位富有的享有盛名的贵族马尔库斯·里维乌斯·小德鲁苏斯被选为保民官。他提出了一项给意大利同盟者以全部罗马公民权的法案，同时，他还提出了把意大利的公有地分给贫民和在元老院增加300名富有的骑士元老等法案。他的法案获得了意大利同盟者的热烈响应，他们宣称小德鲁苏斯是他们的保护人，并宣誓永远做他忠实的被庇护者。但是，小德鲁苏斯的法案遭到元老和骑士的激烈反对。他的增加300名骑士元老与由元老和骑士共同负责法庭的法案，本意可能是想拉拢骑士和元老，结果却出乎他的意料，元老和骑士都不满意。元老对于这么多的骑士加入他们的行列，十分愤怒，害怕这会削弱他们的权力；骑士则害怕原来由他们组成的法庭改由元老和骑士共同负责可能使法庭最终被元老控制，也心存疑虑。当然，不管是元老还是骑士都不愿意让意大利人分享他们独享海外掠夺物的特权。城市平民也不赞同。由于激烈反对者甚多，享有人身神圣不可侵犯权利的保民官小德鲁苏斯，人身安全都没有了保障，有人要暗杀他。他为了自己的安全，只好尽量不外出，在家中处理事务，就这样小心谨慎，严加防范，最终还是没有逃脱反对者的毒手，被元老院派来的刺客暗杀了。

得知小德鲁苏斯被杀，意大利人愤怒了。他们明白，他们想通过罗马的为他们权利而斗争的人取得公民权的希望彻底破灭了。如果不愿继续当罗马的附庸和二等公民，除了用武力说话，他们已无路可走了。他们行动了，彼此秘密派遣使者，组织联盟，决定完全与罗马决裂，并准备全力和罗马作战。

2. 同盟战争：共和制过时了

罗马得知意大利人正在积极准备反抗时，立即派人到各地搜集情报，准备采取镇压行动。当有人报告说奥斯库隆城有不轨之举时，负责这一地区的大法官立即来到这里，说了一通威胁该城人民的言辞激烈的话。奥斯库隆城人可能认为他们的反抗计划已被发现，便杀死了这个大法官，随后把该城的罗马人也都杀了。就这样，一场在意大利半岛进行的可怕战争，一场不同于汉尼拔战争的罗马人和他们的意大利盟友之间的内战爆发了。这场战争被后人称为"同盟战争"（公元前90—前87年），由于叛乱同盟的核心是意大利中部的部落马尔西人，这场战争又被称为"马尔西战争"。

除马尔西人外，萨莫奈人和他的南边联盟者也参加了这场叛乱。萨莫奈人除不甘当罗马的二等公民外，对两个世纪前败于罗马人也耿耿于怀。他们甚至想恢复完全的独立，而不只是要获得罗马的公民权。叛乱者在科尔菲尼乌姆组成了政府，建立了一个名为"意大利亚"的国家，并铸造了刻有"意大利亚"字样的银币。意大利这个名字不是用拉丁文而是用古老的中部意大利语言奥斯坎字母拼写的。

战争的第一年，罗马动用了全部力量，两个执政官都放下罗马的其他事务，带兵出战，罗马的一些有名人物，如已被人遗忘赋闲在家的马略和事业正蒸蒸日上的苏拉等人都被委任为副将，协助执政官。就这样全力以赴，罗马军队仍连遭重创，一个执政官战死疆场，另一个执政官被打得大败而逃。马略也没有了往日战无不胜、攻无不克的威风，在战场上表现平平，可能是因为岁数大了，今非昔比了，也可能是因为他仅是个副将，没得到最高指挥权，不能充分发挥他的军事才能。

罗马在战场上的失利有可能使叛乱进一步蔓延、扩散。没有参加叛乱的罗马同盟者，诸如伊特拉里亚和安布里亚等地的民族也想追随马尔西人和萨莫奈人起来暴动。这使罗马十分惊慌不安。对于罗马人来说，幸运的是，他们的头脑开始清醒了，他们在盟友的武力教训下，开始知道，如果他们不作出政治上的让步，罗马将打不赢这场战争。他们改弦易辙，采取了一些他们本来不愿意采取的措施。一方面，他们让被释放的奴隶参加军队，来解决兵源的不足，这在罗马历史上是第一次，实际上意味着，除奴隶，什么人都可参军了。另一方面，元老院通过了由执政官卢盖乌斯·尤利乌斯·恺撒提出的一项法案：把罗马公民权给予所有仍和罗马联盟的意大利人，也给予虽参加了叛乱但已准备放下武器的人。这个法案的内容正是战前元老院顽固地、愚蠢地加以拒绝的小德鲁苏斯法案的内容。只是那时意大利人尚未拿起武器。

罗马人的让步虽迟了一点，却还算及时。正是由于这个让步才使战争发生了有利于罗马的变化。正如阿庇安所说的，"利用这个恩惠，元老院使那些忠顺的人更加忠顺了，使那些动摇的人坚定了，使敌人缓和下来了，因为有了取得同样待遇的希望。"而取得罗马公民权的待遇，正是大部分意大利人发动战争的目的。罗马的让步中断了叛乱的动力。不过，罗马在给意大利人罗马公民权时，耍了个花招，他们没有把新公民登记在原有的 35 个部落之内，而把他们编为 10 个新部落。开会选举时，原有的 35 个部落先表决，10 个新部落最后表决。结果这 10 个新部落的表决常常是毫无作用的。因为先表决的 35 个部落的赞成或否定丝毫不受新部落的影响，他们构成了绝对的多数。

由于罗马人的这个让步，叛乱对于大多数人来说成了无目的的了，勉强又继续了两年，终于平息了。

这是一次本可避免的给罗马带来很大伤害的叛乱。它不仅威胁到罗马作为地中海帝国的存在，甚至也威胁到作为意大利中心的罗马城本身的生存。战争导致罗马公民权扩大到全意大利，这一方面意味着意大利朝着统一民族的方面前进一大步，无论是在政府和语言上，还是在公民权利上，意大利正在走向真正的统一，但在另一方面，这也意味着罗马公民权已失去了原有的意义，标志着城邦制的灭亡。因为，现在大多数公民是无法参加罗马的选举或政治活动的。在当时的条件下，居住在远离罗马地区的公民是无法长途跋涉去罗马参加政治活动的。古人的参政都是直接参与，他们没有代议制的概念，没有设立议会的要求。他们无法参加公民大会，他们的参政权就有等于无。这也说明，古老城邦的直接民主虽令人喜爱神往，却也显示了它的原始性，只适用于一个个小小的城邦。一个疆域广大的大国的政府机器无法在城邦的直接民主制基础上建立，更不用说世界性的帝国了。共和制也在罗马开始过时了，有时甚至显得有点滑稽可笑了。

这次战争给意大利农村造成了灾难性的后果，许多地方遭到兵燹之祸。这次战争也给了退伍士兵一个启示，在他们的要求得不到满足时，可以用什么方法去反对昔日的同伙和盟友。这种可以预料到的情况的发生是令人害怕的，会给国家带来极为严重的伤害。

3. 本都来袭：来自小亚细亚的叫嚣

同盟战争一结束，罗马又面临另一场战争，一场和位于小亚细亚北部的本都国国王米特拉达特斯六世的战争。本都是个希腊化国家，但米特拉达特斯六世却祖籍波斯，国内的贵族也都是伊朗人或伊朗化的人。本都国在米特拉达特斯六世之父米特拉达特斯五世在位时，开始兼并邻邦，逐渐强盛起来。米特拉达特斯五世于公元前 121 年或前 120 年死于宫廷政变。年仅 11 岁的米特拉达特斯六世继位，由其母拉奥斯季卡摄政。如同中国的武则天一样，为了长期独揽大权，拉奥斯季卡竟图谋陷害自己的亲生儿子，逼得米特拉达特斯六世背井离乡，藏匿山林，历尽艰辛。这样的经历磨炼出了米特拉达特斯六世的非凡体力和刚强性格。公元前 115 年米特拉达特斯六世复位后，对他的母亲拉奥斯季卡采取极其残酷的报复手段，全无一点母子之情，先将她投入监狱，后又加以杀害。

米特拉达特斯六世继承了他父亲的扩张政策，先是吞并了西密利亚人的博斯普鲁斯王国，使里海几乎成了本都的海，接着，又在小亚细亚地区进行扩张。本都极快地成为罗马一个富有侵略性的活跃的竞争对手，它的边境和罗马在这里的边境齐头并进。然而，米特拉达特斯六世在小亚细亚的扩张并不顺利，障碍重重。他吞并他的邻国、罗马的被保护国比提尼亚的计划也没成功。比提尼亚国王去世后，其弟和其子争夺王位。米特拉达特斯六世支持比提尼亚国王的弟弟，派军队替他赶走了他的侄子。

罗马得到消息后，派军队赶赴这里，扶助比提尼亚国王之子尼科美德斯三世重新夺回了王位，并鼓励他封锁黑海出口，入侵本都。这激怒了米特拉达特斯六世，他决心乘罗马正陷入同盟战争无暇东顾之机，向罗马宣战。米特拉达特斯六世的军队在数量上占了优势，开始时取得了一连串的胜利，击败了比提尼亚和罗马的联军，进占比提尼亚，并迅速入侵罗马的亚细亚行省。公元前 88 年，罗马的亚细亚行省落入本都人手中，当地居民把米特拉达特斯六世当作"解放者"来欢迎。这显示罗马在这里的统治是多么不得人心。米特拉达特斯六世下令各城屠杀罗马和意大利人，被杀者达 8 万人之多，城门失火，殃及池鱼，妇孺都未能幸免。幸存的商人也由于本都军队的占领而破产了，更为严重的是，极大依赖亚细亚行省税款的罗马国库储备几乎空空如也。

占领了小亚细亚地区，米特拉达特斯六世并没就此收兵，他率兵越过爱琴海，侵入希腊。雅典和希腊其他地方也陆续被本都军队占领。到公元前 87 年，罗马几乎丢失了它在东方的所有属地。罗马人再不反击，东地中海就成了本都人的天下了。可是，在这样的关键时刻，罗马内部却因委派谁担任与米特拉达特斯六世作战的罗马军队统帅而起了一场激烈的斗争。

4. 向祖国进军：由外乱引起的内乱

一开始，元老院用抽签的办法，决定把指挥权授给苏拉。鲁基乌斯·科尔涅利乌斯·苏拉（公元前 138—前 78 年）和与他竞争指挥权的马略不同，出身贵族，他的六世祖曾两任执政官，后因查出家中拥有过量的金银餐器而被逐出元老院。苏拉年轻时生活放荡，终日混迹于优伶、小旦和娼妓之中，但由于继承了继母的一笔可观遗产，又得到了他的情妇，一个富有的名妓临终时的遗赠，成了一个十分富有的人。在朱古达战争中，他担任马略的副手，因用计谋生擒了朱古达而声名大震，引起了马略的忌恨。同盟战争中，他任副将，大显身手，率兵作战屡屡获得胜利，和马略在战争中的无所作为形成了对比，是同盟战争中最大的英雄。同盟战争还没结束，他就被选为公元前88年的执政官。由他来指挥与米特拉达特斯六世的战争，按理说是理所当然的。但是，由于他在当选执政官时，娶了大祭司之女，一位显贵遗孀麦特拉为妻，成为贵族派的首领，招致了平民派领袖保民官苏尔皮希乌斯·鲁夫斯的不满。他拒不承认元老院对苏拉的委任，召开公民大会，提议授权给他的新同盟者、几乎被人遗忘的马略取代苏拉指挥与米特拉达特斯六世的战争。作为执政官的苏拉和另一执政官一起为阻止公民大会表决，下令休假，停止一切公务活动。苏尔皮希乌斯指责休假之举不合法。两派尖锐对立，剑拔弩张，终于酿成了一场流血冲突。许多苏拉分子，包括苏拉的女婿，都在冲突中死于罗马广场或大街上，苏拉幸免于难。公民大会最后通过了授权马略的提案。

但是，逃出城的苏拉并不甘心自己的权利被剥夺。他来到本已决定由他指挥的部队中，利用士兵担心马略当统帅其老兵会抢夺东征权利、独享战争胜利果实的心理，煽动士兵哗变。士兵在苏拉的煽动下倒向苏拉，要求苏拉率领他们到罗马去。这正是苏拉所企望的。他立即率领6个军团向罗马进军。不过，军队里的高级军官，除了一个财务官外，都离开军队逃往罗马了，他们还无法接受率领军队进攻祖国这样赤裸裸的造反行动。罗马派来的代表在途中碰到正率军向罗马前进的苏拉，责问他为什么率军进攻他的祖国，他回答说："去挽救祖国，使它不受暴君们的统治。"

苏拉的行动是史无前例的，罗马人进攻自己的祖国，这在过去，对于充满爱国激情的罗马人来说，是不可想象的。罗马平民与贵族的斗争，最激烈的手段就是撤离，就是不合作。后来罗马公民不同阶层和不同派别之间的斗争和冲突，虽也出现暴力和流血，但绝对没有一支正规军队的介入。马略曾利用过他的老兵，但那是些退伍士兵。苏拉开了一个把两派斗争发展为一场公开内战的先例，他所率领的由罗马公民组成的大军，不是去和敌人作战，而是把罗马城作为他们攻击的目标了。一切法律和政治机构在这支强大的军队面前都显得苍白无力、毫无作用。苏尔皮希乌斯和马略没想到他们所使用的街头暴力会带来更大的暴力，会引来一支军队，触发一场真正的内战。他们仓促应战，急忙地组织起一支军队来迎击苏拉的军队，两支罗马军队在罗马城进行了一次正规的战斗，结果是苏拉一方打赢了。苏拉用火与剑，用罗马人攻占了罗马人的罗马。

马略兵败逃亡，苏尔皮希乌斯和大批民主派分子被杀。苏拉召集公民大会，声称他这样做是迫不得已，宣布马略党人为"公敌"，任何看见他们的人都有权杀死他们而不受处罚。他们的财产一律充公。苏拉还宣布，凡是元老院没有事先考虑的问题，不得向公民大会提出，取消部落表决制，恢复森图里亚表决制。这是为了削弱保民官的权力，因为保民官是通过部落会议（平民协议会）行使其职权的。取消部落表决制实际上也取消了重要的公民大会——部落大会（平民协议会）。苏拉还宣布自他和另一执政官宣布休假后，苏尔皮希乌斯所施行的法律一律无效。

苏拉的这次向罗马进军显示了罗马未来的政治走向。阿庇安评述说："从此以后，群众的骚动只由武力来解决了。罗马城常被进攻，城下常发生战斗。战争带来了其他灾难。从此以后，羞耻心或法律，制度或国家都失去了约束力。"苏拉的行动说明，共和制已无力解决罗马国家所面临的问题了。公民大会、元老院、法律、制度、传统全都没有了权威。罗马需要新的权威，这新的权威正在到来。新的权威正如苏拉所显示的，就是得到军队支持的军事首领、军队统帅。

5. 暴力与屠杀：苏拉派与民主派的争斗

苏拉在罗马清除了政敌，增补了大批自己的支持者进元老院，然后离开罗马，来到希腊，开始率军与米特拉达特斯六世作战。罗马军队到来后，原先倒向米特拉达特斯六世的希腊诸城市又纷纷转而倒向罗马，派使节来向苏拉致意。只有雅典仍坚持效忠米特拉达特斯六世。苏拉率兵攻占了雅典。为了惩罚和杀一儆百，苏拉血洗了这座文明古城，摧毁了它的港口。接着，苏拉挥师北上，先后两次大败由米特拉达特斯六世的将军率领的本都大军。

苏拉在希腊连续获胜、捷报频传时，罗马又被反苏拉的民主派秦纳和马略所控制。反苏拉的民主派命令了一位新的指挥官率军来东方，名曰讨伐米特拉达特斯六世，实为对付苏拉。为了避开这支军队的纠缠，并尽快结束这场战争，以便回师罗马和马略、秦纳等民主派算账，苏拉率军进入小亚细亚。公元前85年，苏拉和米特拉达特斯六世在达文丹努斯签订一项条件并不苛刻的和约，和约只要求米特拉达特斯六世退出占领地区，交付不多的赔款。与对米特拉达特斯六世宽容温和形成鲜明对比的是，苏拉对那些亲本都的小亚细亚诸城市采取了十分严厉的惩罚方式。许多城市被劫掠一空，城墙被铲平，居民被贩卖为奴，并强迫各城市交出大量赔款。

苏拉之所以急忙和米特拉达特斯六世签订和约，是因为罗马的情况使他非尽快从这场战争中脱身，返回罗马不可。

公元前87年，秦纳当选为这一年的执政官。他和苏拉一样，在同盟战争中立有战功，赢得了荣誉。秦纳就任后，实行反苏拉政策，遭到苏拉党徒的攻击。他逃出罗马，在意大利各地召集军队，准备采用苏拉的方式打回罗马，和苏拉派再争高下。逃亡在外的马略闻讯后，立即率领他征集的约 6000 人的一支军队来和秦纳会合，一起进军罗马。罗马元老院以秦纳离开罗马和承诺给奴隶自由为由，指责他不配做执政官，甚至不配做罗马公民，下令罢免秦纳执政官的职务，另选了一人来取代他。但是因为苏拉正率军与米特拉达特斯六世作战，无法召回，罗马的苏拉派无力与秦纳、马略对抗。

秦纳和马略的军队很快就进到罗马城郊外，包围了罗马，切断了罗马的物资供应线，元老院大为恐慌，不得不屈服，派人向秦纳求和，接受秦纳的条件，承认他是以执政官的身份回罗马，只要求他不要在罗马进行屠杀。秦纳模棱两可地答应他不会故意杀害任何人。马略提出被放逐的人进入罗马城是不合法的，保民官马上决定，取消放逐马略和在苏拉为执政官时放逐的所有其他人。秦纳和马略就这样以胜利者的姿态进城了。

和苏拉过去对付他们一样，他们立即对政敌进行了残酷的政治迫害。执政官屋大维被杀害，他的头被割下，悬挂在广场讲台的前面。一个现任执政官的头颅被这样血淋淋地挂在公共场合示众，还是第一次。其他被杀害的人的头颅随后也都被悬挂在那里。这样的血腥场面在随后的年月里经常出现，并成为一个令人生厌的惯例。在这场屠杀中，许多有名的人物被杀害了，还有一些人被放逐了。被杀害者和被放逐者的财产被没收了。苏拉任执政官时所制定的法律被取消了。苏拉的所有朋友都被处死，苏拉的房屋被铲为平地，财产被充公，苏拉本人被宣布为公敌。

几年前，苏拉得势，宣布马略为公敌，现在马略得势，苏拉就成了公敌了。谁的武装力量更强大，谁就是罗马的主宰者，谁就有权决定别人的生死。军队成了唯一决定因素，暴力成了解决矛盾的唯一手段。法律、制度和国家都成了军队的奴仆。暴力带来了更大的暴力，屠杀引来更大的屠杀。在这样的恐怖气氛中，公元前86年，秦纳第二次当选执政官。不过，秦纳的盟友马略不久就因神志部分错乱去世了。

秦纳也实行了一些有利平民的措施。当时罗马存在严重的债务问题。米特拉达特斯六世占领小亚细亚，局势恶化，许多因此破产的商人急忙收回贷款，并把收回的钱藏起来，从而造成罗马现金交易的停止。公元前86年，秦纳强制推行了一项减免全部未偿还债款的3/4的法令。秦纳还增加粮食分配，实行币制改革。秦纳的这些措施开始赢得大量支持，但他的统治不久就突然终止了。公元前84年年初，他的一些士兵因不愿和即将回国的苏拉军队作战，发动了兵变并杀死了他。

6. 苏拉独裁：罗马的新权威

苏拉在公元前85年结束了在东方的事务，准备率军回国了。他写了一封信给元老院，叙述了他的功劳和业绩，还抱怨说，他做了这些事情后，得到的报酬却是被他的敌人宣布为公敌，他的房屋被破坏，朋友被处死，他的妻子和儿女经过许多困难才逃到他那里。他马上要回到罗马，为他们自己，为全罗马城，向那些有罪的人复仇。他的信是向他的政敌的宣战，是向他的祖国罗马的宣战。

公元前83年春，苏拉率领着庞大的舰队，满载着掠自东方的战争赃物，怀着强烈的复仇心，在南意大利布隆迪西登陆。布隆迪西打开城门迎接他进城。不少有名人物如梅特拉斯·庇乌斯、里基尼乌斯·克拉苏、格涅乌斯·庞培和大批贵族遗老遗少都纷纷麇集到他的旗下。苏拉那沾满了东方人鲜血的屠刀现在准备砍向自己国内的同胞了。苏拉这样做已不是第一次。不过，上一次还是以执政官的名义打回罗马，而这次则完全是以罗马统帅的身份进军罗马了。秦纳宣布拥有重兵的苏拉为公敌是极不理智的，对苏拉的军权没有丝毫影响，并没影响军队对苏拉的忠诚。实际上，这时军事统帅已无可争论地成了最有权威的人物。

新的内战比前两次更残酷，时间更长，地区更广，成千上万的人死于兵燹，战火不局限在罗马城周围，而是蔓延到整个意大利，战争前后打了3年。

苏拉回兵意大利时，马略和秦纳先后都死了，领导民主派与苏拉斗争的是两个新的执政官卡波和马略的侄子小马略。民主派在他们的领导下进行了顽强的抵抗，但仍无法阻挡住苏拉统率的久经沙场、装备精良、忠于统帅的凯旋之师。苏拉的军队击败了一支又一支平民军队。卡波逃到阿非利加，企图在那里谋求东山再起。小马略则在兵败后自杀了。他的头被苏拉挂在广场的讲台前示众。据说，苏拉嘲笑这位年仅27岁就当了执政官的小马略说："在你掌舵之前，首先学会划桨。"

苏拉以征服者的姿态进入罗马。马略、秦纳所造成的恐怖还没从人们心头消除，罗马又陷入新的更大的恐怖中。在公民大会上，苏拉宣称，对于他的敌人，他一个也不饶恕，并将以最残酷的手段来对付他们。说完这番话，他立即宣布了约40名元老和1000名骑士为公敌，暗杀这些人有赏，告密有奖，隐藏这些人必受处罚。这份公敌名单后来愈来愈长，数以千计的人被杀，他们的头都被割下悬挂在广场示众。杀人不分场合，不选时间，神庙、大街、私人住宅皆是杀人之所，白天、黑夜都是杀人之时。丈夫被杀死在妻子面前，儿子被杀死在母亲怀抱中。个个不安，人人自危，许多无辜者也惨遭毒手。仇恨、贪婪使许多苏拉部属乘机公报私仇，趁火打劫，大发横财。恐怖由罗马向整个意大利扩展。只要与卡波和马略有点关系，就难逃一劫，不是被杀，就是被放逐，财产被充公。苏拉的报复有时甚至不局限于个人，而是整个城市。

苏拉将没收的公敌的土地分配给了他的 20 万老兵，他在大多数城市都建立起军事殖民地，以便使整个意大利都处于他的军队的控制中。他的士兵对他感恩戴德，甚至在他死后仍忠诚于他。他做执政官或代执政官时所做的一切都被追认和批准了。有了他的军队的支持，法律、选举都成为毫无必要的了。

苏拉成功了，他举行了盛大的凯旋式，并给自己冠以"幸运者"（Felix）的称号。这是个奇怪的，有命定色彩的称号。他之所以自称幸运者，是因为他对付他的敌人从来没失败过。战场上是这样，政治舞台上也是这样。谄媚者们在罗马广场讲坛为他竖起了一座镀金的骑士像，上面刻着这样的话："永远幸福的科尔涅利乌斯·苏拉。"元老院在一项命令中称苏拉为"维纳斯女神所爱的人"。这个称呼和幸运者是一致的，或者说是幸运者这一称号的一个注释，所谓幸运就是得到爱神的宠爱和庇护。苏拉本人也以维纳斯的宠爱者自居。他送了一顶金冠和一把斧头给维纳斯，上面刻着：

这把斧头，苏拉献给阿芙罗底女神，

他在梦中看见她，这位他军队的保护女神。

在战争中，全副武装，

作出了武士的功勋。

　　这位女神本是娇美的专管人间爱情的神，但在苏拉的梦中，却成了全副武装的战神。不过，神是无所不能的。

　　在苏拉用血腥手段清除了他的一切政敌后（逃到阿非利加的卡波也被苏拉的部将庞培俘虏并杀死了），在他用令人战栗的恐怖手段在罗马城和整个意大利造成人人噤声、万马齐喑的局面后，在他抛弃一切传统和法律而用他的军队控制了罗马和意大利后，他成了事实上的国王和僭主，他的权势与法律和制度无关，而是靠暴力和军队维持的。但是，可能是出于在一个有着悠久共和制传统的国家公然称王条件还不成熟的考虑，他要给自己的权势披上共和制的民意外衣了，他这个把一切法律和国家都踏在脚下的人，现在却要进行他自己所标榜的以"制定法律和建立国家"为目的的宪政改革了。"制定法律和建立国家"这样的话语也说明，法律和国家都被打碎了，要重建了。

　　为了使自己的独裁统治合法化，他写了一封信给公元前81年的执政官弗拉库斯，提议恢复已废弃了120年之久的独裁官职务，他自己就是独裁官的最恰当人选，这个新恢复的独裁官职位不应规定任期，任期要看他何时恢复了罗马、意大利和政府统治而定，他担任这个职务将给罗马人作出最大的贡献。他的话其实就是圣旨。弗拉库斯只能照办，召开公民大会，通过了苏拉的提议，并选举他为独裁官，任期不限。

苏拉这个独裁官和罗马以前的独裁官是完全不同性质的，以前的独裁官只是为应付紧急状态而临时设立的，任期不超过 6 个月。任务一结束，就要卸任。苏拉这个独裁官却是无任期的，不是为应付紧急任务而临时设立的，是常设的。苏拉的提议是深思熟虑、老谋深算的，他可以以这个传统的古已有之的独裁官之名，行独裁专政之实。他集立法、行政、司法、经济等罗马诸大权于自己这个独裁官一身，和君主、国王没什么两样。共和制的基本原则实际上已荡然无存。不过，在形式上，苏拉却仍极力维护共和国体制。他的所有职务和荣誉都由公民大会"合法"授予。执政官及原有的所有官职像过去一样产生，并和过去一样处理日常政务，议案仍需提交公民大会，批准后就成为法律。他借助公民大会通过了许多法案。这些法案几乎清一色都是保守的。具有讽刺意味的是，他解决社会难题的办法就是恢复元老院逐渐衰落的权力。而使元老院威信扫地的正是他自己。但是，他决定不让其他人做同样的提高元老院威信的事。

他用削弱保民官权力的办法来恢复和加强元老院的权力。因为保民官经常在平民支持下向元老院的权威发起挑战。他用法案规定，如果事先没有得到元老院的赞同，保民官不能提出任何法案，废止保民官在刑事案件上的否决权。同时还规定，只要担任过保民官，以后就不能充任政府任何重要官职。这样，保民官就成了一个无足轻重而且毫无吸引力的职务了。

苏拉对法庭也进行了有利于元老贵族的改革。法庭的数量增加到 7 个，每个法庭负责审理一个方面的案件，法庭全由元老组成，骑士全被排除在外。为了缓和骑士的不满和奖赏他的追随者，他选择了300 名骑士进入元老院，使元老院的元老人数增加到 600 人。

对充任元老的资格和担任高级官职的条件，苏拉也提出了一些新的规定：不满 30 岁不能任会计官，不满 42 岁不能任大法官。这种规定减缓了年轻人的提升速度。担任会计官以上官职者都是元老院成员的规定又使担任会计官这样地位较低的官员能自然地成为元老。

苏拉把行省的统治者置于元老院的牢固控制下，规定如果没有元老院或公民大会的事先许可，行省的统治者不准在他统治的行省之外作战，否则，就触犯了叛国法。苏拉自己第二次向罗马进军正是以小亚细亚行省统治者的身份干的。他恢复一百多年前规定的叛国法，不知是否考虑到自己也犯了叛国罪，看来，他是把自己置于法律之上。别人这样做犯法，他这样做则是合法的，这正是君主的行事作风。不过，这种规定多少对行省统治者分裂和拥兵自重的行为有所约束。

苏拉以鲁比孔河为意大利的北界，把意大利分成若干自治市区，许多城市改为罗马公民殖民地，意大利人出身的新公民保留原有的权利并被平均分配到 35 个部落，而不是将他们新编 10 个部落。苏拉的这一措施从法律上肯定了同盟战争后意大利的既成事实，具有积极意义。苏拉废止了向城市贫民廉价配粮的制度，而代之以大兴土木工程。他们搞的巨大建筑活动有点类似东方君主的行为，其中包括罗马档案局的修建，罗马元老院大厅、他的内战胜利广场之一，以及普勒尼斯特的福图娜的广大围地改建。

苏拉将被宣布为公敌者的 1 万名年轻力壮的奴隶解放为自由民，赐姓"科尔涅利乌斯"。科尔涅利乌斯是苏拉氏族的名称，他赐给他们这个姓，就是把他们视作自己氏族的人。这种赐姓的做法是古代中国皇帝表示恩宠的一种常用手段，能姓皇帝的姓是十分荣耀的，唐朝的徐勣就被唐太宗赐姓李而成了李勣。苏拉的这 1 万名"科尔涅利乌斯"对他感恩戴德，只知忠于苏拉，成为除军队之外苏拉进行独裁统治的又一工具，而且是极其驯服的工具。

然而，出人意料的是苏拉并没在独裁道路上一直走下去，他停步了。公元前 79 年，他突然宣布辞职。他的这一举动令人惊异。他冒着那么大的危险，不惜以道德的堕落、社会的动乱、人民的灾难和千万人的生命为代价，经历那么多艰辛才取得的最高权力，却自动放弃了。对他在权势如日中天之际的突然引退之举，古往今来，众说纷纭，评说不一。也许是他认为被他打碎的共和制已由他修复了，该功成身退了，人民会因此而对他更加感恩戴德；或者是他厌倦了政治，厌倦了权势，厌倦了罗马，转而向往隐居的田园生活；也有人说，是因为他疾病缠身，无法应付繁重的政务。但无论是何原因，苏拉的引退，在中外古今的历史上都是一个罕见的例外，这个例外是西方的，也是罗马的。只有长期实行共和制的罗马才会有这种例外，只有在从共和制向帝制过渡的罗马才有这样的人物。东方的中国君主，即使病得气息奄奄，也不会放下手中的权力。

苏拉是真的引退了，他遣散了侍从，也不保留他的卫队。不过，人们仍对他心存敬畏，他仍能随心所欲地或漫步街头，或垂钓水滨，仍和从前一样，过着穷奢极欲、沉溺酒色的生活。一个独裁者引退后能这样优哉游哉地生活是少见的，苏拉真是个幸运者！

公元前 78 年，新婚不久的苏拉，丢下了他美丽的妻子范莱丽雅，在滨海别墅里安静地却也是突然地死去，终年 60 岁。这在古罗马也算是高寿了。他的遗体被安置在金舆上，在主要由他的士兵组成的声势浩大的送殡队伍的护送下，在高举着他生前所用过的旗帜和束棒标志的骑兵和号兵的前导下，游行整个意大利，然后在罗马广场举行了隆重的葬礼。所有的元老和高级行政官员都参加了他的葬礼，全城居民，有的是怀念，有的是害怕，都来向苏拉遗体告别，永别之声响遍全城。他的棺架，由元老们抬着运往马斯广场火化。据说，他给自己留下了这样的墓志铭：

> 没有一个朋友曾给我多大好处，
>
> 也没有一个敌人曾给我多大危害，
>
> ——但我加重回敬了他！

苏拉生前权倾天下，死后备尽哀荣，他的确是"幸运者"。他是成功的。但他恢复元老院权力的宪政改革，虽多少起了稳定社会的作用，却是徒劳的，共和制、元老院、公民大会都已是明日黄花、风光不再了。这是历史发展的结果，是无法挽回的。苏拉本身的经历，他的独裁统治就充分说明了，贵族共和寡头统治已寿终正寝了。

苏拉独裁统治虽短，影响却是划时代的。苏拉树立了一个在共和制的外衣下进行独裁统治的榜样。在随后的年代里，苏拉式的人物将唱主角，在共和外衣掩盖下的独裁统治也将取代共和寡头统治，在某种意义上，我们甚至可以说，苏拉独裁是罗马实行帝制的先导。

七、斯巴达克起义

1. 奴隶：罗马不可或缺的人

毁灭共和制的不仅是军事首脑、民主派与贵族派之间的冲突和内战，还有一个更加重要的原因是奴隶的大规模造反。在世界人类的历史上，古罗马奴隶制度的发展程度是首屈一指的。到公元前 2 世纪，随着小农的衰落，奴隶成了罗马社会的主要劳动者。大农庄、矿场、手工业作坊，都是靠奴隶劳动维持的。富人家庭的豪华奢侈生活也离不开奴隶，从看门的守门人到处理琐碎家务的家仆，从供主人任意驱使干粗活的男男女女，到专为主人沐浴擦背的使女娈童，都是奴隶。罗马人甚至娱乐也离不开奴隶，除唱歌跳舞的奴隶外，罗马人最喜爱的角斗表演，表演者角斗士也是经特殊训练的奴隶。罗马学校的教师开始也是由有文化的奴隶或被释放的奴隶充任的。罗马整个社会都建立在奴隶劳动的基础上。像罗马这样发达的奴隶社会，并不是世界各地的古文明都有的。中国就不存在如此发达的奴隶社会。

罗马奴隶的来源是多种多样的。对外掠夺战争中被征服地区的军民俘虏是奴隶的一个主要来源。这些被罗马人掠获的俘虏只要不死就被卖为奴隶。维爱、塔林敦、迦太基、科林斯等城就先后城毁人尽为奴。罗马人这种令人发指的暴行，满足了罗马社会对奴隶的需要，或者说，罗马对外扩张的一个重要目的就是掠夺奴隶。海盗的掳掠也是罗马奴隶的一个来源。海盗把抢掠来的人在奴隶市场出卖为奴。买卖奴隶在古罗马是非常兴旺的，罗马各大中心城市都有奴隶市场。海盗抢掠的人很容易在奴隶市场卖出去。爱琴海的提洛岛有地中海世界闻名的巨大奴隶市场，每天都有几千个奴隶在这个市场卖出，有时一天卖出的奴隶可多达万人。在罗马人看来，奴隶这种商品和其他商品没什么不同。像一般商店陈列其货物一样，男女奴隶也被置放在市场的展示台上展示，供人挑选。债务奴隶也是奴隶的一个来源，罗马公民中，债务奴役虽明文规定取消了，债务奴隶并没绝迹，而且，在意大

古罗马奴隶拍卖市场

利，在行省，由于包税商和高利贷者的盘剥，债务奴隶还日益增多。

　　奴隶作为罗马社会生产的主要承担者，在罗马却并不被看成是人，而被看成是一种特殊的会说话的工具。他们除了劳动，供人驱使，供人娱乐，没任何权利。他们处境的恶劣程度是人想象不到的、地狱般的。在大农庄、矿山、手工业作坊奴隶都戴着脚镣，在监工的皮鞭下从事繁重的体力劳动。他们的额上被打着无法去掉的烙印，以便在他们逃亡后可抓回来。加图在他所著的《农业志》一书中认为，大农庄主必须想尽办法迫使奴隶终年劳动，不管是刮风还是下雨，都要强迫奴隶从早到晚不停地劳动，不劳动时，就让他们睡觉。有一个大奴隶主，为了从奴隶身上榨取更多的血汗，除强迫奴隶劳动外，竟不管奴隶的衣食，让奴隶自己想办法抢劫。

　　奴隶没有一点人身自由。奴隶主可以随意惩罚或杀死奴隶。反抗或造反的奴隶，一经发现就被处死。但是，由于奴隶处境的恶劣，奴隶人数的众多，罗马的血腥屠杀并不能阻止奴隶的反抗。奴隶反抗规模的大小和奴隶制发展水平成正比。罗马奴隶制发展的程度是历史上仅有的，奴隶造反的规模之大、人数之多、波及地区之广也是历史上仅有的。奴隶起义是另一种性质的内战，可以说，共和制是在奴隶起义中走向终点的，或者，如同马克思所说的奴隶起义使整个社会受到革命的改造。

2. 起义前奏：西西里的奴隶斗争

最早的大规模奴隶起义发生在罗马的西西里行省。西西里土地肥沃，是罗马的粮仓。这里盛行大地产制，有几十万奴隶在这里的大农庄从早到晚劳动着。公元前137年，不堪忍受奴隶主虐待的奴隶在恩那城发动起义。在一个叫优努斯的叙利亚籍奴隶领导下，起义者杀死奴隶主，占领农庄，组成一支有武装的起义大军。优努斯被推举为王。同时，在阿格里琴托城，西里西亚籍的奴隶克里昂也率领奴隶起义。两支起义队伍很快就会合在一起。起义者攻击并焚烧庄园，但不侵犯小农的利益，因而赢得了小农的同情。起义发展很快，屡败罗马政府军，占领了西西里中部和东部许多城市，人数达到20万。起义者在恩那城建立了自己的国家，国名为叙利亚王国，优努斯被推选为国王，还设立了民众大会和议事会。但不幸的是，奴隶来自四面八方，要在远离故乡的异地建立自己的国家几乎是不可能的。就这样，起义仍坚持了5年，这就反映了奴隶坚强不屈的斗争精神，也反映了罗马国家的腐败无能。公元前132年，起义被镇压，克里昂阵亡，优努斯被俘。

公元前 104 年，朱古达战争刚结束，西西里又爆发了第二次奴隶大起义。起义的导火线是西西里总督受贿中止了释放奴隶的工作。当时，罗马正在和朱古达、森里人和条顿人作战，需要大量军队，而行省和附属国的许多自由民都因债务而沦为奴隶，不能参加补助军队。因此，为了解决兵源，元老院下令行政长官审查自由民出身的奴隶，予以释放。西西里总督涅瓦尔受奴隶主贿赂，在释放了 800 名债务奴隶后，停止了审查。奴隶们愤而起义。

赫拉克里亚城奴隶首先发难，起义者很快就组织起一支拥有 2 万名步兵、2000 名骑兵的起义队伍，拥立萨维阿斯为王，号"特里米"（一个叙利亚僭主的名字）。不久，这支起义军与阿铁尼奥领导的另一支起义军在特里奥卡拉城会合，起义人数达 3 万人，并以这里为都城建立国家，设立了议事会和民众大会。

起义军屡败政府军。特里米死后，由阿铁尼奥统率全部起义军。公元前 101 年，起义失败，阿铁尼奥战死。少数被俘的起义军被送到罗马充当角斗士，但他们宁死也不愿充当罗马人的娱乐品，在角斗场上，悲壮地互相刺死了。

除了西西里的奴隶起义外，希腊和小亚细亚等地也爆发了一些奴隶起义，但所有这些起义都不过是一次更大规模的、震撼了整个意大利的奴隶起义的前奏。这即将爆发的更大规模的起义是一个多世纪以来连续不断的奴隶起义的最后一次。过去的奴隶起义多发生在外省，它却发生在意大利本土。过去奴隶起义的发动者多是大庄园的农业奴隶，它的发动者是角斗士，一个名叫斯巴达克的职业角斗士。斯巴达克由于领导了这次起义，成为"整个古代史中最辉煌的人物，一位伟大的统帅，高尚的品格，古代无产阶级的真正代表"（马克思语）。历史学家称这次起义为"斯巴达克起义"。

3. 斯巴达克起义：角斗士掀起的风暴

这次震撼罗马世界的奴隶大起义爆发于公元前 73 年。这一年距苏拉独裁结束只有短短的 5 年。意大利还没有从内战的灾难中恢复过来，却又因这次奴隶起义而战栗。

斯巴达克雕像

斯巴达克是色雷斯人，普鲁塔克说："他体魄健壮、勇悍异常、膂力过人，但他和希腊人一样富有智慧和仁慈。"本都国王米特拉达特斯六世在小亚细亚反罗马时，色雷斯人也乘机反抗罗马的统治。斯巴达克就是在与罗马人的一次战斗中被俘的。罗马人发现这个俘虏勇武非凡，力大无穷，就把他送往卡普亚的角斗学校做角斗士。卡普亚角斗学校是意大利最大的一所训练角斗士的学校，为罗马共和国各大城市，主要是为罗马的竞技场提供所需要的角斗士。这里经常有经过训练的大批外籍奴隶，包括色雷斯人、高卢人、里古利亚人和克尔特人等。为了防范逃亡和反抗，学校对这些奴隶的一举一动进行严密监视和限制，有时甚至让奴隶戴上镣铐。角斗士的非人生活待遇，特别是他们随时都会在竞技场丧命的命运，犹如等待执行的死刑犯，使他们比一般奴隶更具反抗精神。

起义是由斯巴达克劝说他的 200 个同伙逃亡引发的。斯巴达克以"要为自己的自由而斗争，不要为观众的娱乐而角斗"这样的话来鼓动他的同伙。原是自由民的斯巴达克是把自由看得高于一切的。密谋被发现了，仓促间，斯巴达克只来得及率领 78 个角斗士，用厨房的刀和铁叉做武器，逃出了学校，路上又夺取了一些木棍和短剑。他们逃到维苏威火山，并在这里安营扎寨，建立起义基地。许多逃亡奴隶，甚至有一些农民闻讯后纷纷来投奔他们。起义队伍迅速扩大，不久就发展到 1 万人。斯巴达克以两个和他一起从角斗士学校逃亡出来的角斗士克利克苏斯和恩诺马乌斯做他的副手，并率领起义军下山袭击附近的庄园。整个坎帕尼亚地区震动了。

罗马一开始并没有把几十个角斗士逃亡当成一回事，奴隶逃亡经常发生，更没想到这次逃亡会变成一场令人害怕的战争。罗马这时正忙于镇压西班牙和小亚细亚地区人民的起义和反抗斗争，无暇顾及几十个逃亡角斗士之事。然而，斯巴达克在维苏威山周围的袭击活动，使罗马警觉起来，不能不对这活动在罗马中心地带的奴隶起义采取行动了。罗马派行政长官克劳狄乌斯率领 3000 名士兵来镇压斯巴达克。罗马军队占领了唯一可以突围下山的路，想把起义者困死在山上。斯巴达克临危不乱，令人用野葡萄藤编成梯子，然后率领起义的奴隶，机智地利用这样的梯子，从罗马人想象不到的、毫不设防的悬崖上顺梯而下，除一人失足摔死外，全都安全下了山，再迂回到还在全神贯注地防守着下山要道的罗马军队后面，出其不意地发动攻击，一举击溃了敌军。起义军和罗马正规军的第一仗，斯巴达克用他的智慧取胜了。

打败了罗马军队，起义军声威大振，四周的奴隶和农民络绎不绝地前来投奔。起义军不久就增至7万人。罗马虽不断派军队来镇压，却屡屡被起义军击败。有一次，罗马军团的统帅普布里乌斯·瓦里尼乌斯还差点被起义军活捉。

罗马人现在不敢轻视起义军了，开始把斯巴达克起义看成罗马的心头之患了。公元前72年，罗马派出了这年度的两个执政官亲自率领两个军团来镇压起义军。

在罗马全力镇压的紧急关头，起义军内部却在下一步如何行动上发生了严重分歧。斯巴达克主张部队北上，越过阿尔卑斯山，让起义者各返故乡。克利克苏斯则要求向罗马进军。不同的意见代表了来自不同地区的奴隶的要求。由于起义者来自不同的地区，他们的目标是很不一致的。许多参加起义的奴隶是外籍奴隶，他们在意大利无根无基，他们渴望返回家乡，重获自由，斯巴达克的意见反映了他们的愿望。斯巴达克发动起义的目的，就是争取自由，而不是推翻罗马，夺取政权。起义者也有不少意大利人，除奴隶外，还有意大利破产农民。他们参加起义当然不是要背井离乡，不是要离开意大利到外国去，他们是要在意大利争取自己的生存之地。克利克苏斯是代表他们说话的。分歧导致了起义队伍的分裂。克利克苏斯率领3万人留在南意大利，而斯巴达克则率领主要的起义队伍北上，挺进高卢。克利克苏斯率领的3万起义军，由于脱离了起义大部队，不久就被执政官鲁基乌斯击溃了，克利克苏斯和他率领的2/3起义者都阵亡了。

击溃了克利克苏斯，两执政官便集中全力对付北上的斯巴达克。一个执政官率军在前面阻击，一个执政官率军在后紧追。斯巴达克在这前堵后追的夹缝中，又一次显示了他杰出的指挥才能，他没让两支罗马军合围，而是用各个击破的方法分别击溃了两个执政官的军队，并杀死了300个罗马俘虏，致祭克利克苏斯等牺牲的同伴亡灵。随后斯巴达克又打败了山南高卢总督的军队，胜利地抵达阿尔卑斯山山脚下。按预定计划，斯巴达克下一步的行动应当是率领起义军翻越阿尔卑斯山返回故乡。但他却没有在这里率军去翻山，而是率领12万起义大军掉头重新南下。斯巴达克突然改变主意的原因，史书上没有记载，据推测，不外乎这样两个原因：一是望山却步，翻越阿尔卑斯山有困难；二是得不到这里的富裕农民的支持，无法在这里坚持，也无法在这里做翻山的准备。于是，斯巴达克决定南下，渡海去西西里，那里曾发生两次大规模奴隶起义，起义军在那里一定能得到广泛的响应和支持。

斯巴达克率军南下，罗马立即陷入惊慌中，以为斯巴达克要攻击罗马城。两执政官急忙率军阻击，但却又一次被斯巴达克打得大败。元老院免去了两执政官的统率权，宣布国家处于紧急状态。不过，斯巴达克并没率军进攻罗马城，他没有攻城器械，他的军队还无法进行攻坚战。

公元前71年，斯巴达克起义持续3年，在意大利北上、南下，所向无敌。罗马元老院虽宣布了紧急状态，却无人敢挺身而出任镇压起义军的罗马军队统帅，几经周折，才选出了马尔库斯·里基尼乌斯·克拉苏（公元前115—前53年）为统帅，全权负责镇压斯巴达克。

克拉苏是个大奴隶主，是罗马的首富。他以苏拉部将的身份在罗马政治舞台上崭露头角。克拉苏接任军队的指挥权后，立即征召了所有可以征召的人，连那些已年老体衰却还能勉强作战的人也被他征召入伍。他这样组织了6个军团，并合并了执政官原来率领的军团。为提高军队战斗力，他在军中恢复了早已废弃不用的"什一抽杀律"，即在打了败仗的军团中，将士兵分成十人一组，每组处死一人，当众执行。"什一抽杀律"的恢复说明罗马军队已没有了战斗激情，只有靠这种残酷的军纪才能迫使他们去战斗。据说，克拉苏用这种血腥的方式处死了4000人。克拉苏在意大利中部的皮凯努姆设下防线，等候斯巴达克大军的到来，企图在这里一举歼灭起义者。但这只是克拉苏的如意算盘。斯巴达克并不想和在这里等候的克拉苏决战，他避其锋芒，没有去碰克拉苏的主力，而是率军击溃其副将的军队，穿过卢卡尼亚，挺进意大利半岛的南端。

斯巴达克计划在这里渡海去西西里，但接受起义军馈赠并答应把斯巴达克起义军运过海的海盗却背信弃义地违约了，在这里没有海盗船只的踪影。于是，斯巴达克决定自造木筏渡海，但不幸的是，他们辛辛苦苦制造的下面绑有木桶的木筏下水后，海上刮起大风暴，渡海计划又一次落空了。而跟踪而来的克拉苏，为了防止斯巴达克渡海不成再次北上，在地峡最狭窄处，挖了一条横跨整个地峡，宽4.5米、深4.5米、长60公里的壕沟，沟边还修筑了高大而又坚固的防护墙。克拉苏想用这条壕沟把斯巴达克封锁在半岛南端。

克拉苏似乎已成功地把斯巴达克困在南边了，罗马元老院仍不放心，急忙把在西班牙镇压那里人民叛乱的庞培调了回来，让他协助克拉苏镇压起义军。格涅乌斯·庞培（公元前106—前48年）原来也是苏拉的大将，其声誉远在克拉苏之上。元老院是想集中所有力量尽快镇压斯巴达克，去掉这心头之患。克拉苏怕庞培来分享他镇压起义者之功，便在庞培军队未来之前，提前向斯巴达克进攻。斯巴达克也想赶在庞培到来之前，和克拉苏谈判，结果却遭到克拉苏的拒绝。这样，斯巴达克便决定冲破克拉苏的防线，向布隆迪西转移，以便在那里渡海去巴尔干半岛，可是，又有一部分起义军不同意斯巴达克这一决定，脱离了起义大军。这支脱离了起义大军的队伍很快便在卢卡尼亚被克拉苏击溃。斯巴达克率领跟随他的大部分起义军，奋不顾身，用木头、树枝、敌人的尸体和死马填满了壕沟，冲破了克拉苏的封锁线，通过卢卡尼亚，直捣布隆迪西。克拉苏在后紧追不舍。

但是，斯巴达克要在布隆迪西渡海去巴尔干的计划又落空了。战胜了米特拉达特斯六世的鲁库鲁斯已率军从东方返回，正在布隆迪西登陆。斯巴达克陷入了前有强敌、后有追兵的绝境，只有拼死一搏了。斯巴达克决定掉转头迎击克拉苏，以免两支强敌会师。这是一场殊死的战斗，斯巴达克身先士卒，并想寻找敌军主帅克拉苏决斗，由于扭在一起厮杀的人太多，他没能找到克拉苏，却亲手杀死了两个与他交手的罗马军团的百夫长。战斗空前惨烈，起义军人人都拼死战斗。斯巴达克大腿被投枪刺伤，仍战斗不止。他前屈着一条腿，一手拿盾牌，一手拿剑，还击来攻的敌人，直到他和包围他的大多数人一起倒下为止。斯巴达克壮烈牺牲了，有三万多起义战士与斯巴达克一起战死疆场，6000人成了俘虏，罗马人没有找到斯巴达克的遗体。6000名被俘的起义军战士后来全部被钉死在从卡普亚到罗马的大道两边的十字架上示众。伟大的斯巴达克奴隶起义持续了3年多之后悲壮地被镇压了，但斯巴达克的余部仍在意大利南部山区继续斗争了几十年。

斯巴达克起义失败了，这是历史的必然结果。奴隶们是无法建立一个新社会或新国家来取代罗马国家的。斯巴达克的目的只是想重新获得自由，他想率领起义奴隶返回故乡，却得不到意大利破产农民和意大利籍奴隶的支持，只能是一个空想。而在意大利，虽有不少破产农民参加起义队伍，奴隶们基本上还是孤军奋战，因而难以和动员了国家全部力量的罗马国家长久对抗。不过，起义虽失败了，起义者所显示的争取自由、宁死不当奴隶的精神却是不朽的，它激励后来者继续为自由而斗争。同时，起义给了罗马社会和统治者以沉重的打击和震撼。它促使奴隶制经济发生了重大变化，开始出现了交给奴隶一定资金或一块土地，让他们自己经营而缴纳定额租金这种"特许析产"的剥削方式，并允许奴隶结婚，生育子女。不久，又出现了隶农，大庄园主把庄园分成许多小块土地出租给奴隶。斯巴达克奴隶起义所显示的奴隶力量和反抗精神不仅影响了经济基础，对罗马社会的上层建筑以及对罗马的政治制度也有重大影响，起义暴露了共和制的软弱无能，成了共和制解体的催化剂。

正像意大利著名作家、著有《斯巴达克》一书的拉·乔万里奥尼所说的："这一几乎持续了四年之久的战争就这样结束了。角斗士和奴隶们在这一战争中用他们的勇敢精神证明：他们不但是应当获得自由的人，而且是能创造伟大功勋的人。斯巴达克在这一战争中证明：他是世界上有史以来最英勇和最光荣的统帅之一。"

八、三头同盟

1. 军功至伟："伟大的庞培"

斯巴达克战争一结束，罗马立即又面临一场新内战的危险。克拉苏和庞培两位统帅，都以自己的军队作后盾，竞选执政官。他们互相嫉妒，钩心斗角，内战有一触即发之势。不过，最终两人没有打起来，这是因为两人谁都没有必胜的把握，这时挑起内战肯定会遭到人民的强烈反对。出于自身的利益考虑，两人达成了一项协议，共同争取当选公元前70年的执政官。按照惯例，他们两人都没有竞选执政官的资格，因为他们两人都没有遣散军队。而要充当执政官候选人就必须遣散所率领的军队，庞培因为年轻甚至还没取得元老职位。不过，元老院让步了。元老院的退让说明，它对于大权在握的军事统帅已毫无约束力了。共和制在强权面前，在罗马统帅面前又一次显得无可奈何。公民大会也是走走过场，正式选举他们两人为公元前70年的执政官。

庞培和克拉苏都是追随苏拉起家的。庞培虽年轻，却得到苏拉的特别赏识，只有庞培来时，他才会起身迎接。苏拉看出了庞培是个人才，将会成为罗马政治舞台上叱咤风云的人物，但是他可能没有想到，他的这两个爱将将来会背叛他。庞培和克拉苏一当选执政官，立即采取反苏拉政策。为了获取民众的赞誉，他们集中精力推翻苏拉所建立的制度。苏拉恢复元老院的权力，他们就尽力打击元老院，并利用民众的反苏拉情绪，鼓励这一年度的监察官驱逐了64名元老。他们把陪审团人员中的元老人数减少到只占1/3。庞培还提出了一项废除苏拉强加于保民官职务的一切限制的法案，恢复了保民官的原有权力。苏拉取消的包税制也在东方行省恢复了。苏拉维护旧传统的成果全都被一阵风吹掉了，罗马政治上又处于灵活却无政府的状态中。

克拉苏和庞培虽在反苏拉上站在一起，互相配合，他们之间的矛盾和戒备却并没消除，两人都想在声望和权力上压倒对方。克拉苏有用不完的钱，是罗马最富有的人。他的财富是靠收买被苏拉放逐的人的财产而积累起来的。为了博取一个好名声，他不惜自掏腰包，在罗马摆了1万桌酒席款待罗马公民，并自费给全体罗马人发放3个月的谷物津贴，想以这种阔举改变他在人们心目中贪婪、无情的高利贷者形象。

然而，仅靠金钱的力量还是无法成为罗马最有权势的人物。这是个军事统帅的时代，显赫的军功、士兵的拥戴和忠诚才是一个人成功的决定性因素。庞培和克拉苏都明白这一点，因而都在等待机会，率兵出征。

机会来了，机会落在了庞培头上。他奉命率兵出征，歼灭地中海十分猖獗的海盗。

自从上一世纪罗马削弱了罗德岛和它防卫海上航行安全的力量后，罗马又疏忽于对航海的保护，海盗一直在地中海肆无忌惮地横行。他们的活动在某种程度上还得到了从贩卖奴隶中得利的罗马人的默许。后来海盗闹得大了，罗马政府虽欲禁止，却已无能为力。海盗甚至来到台伯河口烧杀抢掠，在距罗马仅四五公里的大道上绑架罗马官员。在海上拦截从埃及和非洲给罗马运送粮食的船只，严重地威胁了罗马的粮食供应。海盗横行成了罗马人民的心头大患。公元前67年，一位保民官没和元老院商量就向公民大会提出了一项法案，授权庞培离岸90公里以外的地中海最高指挥权，负责查禁海盗，给他配备12万名步兵、4000名骑兵和270艘战船，并授权他在需要时任意扩充军队。在罗马历史上还从来没有哪一个统帅获得如此大的军事、行政权力。

平民大会通过的法案规定庞培肃清海盗的期限是3年。庞培采取分兵包抄的方式，以闪电般的行动，打了海盗一个措手不及，只用了40天，就扫清了西地中海的海盗，然后转战爱琴海，仅用7周时间就消灭了西里西亚海的海盗。前后只用了3个月，庞培就出色地完成了平定海盗的任务，消灭了一万多名海盗，缴获了900艘海盗船只，摧毁了120座海盗要塞和据点，将横行一时的地中海海盗一扫而空，将地中海重新控制在罗马手中。

如此迅速和彻底地扫清海盗，显示了庞培杰出的军事指挥才能，使庞培声望大增。另一位保民官这时又向公民大会提出一项授权庞培以统帅身份处理近东事务，终止与本都国国王米特拉达特斯六世战争的提案。元老院虽不愿意，提案仍然通过了。元老院已没什么威信了，它已无法控制公民大会。

米特拉达特斯六世曾在公元前85年和苏拉签订和约，但过后不久就把和约置于脑后，赶走苏拉留下的官员，独行其是。公元前74年，罗马决定吞并与本都毗邻的比提尼亚时，米特拉达特斯六世抢在罗马人前面进入这个国家，并留下本都军队在这里驻守。两国战争又起，罗马派鲁库鲁斯负责指挥这场战事。鲁库鲁斯也曾是苏拉的部将，是位才能出众的将军，从公元前74年打到公元前70年，鲁库鲁斯战绩辉煌，把米特拉达特斯六世赶出了比提尼亚，继而追击到本都，并把他逐出本都，迫使他逃亡到东邻盟国亚美尼亚。鲁库鲁斯紧追不舍，占领了亚美尼亚首都，但在最后胜利在即之际，他的部队却拒绝继续作战。原因是多方面的：一是士兵无法忍受这里的气候条件；二是鲁库鲁斯整顿亚细亚财政触犯了骑士的利益，他们在军中煽动不满情绪；三是鲁库鲁斯的贵族式作风使他和士兵中间形成了无法消解的隔阂。由于士兵不肯作战，鲁库鲁斯只得回师，米特拉达特斯六世不久便卷土重来，战争就这样拖延下来。庞培就是在这种情况下来接管鲁库鲁斯的指挥权的。

庞培接管指挥权后，立即率兵围攻本都，米特拉达特斯六世率兵突围。庞培率兵猛追。在幼发拉底河上游，庞培追上并击溃了米特拉达特斯六世的军队。米特拉达特斯六世只率领 800 名骑兵逃出，奔向西密利亚人的博斯普鲁斯（克里米亚）。公元前 63 年，米特拉达特斯六世在这里服毒自杀。他与罗马人断断续续打了 1/4 世纪的战争终于结束了。这场米特拉达特斯战争对罗马的影响是巨大的，不只是因为这是一场旷日持久的消耗巨大的战争，而且因为这场战争使罗马不得不在这里维持一个常设的统帅部，使罗马不得不长期陷入东方事务。这既削弱了或转移了罗马对其他地方事务的注意力，东方的财富和东方的巨大权力，又使一些罗马的东方统帅成为左右罗马政局的人物。

战争结束后，庞培把比提尼亚和本都合并为一个单一的行省，废掉了塞琉古的最后一位君主，接管了叙利亚和其首都安蒂奥克城，并变其为罗马的又一行省。庞培还占领了犹太人的圣地耶路撒冷，在这里扶植了一个新的国王。他把小亚细亚尚存的国家一律变成了罗马的被保护国。这是罗马人的一贯做法，把庇护制扩大到国与国的关系中。被保护国君主有为罗马保护边境和收集情报的义务，而罗马则放手让他们处理国内事务，并保护其王位不被颠覆。

庞培就这样在东方直接兼并了一些地方，建立了几个新的行省，并用庇护者的身份使另一些国家处在罗马的控制下，庞培本人成为东方一些王国的"王中之王"。他的威望达到了顶峰，成了罗马最有权势者，成了"伟大的庞培"。

2. 雄辩奇才:"国父"西塞罗

在庞培声望和权势都如日中天的同时,罗马出现了一股对庞培心存疑忌的不安气氛,害怕苏拉独裁的一幕会重演。克拉苏利用这种气氛,用他的钱财支持那些穷困潦倒而又不甘寂寞,总想制造事端的知名人物,来增加个人影响力。卡提林纳就是得到克拉苏支持的这样一个人物。

卡提林纳是个破落贵族,是个曾被指控犯有贪污罪而被判刑的监外犯人,他竞选公元前65年执政官的候选人资格也因此被取消了。随后,他又参加竞选公元前64年的执政官,因有人控告他和同伙密谋杀害那些有把握当选的竞选者,又被取消了参选资格,但允许他竞选下一年度,也就是公元前63年的执政官。不过,一身是债的卡提林纳如果没有有钱人的支持,是无法竞选执政官的。卡提林纳这样声名不佳的人,只有靠行贿才有可能当选。没钱如何行贿?克拉苏为了和庞培抗衡,有意扶助卡提林纳,在经济上给了他巨大帮助。在克拉苏的支持下,卡提林纳虽有钱行贿,但他过去的阴谋活动和不佳名声仍使人害怕,担心他当选后会给罗马带来灾难,因此,他又落选了。

当选公元前63年执政官的是马尔库斯·图利乌斯·西塞罗(公元前106—前43年)。西塞罗和马略是同乡,是个出生于外乡的"新人",他的先人中也没有当过执政官的。这样的"新人"要当选执政官是极其困难的。他的同乡马略当年当选执政官靠的是显赫的军功。西塞罗是文人,没什么军功,他之所以当选,一是因为他是当时无与伦比的雄辩家。雄辩术是罗马政治家必具的才能。他的雄辩才能得到许多罗马知名人物包括庞培的赞赏;二是他的竞争对手卡提林纳声名太坏。人们宁愿选择他这个"新人"而不要虽为贵族却可能给社会安定造成损害的卡提林纳。

西塞罗虽和马略一样都是"新人"，但他和马略不同，马略是职业军人出身，文化程度不高，西塞罗却受过良好的教育，文化素养很高，是个哲学家和文学家。他受希腊历史学家波里比阿的影响很大。波里比阿认为罗马的贵族共和政体结合了各政体的优点，可以照顾各阶层的要求，保证国家的稳定和社会生活的安定，是最理想的国家制度。西塞罗后来成为共和制的维护者，成为贵族的代言人，显然是和波里比阿学说的影响分不开的。

卡提林纳落选后仍不死心，他决心再竞选公元前 62 年的执政官。为了争取破产贵族、老兵和城市贫民的支持，也就是为了把一切不满

读书的小西塞罗

的人都争取到自己一边，他提出了一个要彻底进行土地分配和普遍取消债务的近似革命的纲领。这个纲领使元老院贵族、骑士，甚至克拉苏都大为恐慌。执政官西塞罗认为废除债务和破坏私人财产一样的罪恶。结果，由于遭到大多数人的反对，卡提林纳又一次失败了。这次失败，使他对采用合法手段取得高位完全丧失了信心，他决心用非法的暴力来谋取合法手段未能取得的权力。他密谋策划在公元前63年10月发动政变。10月27日，由一支驻在伊特拉里亚的支持他的由原苏拉下级军官曼利乌斯指挥的军队进攻罗马城，他则在城内接应，第二天在城内放火，杀死全部元老。但这个计划泄露了。西塞罗买通了参与密谋者的一个情妇，从而悉知了卡提林纳计划的全部内容，后来又从来访的高卢使者那里获得了计划的文本。西塞罗立即下令逮捕了还在城中的主要阴谋者中的5人，其中有两个大法官。卡提林纳因已离开罗马去招募军队而逃脱了这次逮捕。在元老院的赞同下，5个被逮捕者被处死了。

然而，元老院在决定判处5人死刑时，后来在罗马举足轻重的尤利乌斯·恺撒（公元前100—前44年）持反对意见。盖乌斯·尤利乌斯·恺撒出身名门望族，并通过婚姻纽带与马略和秦纳联结在一起。这一年，他花了许多钱谋得了一个大祭司的职务，年末，他将就任大法官。他的意见虽没获得通过，却获得了一些人的赞同，并为他赢得了仁慈宽厚的美名。

得知在罗马的朋友被镇压，卡提林纳知道进攻罗马已毫无希望，便想率领他招募的军队逃出意大利，等待机会，但在亚平宁山南麓被罗马政府军赶上并被打垮了，卡提林纳和一些与他合谋的贵族也都战死了。

西塞罗由于镇压了卡提林纳政变，挽救了共和国，声望日隆，被尊为国父。

西塞罗的成功和他同时代的其他人的成功都不同，其他人或者靠军功，或者靠贵族出身，西塞罗出身骑士，又没立下什么显赫的军功，他所依靠的是他无与伦比的雄辩才能和他维护共和制的坚强信心。他的雄辩征服了元老院、公民大会和法庭上的听众。他留下的演讲词为后来欧洲的散文奠定了基础，在这个将军的时代，武力决定一切的时代，西塞罗获得如此高的声望，虽带有一定的偶然性，却无疑是个奇迹，是共和制的最后闪光。

3. 三头同盟：共和制的终结

不过，西塞罗的政治才能和他的雄辩，最终还是无法和手执武器的军人对抗，他所追求的各阶层的和谐一致也是一种不能实现的空想。他所极力维护的元老院权力也早已"黄鹤一去不复返"了，纵有回天之力，也无法再现元老院往昔的威风了。

公元前62年，庞培满载战利品从东方返回罗马，立即和元老院发生了冲突。庞培回罗马后，并没张扬，保持一种低调。他没拥兵自重反而放弃了军队指挥权，但庞培的低调并没打消元老院对他的猜疑。元老院不满他在东方擅自将行省的包税权给了骑士，也担心他利用自己的影响力实行独裁，迟迟不为他举行凯旋式的奖励。西塞罗甚至有点愚蠢地重申自己拯救祖国的功勋来降低庞培在东方的成功意义。这伤害了庞培的自尊心。庞培要求元老院批准他在东方所采取的一切措施和给他的老兵分配土地，也遭到元老院的断然拒绝。元老院的这种短视行为，说明元老院已没有审时度势的能力，这加深了元老院与庞培的矛盾，而这种矛盾和冲突只会加速共和制的垮台。

　　元老院随后又得罪了另一个举足轻重的人物——克拉苏。克拉苏原本对庞培心怀妒忌，十分不满。元老院拒绝庞培的要求时，克拉苏本想和元老院站在一起，可是狂傲自大的元老们却断然拒绝了与克拉苏的合作。公元前 61 年年末，当克拉苏支持一群收税者提出的在他们承包的亚细亚税收购买价格打折扣时，元老院否决了这一提案。这一提案的被否决也说明骑士和元老的矛盾是无法调和的，西塞罗的和谐一致只是空想。打击骑士就是打击克拉苏，元老院自己把与克拉苏合作的可能葬送了。

　　不久，恺撒也被元老院得罪了。公元前 62 年，恺撒出任西班牙行省总督。他在任期内，政绩颇丰，并在很短时间内组织起一支军队，征服了西班牙的一些独立部落，扩大了统治地域。战争的胜利，使他的部下都发了财，士兵们尊称他为“胜利统帅”。公元前 60 年，他载誉回到罗马。按照惯例，他可以得到举行凯旋式的奖励。这是恺撒梦寐以求的。然而，这时正逢罗马选举下一年度的执政官，恺撒赶在这时回罗马就是想充当执政官的候选人。法律规定，得胜的将军在凯旋式举行之前，不能进入罗马城，而参加竞选执政官的人又必须本人在城内，否则就不能充当候选人。这使恺撒处于两难境地。凯旋式和执政官两者都是恺撒迫切想得到的，都舍不得放弃。他向元老院请求由他的代理人而不是他本人参加执政官竞选，他自己则在举行凯旋式时进城，却遭到了元老院的断然拒绝。恺撒当机立断，决定放弃凯旋式，放弃这来之不易的荣誉，入城竞选执政官。可是，元老院又作了一项不利于恺撒的决定。按照惯例，执政官卸任后，都将外放任行省总督，而且所有地方的总督都是在他当选时或当选前定下来的。这时，元老院却决定，让公元前59年执政官卸任后去管理意大利的森林和牧地，而不是去管理一般的行省。这是一个反常的有意让公元前59年执政官管理一个不重要地区的决定。对于即将当选这一年度执政官的恺撒来说，这是一种对他的公然蔑视和侮辱。

元老院就这样把当时罗马最有权势的三个人：庞培、克拉苏和恺撒，都推到自己的对立面去了。这是个致命的错误，元老院的盲目自大已使它不能团结应当团结的人了，元老贵族已失去了管理国家的能力，更不要说保持各阶层的和谐一致了。元老院拒绝三人的要求也说明，元老院不能容忍有高于元老院的个人权威，而这种权威的出现却是时代的要求，元老院的顽固态度只会加速这种权威的到来，实际上，它早就出现了。

庞培、克拉苏和恺撒三个受到元老院蔑视侮辱或不友好对待的权势人物，自然而然地联起手来对付元老院。庞培立誓全力支持恺撒竞选执政官，恺撒保证，只要他当上执政官，就立即满足庞培的两个要求。克拉苏支持庞培和恺撒的合作。公元前60年，三人结成了一个秘密的同盟。同盟虽是非正式的，却是强有力的。三人协议互相支持彼此的事业，合伙维护和经管他们的利益。历史学家称这个结盟为"三人同盟"，中文译为"三头同盟"。恺撒曾要求西塞罗参加他们的同盟。西塞罗拒绝了，因为三人结盟和他一贯鼓吹的各阶层之间的和谐一致是矛盾的。

一些历史学家把三头结盟看成是罗马共和国的终结，或者说，是终结的开始。也有人不同意这种观点。三头同盟控制不是绝对的，三人结盟时，三人中没有一个是罗马的最高行政长官，他们既没有控制罗马的力量，也没有要把整个罗马事务都置于三人控制之下的目的。

庞培放弃兵权就说明他并不想步苏拉后尘去当独裁者。恺撒还只是罗马舞台上刚刚升起的一颗新星，更没有控制罗马的影响力。同时，三人结盟后传统的政治活动仍在继续。三人结盟做的第一件事是保证恺撒当选执政官，这也是传统的政治活动。不过，三人结盟表明元老院已失去了其原有的居于权力中心的位置了，随着时间的推移，权力逐渐集中到庞培、克拉苏和恺撒之手，重大事务不是由元老院讨论决定，而是由三人协商决定了。可以说，三人结盟是共和制向帝制过渡的中间环节，元老院等共和制机构在三人结盟中逐渐失去作用，帝制在这种结盟中逐渐形成。

三人结盟第一个成果就是恺撒成功地当选为公元前59年的执政官。不过，元老院虽没阻挡住恺撒当选，却成功地把一个非常保守的人物比布鲁斯也选为执政官，以便牵制恺撒的行动。

但是，比布鲁斯在才能和威望上都无法与恺撒相比，他没能限制恺撒的行动。表面上，恺撒表示要和比布鲁斯同舟共济，共同行使执政官权力，实际上，他并没把比布鲁斯放在眼里。他决定撇开比布鲁斯实施三人结盟的原定计划。他一就任立即提出了一项满足庞培老兵要求的土地法案。法案规定，给2万名公民分配土地，这2万公民中大多数是庞培的老兵，其中还包括有3个以上子女的贫穷公民。这项法案遭到许多元老的激烈反对，比布鲁斯借口有不吉利的征兆，不让召开公民大会来讨论和表决恺撒的提案。恺撒置之不理，强行召开公民大会，大批庞培的老兵和有3个以上子女的贫民身怀短剑来参加并控制了大会。元老们的反对在这些身怀武器的公民面前显得苍白无力，毫无作用。执政官比布鲁斯的束棒权标和职位标志被毁坏，站在他周围的一些保民官被殴打，一个叫加图的元老想在会上发表反对提案的演讲，被撵出了会场。恺撒的土地法案就这样通过了。平民宣誓永远遵守这些法律，恺撒要求元老也宣誓遵守。许多元老拒绝宣誓，这时，恺撒显示了他政治家的强硬作风，他提议，公民大会通过的法案，拒绝服从者，处以死刑。元老们害怕了，不得不宣誓服从。有个叫维提阿斯的人拿着短剑跑进广场大声呐喊，说比布鲁斯、西塞罗和加图派他来刺杀恺撒和庞培。恺撒利用这一事件，煽起群众的反比布鲁斯情绪，比布鲁斯吓破了胆，不敢离开自己的屋子一步，从而完全停止了一切公务活动。这样，名义上有两个执政官，实际上是恺撒一人总揽一切事务。

恺撒随后又提出一些新的法案，一是批准了庞培在东方的所有决定，二是免除了包税人的 1/3 欠款。这两项提案不仅使庞培和克拉苏高兴，实现了对庞培和克拉苏的承诺，也使骑士阶层对恺撒感恩戴德。

恺撒还作了个决定：元老院和公民大会的决定必须公之于众。这可能是历史上最早的官方报纸。恺撒是想用这种方式来影响社会舆论和限制反对他们的种种阴谋。

恺撒的一年执政官任期很快就要结束了，他达到了目的，极大地提高了自己在平民和骑士中的威信，也实现了对庞培和克拉苏的承诺，现在该由他的两个同伙帮助他安排好卸任后的工作了。

恺撒对他卸任后的工作安排是深思熟虑的，他清楚地知道，罗马已是军事统帅的天下，只有得到重要的军职，才能呼风唤雨，才能施展自己的才能，执政官卸任后，必须选一个有发展前途的可以统率一支大军的行省当总督，而不能按照元老院给他的安排去管理什么"意大利的森林和牧地"。

恺撒看中了高卢，这里虽然没有东方那样多的财富，却提供了远比东方行省更多更大的发展机会。恺撒借助他的拥护者保民官提尼多斯，通过公民大会作出了他卸任后出任高卢总督、任期5年的决定。同时，为了强化和庞培的关系，以免他不在罗马时，免遭他人的陷害，恺撒不惜将自己的女儿嫁给了比自己还大五六岁的庞培。他还帮助他的两个朋友当选下一年度的执政官，并娶了其中一个执政官的女儿为妻。恺撒的反对者加图对恺撒的这些举措攻击说："帝国变成了一个单纯的婚姻介绍所了。"

恺撒还扶持普布利乌斯·克劳狄乌斯当选公元前58年的保民官。克劳狄乌斯是罗马有名的浪荡公子，寻花问柳，经常制造一些情场丑闻。他曾勾引恺撒的第二个妻子和他私通，被当众揭露，恺撒佯装不知，只和妻子离婚了事。只有恺撒这样的政治家和野心家，才有这样的气度对待一个和自己妻子通奸的人，才能和这样的人结盟，并让他在罗马作为自己的利益代表者。在作了这样精心的安排后，公元前58年，恺撒毫无后顾之忧地去就任高卢总督新职了。

4. 高卢战记：恺撒的小王国

高卢人也就是凯尔特人，原来住在欧洲中部，后来沿莱茵河向西迁移，定居今天的法国、比利时、部分荷兰和大部分瑞士等地，以后又有一支渡海到不列颠，一支越过比利牛斯山进入西班牙，一支越过阿尔卑斯山进入波河流域。罗马人只占有波河流域和今天法国南部沿海的一个狭长地带。波河流域为罗马的山南高卢行省。法国南部，罗马称其为纳尔邦高卢。恺撒看上了高卢总督这一职位，当然不只是看上了罗马已占领的高卢地区，而是看上了罗马人尚未占领的山南高卢行省以北的广袤地区。这里土地肥沃，物产丰富，农牧业发达，盛产铁、铜、金等。这广大的地区被罗马人称为"蓬发高卢"。恺撒把征服这些地区看作他施展军事才华、建功立业的天赐之地，这显示了恺撒杰出的战略眼光。罗马在征服地中海后，扩张和发展的重点就应转向北方，转向蓬发高卢。

恺撒就任高卢总督时，蓬发高卢地区正处于大动乱之中，居住在这里的凯尔特人，还处于社会发展的初期——氏族部落阶段。各部落之间，矛盾重重，互相争雄，冲突、战争不断。这里既没有像亚洲本都那样的国家，部落之间的矛盾和冲突又为恺撒插手他们的内部纷争进而进兵征服这些地区提供了良好的机会和借口。恺撒上任高卢总督带有三个军团，又在纳尔邦高卢招募了一个军团。这四个军团就是他开始征服高卢的基本部队。在征服高卢的过程中，恺撒显示出，他不仅是个杰出的天才统帅，也是个善于审时度势、抓住机会的杰出政治家，他征服高卢不是采取单纯的军事手段，而是采取分化瓦解和武力征服相结合的手段。

公元前 58 年，居住在今瑞士境内的凯尔特人的一支赫尔维提亚人向西迁徙，企图穿越整个高卢地区到大西洋沿岸。高卢中部的爱杜伊人面对蜂拥而来的赫尔维提亚人不知所措，便向罗马求援。恺撒乘机率军急速开赴山北高卢地区，在毕布拉克德附近击败了赫尔维提亚人，迫使他们放下武器，返回原住地。接着恺撒又以高卢人"同盟和友邦"的名义击败了侵入高卢地区的一支由奥维斯都斯率领的日耳曼人队伍。日耳曼人全军溃逃，奥维斯都斯仅以身免，他的妻子和儿女不是被杀就是被俘。这次胜利，打开了征服莱茵河西岸乃至全部高卢地区的通道，阻止了日耳曼人对高卢的入侵。

公元前 57 年冬，恺撒的军队驻扎在高卢的冬令营过冬。原是和凯尔特人通婚的日耳曼人，居住在塞纳河北边人数众多又好战的比尔及人，开始时对赫尔维提亚人和奥维斯都斯被恺撒击溃还抱幸灾乐祸的态度，但随后又害怕起来，害怕恺撒征服高卢后会去征服他们，因此，转而反对恺撒的军队在高卢驻扎和过冬。他们聚集军队，准备把恺撒的军队赶到阿尔卑斯山南边去。这时，恺撒在山南高卢地区又组织了两个新的军团，他的军团总数增加到八个。他没有被动地在原地等待比尔及人来攻击，而是先发制人，率军主动向比尔及军队进攻。比尔及联军人数虽多，却有一个致命的缺陷，就是没有储运给养的能力，大军后备供应严重不足，只得分成小股部队去寻找粮食。这给恺撒提供了各个击破的机会。比尔及人的联合军队就这样被恺撒瓦解了，只有其中最强悍的纳尔维人部落，仍维持一支作战军队。公元前

高卢战争

57 年，在桑布尔河附近，恺撒经过一场激烈的冒险战斗，歼灭了他们。比尔及部落最后几乎被消灭殆尽，600 个长老只剩下 3 个，能持武器的 6 万名男子幸存者只有 500 人。

仅仅经过两个季度的军事行动，恺撒就几乎征服了整个高卢，使高卢人失去了继续抵抗的能力。

恺撒征服高卢对于恺撒本人和罗马国家都是极其重要的。高卢对罗马的意义在后来甚至超过了小亚细亚，成为罗马最重要的几个行省。可以说，没有高卢就没有后来的罗马帝国。高卢对于恺撒来说，更为重要，有了高卢的胜利，他才有了一支训练有素的忠于他个人的庞大军队，他才有了取之不尽的钱财，他才有力量与庞培相抗衡，他才可能登上独裁者的权力巅峰。

恺撒在高卢的胜利，引起了罗马的巨大反响。他的三人联盟同伙庞培提议为恺撒的胜利举行空前持久的感谢活动。西塞罗也赞同庞培的建议。西塞罗曾遭到恺撒派的沉重打击，对三人同盟也非常不满，他之所以违心地赞同庞培的提议，是出于对庞培的感激之情。在恺撒离开罗马去高卢之后，西塞罗因在任执政官期间处死了参与卡提林纳阴谋的 5 个知名人物，而被恺撒的代理人、保民官克劳狄乌斯于公元前 58 年放逐出罗马，财产被充公。靠着庞培的帮助，西塞罗才在公元前 57 年得以返回罗马，财产也得以归还。而庞培之所以要把西塞罗召回，是因为他和克劳狄乌斯以及克拉苏之间出现了矛盾和疑忌。庞培反对克劳狄乌斯在罗马城对罗马公民实行完全免费的无限制的粮食配给制，庞培还怀疑克劳狄乌斯得到克拉苏的暗中支持。因此，庞培急切地想寻找帮手，而西塞罗由于其威望正是一个很好的结交对象。西塞罗被召回说明庞培正在向贵族元老派靠拢，三人联盟有破裂的危险，而作为一个坚定的共和制维护者的西塞罗更希望三人联盟瓦解。

然而，三人虽面和心不和，互相之间多有钩心斗角之举，却谁都不愿三人同盟破裂。三人谁都没有压倒对方的力量。恺撒、庞培和克拉苏出于维护自己利益的需要，都还要继续把联盟维持下去。公元前56年春，三人在意大利北部的路卡城进行了会谈，参加会谈的还有两百多位元老贵族。会谈最后达成了一项协议：庞培与克拉苏任公元前55年的执政官，卸任后，庞培出任西班牙行省总督，克拉苏出任叙利亚行省总督，任期5年，恺撒的高卢总督任期延长5年。庞培还被允许在任西班牙总督期间留在罗马而由他的下属处理行省事务。路卡会议好像是个分赃会议，三人都得到了自己想得到的东西，矛盾暂时缓和了。路卡会议也说明，罗马实际上已控制在联盟的三人手中。罗马的政治事务不是在罗马由元老院或公民大会决定，而是由三人在一个远离罗马城市的会谈决定，这在罗马历史上也是第一次出现。路卡会议还显示了军队在罗马政治生活中的重要性，三人都力图在不当执政官时，手中有一支军队。

路卡会谈给了恺撒经营高卢的充裕时间，使他可以进一步扩大在山外高卢的侵略活动。公元前56年冬，恺撒和越过莱茵河的日耳曼人诸部落大战。在日耳曼人因和他谈判而放松戒备之时，恺撒突然发动进攻，打了日耳曼人个措手不及，取得了重大胜利。为了更顺利地越过莱茵河入侵日耳曼地区，他让部下10天内在莱茵河上架起一座桥面宽约10米的可通过千军万马的大桥，然后率军通过这座桥进入日耳曼人居住区。这一行动表明，在恺撒的心里，罗马的边境是无界限的，只要力量达得到，可以任意把边界向外延伸。

除侵入日耳曼人的地区外，恺撒还在公元前55年和公元前54年两次侵入不列颠。两次入侵都因风暴和不列颠人的反抗而没取得多少实质性的成功。只在不列颠停留了很短时间，恺撒就率军渡海返回高卢了。但恺撒却利用他对不列颠的入侵，以及不列颠的卡西维隆弩斯国王的投降和送交人质，大肆宣扬他如何使不列颠这样一些遥远的外国民族臣服罗马。实际上，他企图把不列颠变成罗马保护国或半保护国的目的并没达到。

恺撒入侵不列颠不成功，便又掉过头全力经营高卢。除采用军事手段外，恺撒还用许愿、结盟等方法笼络、分化瓦解、征服和统治高卢诸部落，到公元前53年，恺撒已占领了高卢大部分地区。恺撒在各重镇和交通要冲驻扎军队，建立冬令营，并要求各部落或各邦提供人质、纳贡、听从军事调度和服从罗马统治。但高卢人并不甘心臣服罗马，罗马人的勒索和掠夺更激起高卢人的强烈不满。公元前52年，几起席卷全高卢的反罗马占领者起义爆发了，给罗马人的统治造成了很大的困难和打击，但几经反复，起义持续了一年，最终还是被恺撒统率下的十几个罗马军团镇压了。恺撒镇压起义的成功，又一次显示了他杰出的指挥才能，多谋善断，机智灵活，同时也显示，恺撒统率的这支经他多年培养和训练的军队，不仅绝对服从他，忠诚于他，成了他的私人军队，也具有较强的战斗力。当然，恺撒成功的另一重要原因是高卢各部落矛盾重重，互不团结，这使他们无法采取统一行动，利于恺撒分化瓦解。实际上，恺撒的每一个军事行动，都有高卢人与之配合。

恺撒在征服高卢时，繁忙之余，写了一本战地日记，后来以《高卢战记》之名公布于世。这本书显露了恺撒的文学才华，叙事手法朴实而又优雅，连他的政敌西塞罗都赞《高卢战记》文笔朴实、直率和雅致。这本书是拉丁语中最伟大的著作之一。当然，恺撒的目的是让罗马人民了解他对这一广阔地区的征服和他为这一征服所做的工作。

恺撒在短短的几年时间里征服了面积比意大利半岛还大，人口也与罗马不相上下的高卢地区，为他赢得了巨大声誉，其威望已有压倒庞培之势。征服高卢是罗马对外扩张的巨大收获，它不仅对恺撒本人，就是对罗马也有无法估量的意义，恺撒帝国就是在征服高卢的基础上发展起来的。

5. 克拉苏之死：同盟瓦解

然而，恺撒在高卢的辉煌成功，却促使三人联盟走向终结。克拉苏和庞培都对恺撒心怀嫉妒。三人中，克拉苏除以财富首屈一指而闻名外，政绩和军功都无法与恺撒和庞培相提并论，因此，他渴望通过对帕提亚的战争来取得荣誉和聚敛更多的财富。

公元前54年，在恺撒征战高卢的同时，克拉苏也率军渡过了幼发拉底河，顺利地占领了美索不达米亚。但到了公元前53年，克拉苏的情况变得不妙了。克拉苏的对手不同于恺撒的对手，克拉苏也不是恺撒，他没有恺撒那样的军事才能，也没有恺撒那样灵活地分化瓦解敌人的政治手腕，克拉苏最擅长的可能还是聚敛搜刮钱财。

尽管罗马大将鲁库鲁斯和庞培都先后在这里取得了巨大的荣誉，但谁也没能使罗马的边境越过两河流域。当克拉苏回叙利亚过了冬，又集结军队准备侵入帕提亚王国时，帕提亚国王赫罗德斯派使臣劝他不要轻举妄动。克拉苏目空一切地说，他将在塞列乌凯亚回答赫罗德斯。一位帕提亚使臣闻言大笑，指着自己的掌心说："啊，克拉苏，你要是能看到塞列乌凯亚，头发就会从这里长出来。"

帕提亚人就是中国史书上的安息人，是混有雅利安血统的蒙古人。他们并没有侵犯罗马的利益，克拉苏出征帕提亚不仅毫无把握，而且师出无名，甚至罗马的保民官都反对这场战争。当然，对于要建立世界帝国的罗马人来说，师出有名无名都一样，罗马人的许多对外战争都是师出无名的，但都先后获得了胜利，不过这一次克拉苏的出征却没那么幸运，它给克拉苏和他所率领的罗马军队带来了灭顶之灾。

公元前53年，克拉苏不顾一切后果，率领7个军团包括8000名骑兵的共约5万大军再次渡过幼发拉底河，直扑塞列乌凯亚。帕提亚人采用诱敌深入的办法，将狂妄自大的克拉苏引入一望无垠的荒原。

帕提亚骑兵

这里既无树，又无水。炎热、干渴、饥饿、疲劳消耗掉了罗马军队的斗志。帕提亚人的骑兵避开罗马军团的正面冲击，不断围绕着罗马军队驰骋，熟练地用弓箭射击他们。罗马人伤亡惨重，边战边逃，却始终无法逃出帕提亚人的围攻。

克拉苏无路可逃，只好去找帕提亚人的统帅谈判，而帕提亚人一见到他便一拥而上把他杀了。克拉苏率领的罗马军团共有2万人被杀，1万人当了俘虏，被带到伊朗当了奴隶。可能是为了讽刺克拉苏爱财如命、重利盘剥，有一则故事说他被帕提亚人活捉，并被用熔化的金汁灌进喉咙而死。克拉苏的部下有6000人突围而出，但不知所终，神秘地消失了，成了一个令人困惑的历史之谜。最近，中国历史学家考证，这些突围而出的罗马人，后来辗转进入了中国，并在中国甘肃永昌定居下来。这里至今还有着鲜明的古罗马风格的古城遗址，甚至还有身材和体貌都类似白种人的居民，他们可能是罗马人的后裔。但也有人不同意这种观点。事实如何，可能还要进一步考察研究。

克拉苏在帕提亚的失败和死亡，使罗马势力在东方的扩张，在两河流域止步了，同时，也使三人结盟结束了。庞培的妻子、恺撒的女儿朱莉亚也在公元前54年去世了，连接恺撒和庞培的婚姻纽带断了，两人的关系疏远了。公元前52年，恺撒的一个在罗马的同盟者被人暗杀，罗马又一次陷入暴力冲突中。为了稳定局势，庞培被委任为唯一执政官，其实是让他以执政官之名，行独裁官之实，但独裁的权力和范围要比独裁官大得多。庞培是罗马历史上第一个任这样的唯一执政官的。他还掌管着两个最大的行省，拥有一支军队和国库。不过，庞培虽在罗马城拥有专制权，却似乎并不想结束共和制，实行独裁统治，或者说，庞培的力量还没强大到可以在罗马独行其是的地步。拥有重兵、掌管着广阔高卢地区的恺撒就是他实行独裁不可逾越的障碍和竞争对手。

恺撒想和庞培重续旧好，为了弥补因朱莉亚去世而中断了的两人之间的姻亲纽带，他向庞培提议另娶一个恺撒家族的女子为妻，但遭到庞培的拒绝。庞培做了一个使他和恺撒的关系彻底破裂的决定，娶了大贵族梅特卢斯·斯奇比奥之女科尔涅莉亚为妻，并在独任执政官的数月后，选拔梅特卢斯为他的执政官同僚。庞培的这一决定，说明他已决心和恺撒分道扬镳，转而和元老派结盟了。庞培态度的转变有一个过程，早在他召回西塞罗时就已有向元老贵族派靠拢的倾向，当然，这中间也有出于对恺撒的妒忌和恐惧。表面上，这时庞培好像仍在为恺撒说话，实际上，他已经把恺撒作为主要的竞争对手了。三人结盟转为恺撒和庞培两人的对抗了。一个新的时代——恺撒时代即将在这种对抗中产生。

九、恺撒的统治

1. 终极 PK：恺撒与庞培

公元前52年，庞培任单一执政官时提出了一项反贪污法案，规定任何人都可以对公元前70—前52年间的官吏提出指控。这项法案应当说主要是针对罗马泛滥成灾的贪污受贿行为，而不完全是针对恺撒的，但恺撒的一些朋友却认为庞培这一法案是有意要谴责和侮辱恺撒，因为恺撒在这一期间做过执政官，是可能被指控的对象。他们劝说庞培不要去追究过去的事，因为这样做可能会引起许多显要人物的不安，譬如恺撒等。庞培一听人们提到恺撒，就显出非常生气的样子说，恺撒没什么可怀疑的，他自己这期间也当过执政官，之所以要追溯这样长的时间是为了根除共和国的弊害。庞培的话也许是真诚的，但共和制的弊端已积重难返，庞培的法案不仅没能根除弊害，反而使他和恺撒的矛盾加剧了。

庞培的法案通过后，许多显要人物受到控诉，并被判有罪，有的被放逐，有的被处以罚金。元老院极力恭维庞培的这些举措，把他奉为保护者。庞培在任期内，对元老十分尊重，没有侮慢任何元老，这和恺撒任执政官时，任何事情都不和元老商议形成鲜明的对照。

被庞培放逐的人都来投靠恺撒。这样，罗马政坛就形成了两个互相对立的集团，一个以庞培为首，大多数元老都站在他这一边，掌握中央政权，一个以恺撒为核心，高卢成了他们的基地，骑士、平民大都支持恺撒。两人都统率着一支训练有素的久经沙场的军队。恺撒要和庞培对抗，必须在高卢总督任期满后，仍然担任一个重要官职，最好是继续留任高卢总督，然后再任执政官。没有官职，对于恺撒来说是危险的，因为如果他没职没权，就有可能遭到告发，受到控诉。按惯例，恺撒可以第二次任执政官的年代是公元前48年，因此，他要求把他的高卢总督任期延续到公元前48年。

然而，恺撒的要求被敌视他的元老院拒绝了。公元前50年3月，元老院甚至要任命一个新的高卢行省总督来取代恺撒。庞培则装出一副公平和善意的样子反对这样做，理由是恺撒的任期未满，不能剥夺他的统兵权，这时委派一个新的高卢行省总督去取代他，是对恺撒这样一个对国家有极大贡献的著名人物的侮辱。但庞培又明白表示，恺撒任期一满，必须交出兵权。元老院的意见自然遭到恺撒在罗马的支持者保民官的反对，他们提出，如果恺撒辞去他的高卢总督职务，庞培也应辞去他遥领的西班牙总督职务。双方争执不下。这时，传来一个令元老院大为惊慌的消息，说恺撒已率兵越过阿尔卑斯山向罗马前进。庞培的支持者、当年的执政官要求庞培出任共和国军队的统帅，统率所有的军队去对付恺撒。庞培表示，如果没有更好的办法，他接受执政官的这一委任。支持恺撒的保民官库里奥等在罗马已无能为力，急忙离开罗马，逃往恺撒那里。

恺撒在得知他延长高卢行省总督任期的要求遭到拒绝后，立即率领5000名步兵和300名骑兵越过阿尔卑斯山来到山南高卢的拉文纳，这是他治下最南端的城市。他在这里迎接逃出罗马的保民官库里奥，感谢库里奥为他所作的努力。库里奥建议恺撒把全部军队集中起来，

进军罗马。恺撒决定先礼后兵，他指示他的朋友代表他提出议和条件：他放弃他所有的行省和军队，只保留两个军团和伊利里亚以及山南高卢，直到他当选执政官。恺撒的议和条件被执政官坚决拒绝了。恺撒又写了一封信，让库里奥送给元老院。信中表示，他愿意和庞培同时放弃兵权，但是，如果庞培保留兵权，他也决不会放弃自己的兵权，而且会很快去罗马，替他的国家和他自己所受的伤害复仇。这封颇有最后通牒味道的信在元老院一宣读，立即招来一片反

恺撒头像

对的叫喊声，认为这是恺撒的宣战书，要求立即派人去接替恺撒的高卢总督职务。可是，在一片反对声中，继库里奥为保民官的安东尼和卡西约却表示赞同恺撒信中的意见。元老院的元老们更为愤怒，他们通过了紧急法令，宣布庞培的军队为罗马的保卫者，恺撒为公敌。库里奥和保民官安东尼、卡西约急忙在第二天，化装成奴隶逃出了罗马城。

又一场内战开始了。

恺撒在得知他最后的求和要求遭到拒绝后，用手敲着他的剑柄大声说："这个会允许我的请求的。"他决心动武了。而这时，主动向恺撒宣战的元老院却行动迟缓，他们认为恺撒的军队不会很快来罗马，恺撒在山南高卢只有 5000 人，带这样少的军队是不可能进攻罗马的。元老院命令庞培去征集 13 万意大利士兵，但还没等庞培征集军队，恺撒就行动了。

元老院料定恺撒不会冒险只率领区区 5000 人马进攻罗马，恺撒却偏偏以无比勇敢的冒险精神，抓住罗马元老院和庞培还没做好战争准备、军队还没召集起来的有利时机，率领 5000 人，急速南下扑向罗马。这正是恺撒的一贯作风，勇敢、迅速、出人意料、先发制人。当他在公元前 49 年 1 月 10 日晚兵临鲁比孔河时，他停了下来。鲁比孔河是山南高卢和意大利本土的分界线。越过鲁比孔河就越过了他的辖区，就触犯了叛国法。恺撒深知渡过鲁比孔河意味着什么，他对身边的人说："朋友们，如果不渡河的话，我会遭遇多种灾难；如果渡河的话，全体人类会遭遇多种灾难。"确实，他渡不渡河都是一场灾难。这是一场赌博，胜负未卜。但勇于冒险的他宁愿前进放手一搏，也不愿束手任人宰割。他有可信赖的士兵，他们对他忠心耿耿，只要他一声令下，就会毫不犹豫地跟随他进军罗马。他义无反顾地率军冲过了鲁比孔河，过河后，他说了一句俗话："骰子已经掷了，就这样吧。"这句话真实地反映了他当时的心情，他在用自己的前途进行赌博，骰子已掷出去了，收不回来了，成败就在此一举了。成功了，他就会赢得一切，成为罗马第一人；失败了，他就可能输得一干二净，成为叛国罪人。他的这一掷太重要了，以至于"恺撒渡过鲁比孔河"竟成为后来表示当机立断、不顾一切的一句谚语。不过，恺撒对外宣传，也为他的行为找了一个冠冕堂皇的借口，他出兵是维护被侮辱的保民官。

恺撒过了河，立即率军以迅雷不及掩耳之势，急速向罗马前进。一些从罗马来的他的支持者途中加入了他的队伍，恺撒军队所到之处，一个接一个的城市开门相迎。

罗马元老院没有想到恺撒会来得如此之快。元老们的高傲，既使他们对庞培心存疑忌，并没能将统帅所需的全部权力及时交给他，又使他们完全低估了恺撒和他的士兵侵入意大利的能力。恺撒的军队经历了高卢战争的锻炼，具有丰富的作战经验和很强的作战能力，更重要的是，这支军队依恋恺撒，忠于恺撒，唯恺撒之命是从，他们已不关心政治，也没什么公民的责任感，他们为恺撒而战。而庞培的老兵，虽也忠于他，但已有12年没打仗了，并且庞培最好的军团还在西班牙，远水救不了近火。

面对以势不可当之势向罗马扑来的恺撒军队，罗马陷入一片惊慌中，除了争吵、埋怨，拿不出一点办法。西塞罗提议派人去向恺撒议和，遭到执政官的坚决反对。罗马无兵可守，庞培也不愿死守这无兵之城，他率领了一批元老，急忙撤离罗马，向南逃跑。恺撒跟踪追击。在罗马东边的科尔菲尼乌姆，庞培的部将、被委派接替恺撒担任高卢总督的琉喜阿斯·多密提阿斯率军进行了抵抗，但经不起恺撒的一击，投降了。恺撒对投降者显示了他仁慈的一面和政治家的风度，他没有像苏拉那样，对伤害过他的人加倍奉还。他将多密提阿斯以及和他一起的 50 个元老和骑士都释放了，并让他们带上自己的钱财，随意到自己愿意去的地方。这种仁慈态度和他对高卢人的态度完全不同，缓和了一些罗马人对恺撒的恐惧和仇视。

庞培无力在意大利本土和恺撒对抗，在恺撒的追击下，他只能一退再退，3 月，他好不容易摆脱了恺撒的阻截，和一批元老（包括两个执政官）在布隆迪西渡海去了希腊。西塞罗不同意庞培不在意大利本土和恺撒决战的决定，他和恺撒进行了一次会谈，毫无结果。随后，他听从庞培的意见去马其顿和庞培会合。

庞培放弃意大利是迫不得已，他寄希望于他的海上部队和隶属于罗马的东方各国国王、各部落显贵。他在这里有恺撒无法企及的威信，这里是他的力量所在，他期望在这里筹集到足够的金钱和兵员，以便和恺撒作最后的较量。

恺撒把庞培赶出意大利后，回到罗马城，当时罗马城里笼罩着一股恐怖气氛。那些反对过恺撒的人，惶惶不可终日，害怕恺撒会和当年苏拉那样，大肆屠杀和迫害他昔日的政敌。但是，恺撒在罗马的行动举措出人意料而又令人宽慰。他一反过去苏拉和马略互相仇杀的做法，对政敌采取宽大怀柔政策，他没有实行公敌宣告，尽管元老院宣告他是公敌。他以他对琉喜阿斯·多密提阿斯的态度来证明自己的宽厚仁慈。他的这种态度显示他不只是个争权夺利的军事统帅，他要做全罗马人的保护人。他的这种胸怀赢得了不少人的好感。但是，他也显示了他强硬的一面。虽然有人反对，他仍果断地夺取了国库，取去了过去从来没有动用过的金钱。在夺占国库上，恺撒有点像一个国王行事，只要需要，他什么都可以干。他任命伊密利阿斯·雷必达管理罗马城，任命马克·安东尼管理意大利和统率保卫意大利的军队。他还下令迅速建造两个舰队，以适应战争的需要。

恺撒在作了这样一些稳定罗马和意大利局势的举措后，开始集中精力对付虽退出意大利却仍有巨大势力的劲敌庞培。他没有直接向已在希腊集中了相当大一支军队的庞培进攻，而是在这一年的秋天率兵进攻庞培势力的重要基地西班牙，通过在战场显示实力、切断敌人的给养和仁慈地对待俘虏瓦解敌军斗志等手段，经 40 天的战斗，最终迫使庞培两员部将率部投降。恺撒接管了西班牙，但却允许那些想去投奔庞培的士兵到庞培那里去。

这时，恺撒在山南高卢的 4 个军团发生了兵变。士兵们对无尽头的战争产生了厌战情绪，对于恺撒实行仁慈政策，使他们无法得到本应得到的掠夺物、战利品也心存怨气。恺撒迅速赶到兵变地区，向兵变士兵发表了一次演说，责备他们违背了自己的誓言。在高卢战争中，在他的率领下，他们获得了许多利益，曾宣誓要永远为他服务，现在在他困难时却叛离他。他过去对他们宽宏大量，现在要对他们实行军纪惩罚。恺撒演说后，处死了 12 个带头者，平息了叛乱。这次兵变的顺利平息说明恺撒在他的军团中具有无法替代的巨大威信。

公元前 49 年 11 月，恺撒在平息兵变后，回到罗马，罗马人拥戴他为独裁官。他的这个独裁官职务，任期甚短，只当了 11 天就主动辞职了，和另一个人共同任执政官。他这样做的原因，可能不止一个而是出于多种考虑：也许是他考虑到这时任独裁官，而且是没经元老院推选的独裁官，会遭到许多人的憎恨，会把他和苏拉任独裁官连在一起；也许是他感到这个独裁官名不副实，他并不能独行其是，他的主要竞争对手庞培还在希腊集合大军准备打回来。他现在的任务不是实行独裁，而是要彻底打败和消灭庞培的势力，辞去名不副实而又可能引起人们憎恨的独裁官，改任执政官，可以获得更多人的支持。然而，他并未等到他的公元前48年执政官任期开始，便在公元前49年12月率兵离开罗马，准备和庞培进行最后决战。那些希望维持共和制的人在欢送恺撒时，劝说他和庞培议和，因为他们心里明白，不管谁胜利了，谁就会成为至高无上的权力拥有者，都标志共和制的结束。

这时，庞培在希腊也做好了迎击恺撒、决一死战的准备。他聚集了大量士兵和金钱，拥有11个军团的步兵，7000名骑兵和6000艘装备完善的战舰，还有马其顿和伯罗奔尼撒的辅助军队，可里特的弓箭手、色雷斯的投石手和本都的投枪手。恺撒的兵力在数量上少于庞培，只有10个军团的步兵，1万名骑兵和少量战船。

12月底，恺撒率部到达布隆迪西。在他准备渡海时，海上突起风暴，风暴一直刮到公元前48年1月1日才停息。恺撒身边虽只有5个军团，后续部队还未赶到，又无战船，却仍命令部队立即冒险乘商船渡海。他侥幸避开了庞培的战舰，横越亚得里亚海，顺利地在伊庇鲁斯海岸登陆。恺撒这一招又完全出乎庞培的意料，庞培没有想到没有海军的恺撒会这么快地冒着被敌方优秀海军在海上阻截的危险渡海而来。他没能发挥自己海军的优势，在海上阻截，又没能派兵在亚得里亚海岸阻击，是很大的失策。两军尚未交锋，庞培就输了一招。恺撒的部队不费一兵一卒就抢占了两座城市，收缴了大量军用物资。接着，恺撒率兵日夜兼程直扑希腊重镇、庞培的军需要地提累基乌姆。这时，庞培方如梦初醒，急忙率军赶赴救援，并派出少数部队在恺撒必经之地沿途砍伐树林，破坏桥梁，设置路障，延缓恺撒军队前进的速度。这一次，庞培抢先一步，在恺撒大军未到时赶到了提累基乌姆。

两军先后在提累基乌姆附近扎营设防，双方的小股部队不断交火。在这样的阵地战中，庞培的优势显示出来了。庞培兵多粮足，并占据了有利地形。而恺撒则显得兵力不足，又远离后方，海上运转被庞培切断，给养困难，士气开始下降。最初的接战，庞培连战连胜。恺撒为改变这不利处境，果断地率军撤退到巴尔干中部的帖撒利亚平原，欲在这里另觅战机。恺撒在帖撒利亚会合了已先期到达这里的一支部队，增强了兵力，军需粮秣也得到了补充。恺撒的撤退不是败逃，而是要选择一个更合适的作战环境和时机，把战争的主动权掌握在自己手里。庞培不知恺撒是在诱他离开对他有利的作战环境，不顾一切地离开自己的军需要地，穷追不舍，落入恺撒的算计中。两军在帖撒利亚的法萨卢斯形成互相对峙局面。

公元前48年6月6日，罗马人之间的最大一次战斗、闻名史册的法萨卢斯战役打响了。这是一个国家的东西两部分的一次战斗，今后还会有这样的内战。从兵力数量上看，庞培仍占优势，他有4.7万名步兵和2000名骑兵，恺撒只有2.2万名步兵和1000名骑兵。但在排兵布阵和临阵指挥上，恺撒却显示了其高出庞培一头的军事才能。庞培将他的步兵排成三列横队，列于右翼，因为右翼有一条小河可以作为屏障，而将骑兵集中在左翼，想用骑兵突破恺撒的骑兵，然后绕过恺撒的右端，攻击恺撒军团的后部。庞培的这一布置不能说不周密、不高明，但恺撒显然比庞培更高明，他识破了庞培的计划，针对庞培的布阵，将最精锐的三千多人的步兵大队调遣到右端，由于有骑兵作掩护，这支作为奇兵用的步兵大队隐蔽着不易被敌人发现，同时恺撒命令主要由高卢人和日耳曼人组成的骑兵，一见庞培骑兵攻来，便向后撤。

双方一接战，庞培骑兵攻了过来，恺撒骑兵立即后撤，庞培骑兵不知这是恺撒设计的陷阱，毫不犹疑随后紧追，越过了恺撒布置在右端的步兵大队。恺撒的骑兵立即拨转马头，迎面反击，恺撒的步兵大队则在庞培骑兵后面突然发动攻击。庞培的骑兵腹背受敌，惊慌逃散了，恺撒的骑兵随即快速绕过敌人未加防护的左端，攻击庞培军团的尾部。庞培的中路和右翼看到左翼被打散，便转身后逃，还没有参战的从各邦和各部落征集的辅助兵见势不妙，开始惊慌失措，不听指挥，边逃跑边呐喊："我们被打败了。"结果风声鹤唳，全线崩溃。到次日早晨，庞培余部全部投降。这一仗，恺撒打得太漂亮了，只损失200人，却使庞培丧失了 2.5 万人，几乎全军覆没，庞培仅以身免。

这场战斗是古代战争的一个最光辉的典范。恺撒由于这一战斗而奠定了他在古代战争史上崇高的无人超越的地位。庞培在这场战前提出"为自由，为祖国而战"的口号来激励士气，而恺撒却并没提出什么响亮的崇高的战斗理由，他只要求他的战士"不取胜，决不离开战场。"结果，只要胜利，不要其他的恺撒战胜了"为自由，为祖国而战"的庞培。其实，这个时候的罗马军队，祖国、自由已激不起他们的战斗激情了，他们是为统帅而战，为战利品而战。而且，罗马人的这场窝里斗，并不是谁有理、谁是正义一方的问题。自认代表祖国和自由的庞培一方，主要是代表元老、元老院，而恺撒则是骑士、平民的代表。保民官在恺撒这一边，而大多数元老都在庞培一边。庞培的失败，也可以说是元老贵族的失败。庞培本来是和恺撒一起反元老贵族的，但最后却变成了元老贵族的保护者，这也是这位军事统帅的悲剧所在，他不是政治家，他保护的是腐朽的势力，他的失败，从政治角度看，是必然的。寡头政治正在终结，新的人物、新的制度正在出现。

庞培逃到了埃及，他可能认为，他会得到埃及政府的保护，因为以年仅 13 岁的托勒密十三世为国王的埃及曾支持他反对恺撒。可是，失败了的庞培一登上埃及海岸，就被埃及人刺杀了。"伟大的庞培"死得就像一条丧家犬。

2. 控制托勒密：恺撒的埃及艳遇

埃及人迫不及待地杀了庞培也许是想讨好恺撒，不让恺撒得到一个入侵的借口，但是，庞培的死亡，并没能阻止恺撒踏上这块已归顺罗马而在形式上仍是独立的富裕国家的国土。

这时，埃及托勒密十三世正和他姐姐克列奥帕特拉七世争夺王位。老国王去世时，留下遗嘱让姐弟俩共同执政，这就留下了内乱的祸根。天无二日，像埃及这样的东方君主国，是不可能同时有两个国王的。当然，托勒密十三世一派得势，克列奥帕特拉被逐出亚历山大里亚。恺撒正好利用埃及王室两继承人的不和，控制埃及。

恺撒是以中立的调解者身份进入亚历山大里亚的。托勒密十三世一见恺撒，立即向他献上庞培的头，想用此举取悦恺撒，使恺撒站在自己这一边。但这血腥的场面却引来了恺撒的不快。庞培虽是他的死敌，却也是个英雄人物，而且曾是他的盟友和女婿，落得如此下场，恺撒心里也不是滋味，他颇有感慨地说："假如在法萨卢斯胜的不是我，而是庞培，那么，现在你们献上的不是庞培的头，而是我的。"

恺撒要求托勒密姐弟俩解散军队，要在他的参与下以法律来解决争端。但双方都不愿接受恺撒的这一建议。恺撒提出这样一个双方不可能接受的方案，也是为了争取时间，好了解情况，审时度势，决定下一步行动。

恺撒的中立态度很快便由于和克列奥帕特拉的会面而改变了。克列奥帕特拉是位倾城倾国的美人，机智聪明。她一得知恺撒来到亚历山大里亚，便立即从叙利亚赶回来，秘密地会见了恺撒。关于这次会面的详情，史书上并无多少记述。但无可怀疑的事实是，年过50岁的恺撒确实被这位小自己30岁的绝色女子迷住了，神魂颠倒，竟心甘情愿、不顾后果地把她带到宫中，做了她的情人，沉溺于温柔乡中。有人根据这一戏剧性的变化评说："克列奥帕特拉的鼻子如果短那么一点，世界历史可能就是另一个样子。"

当然，恺撒不只是做了克列奥帕特拉的情人，而是和她结成了同盟，决心扶助她重新登上埃及的王位。托勒密十三世一方得知恺撒倒向克列奥帕特拉，立即调集军队包围了恺撒的住地。

恺撒与托勒密十三世的这场战争前后持续了三个多月。由于恺撒带的兵不多，开始完全处于守势，一度很危险，直到大批援军从行省赶来，恺撒才在尼罗河三角洲之南击溃了埃及敌军，攻占了亚历山大里亚全城，托勒密十三世也溺水而死。恺撒扶立克列奥帕特拉为埃及女王，他成了她的保护人，她的国家成了罗马的被保护国。克列奥帕特拉也就公然成了恺撒的情妇。

恺撒在亚历山大里亚暴露了他作为一个伟人的严重弱点，英雄难过美人关，迷恋女色。他和克列奥帕特拉在这里风流快活了大半年

（公元前 48 年 10 月—公元前 47 年 6 月），"从此君王不早朝"。面对克列奥帕特拉这位美人，恺撒似乎忘记了一切，忘了罗马。克列奥帕特拉后来还给恺撒生了个取名为恺撒里昂的儿子。

3. 祖国之父：没有王冠的君主

公元前 47 年 6 月，恺撒才终于从温柔乡中清醒过来，率兵出征叙利亚，击溃了曾与庞培结盟的本都国王、罗马的老对手米特拉达特斯六世之子。全部战斗只用了 5 天时间，便征服了小亚细亚。关于这次征战，恺撒在给罗马元老院的战报上只用了三句话来概括："我来了，我看到了，我征服了。"短短三句话，十分生动地显示了恺撒这个征服者不可一世的心态。在恺撒看来，现在已没有可以和他一决的对手了，只要他大军一到，就一切都解决了。

公元前 46 年严冬，恺撒率军在北非扫除了他征服地中海世界和成为罗马独裁者的最后障碍，在塔普苏斯地峡，和庞培的岳父梅特卢斯·斯奇比奥率领的一支大军进行了一场艰苦的激烈战斗，恺撒大获全胜。梅特卢斯·斯奇比奥 8 万大军全军覆灭，本人也兵败自杀。战后，恺撒回到罗马，罗马为他举行了大规模的凯旋式。

随后，在公元前 45 年春天，他又率兵去了西班牙。庞培的儿子格涅乌斯和塞克斯杜斯在这里集结军队，准备和恺撒作最后一搏。双方在蒙达进行了一场残酷的激烈战斗，恺撒又一次获得胜利。庞培的两个儿子一死一逃。格涅乌斯在战斗中被擒并被处死了，塞克斯杜斯逃脱了。恺撒打赢这场战斗很不容易，十分艰苦，他自己也不无感慨地说："过去我常常为争取胜利而战，这次我是为生存而战。"

长达四年的罗马人打罗马人的内战终于随着小庞培兄弟在西班

牙的失败而结束了。公元前45年，恺撒返回罗马。这一次返回罗马的恺撒不同以往，环顾整个罗马世界已没有和他争雄的人物了，他是唯一的最后胜利者，罗马的全部领土，包括所有的行省全都在他的控制之下。元老院在他的军队面前，除了屈服听命于恺撒，没有别的选择。元老院和罗马人民为他举行了空前盛大的凯旋式。据说，凯旋式的游行队伍抬着2822个金冠、6.05万银塔伦钱，押着大批的战俘。凯旋式后举行了盛大的步兵战斗、骑兵战斗和战象战斗表演，还举行了海战表演。罗马广场和街道上摆上成千上万桌宴席，让公民们大吃大喝。每个士兵都得到了巨额的犒赏钱，每个公民也都得到一份丰厚的礼物，全城沉浸在欢庆之中，人人兴高采烈。这种情况和苏拉战胜马略派时的情况正好相反，当时，罗马全城都处于惊恐之中。苏拉用恐怖手段使人人害怕他，恺撒用对罗马公民的仁慈来赢得罗马人的心。

恺撒的权力和荣誉都成为空前的。他被推举为终身独裁官、为期10年的执政官、终身保民官和罗马大祭司，集军、政、司法大权于一身。罗马历史上还没有一个人享有如此大的权力。不过，恺撒并没创立什么新的官职，也没有取消原有的什么组织。有趣的是，恺撒就是在这种情况下实际上终止了共和制，而代之以没有国王的君主制。他担任的官职无一不是原有的官职，却又都不是原来意义上的原有官职。他是独裁官，但不是原来的任期只有6个月的独裁官，而是终身独裁官；他是执政官，但不是原来只有1年任期的执政官，而是10年任期的执政官；他是保民官，也不是原来意义的保民官，而是终身保民官。这些官职原来是不能兼任的，如执政官决不能同时兼任保民官，恺撒却把许多官职集于一身，这些官职本来都是由公民大会选举

（有的由元老院推荐）产生的，恺撒形式上还保留公民大会选举，或元老院提名，实际是随心所欲，公民大会、元老院都听命于他。罗马共和制政治机构的一个非常重要的特点，就是各种权力机构、官职互相制衡。恺撒把权力集于一身，完全终止了权力的制衡。他完全像国王一样行事，只是没有国王的头衔罢了。恺撒就是这样在共和制的形式上实行没有国王的君主制。

恺撒在他的众多职务中，钟情于大将军或凯旋将军（Imperator）这一头衔，这一称号表示他是军队的最高统帅。恺撒爱用这一职务做自己的代称，表明他的独裁统治是军事独裁。后来的历史学家称恺撒为大帝，就源于最高统帅（Imperator），这个词后来表示皇帝，但当时没有这个含义，恺撒实际上从来没有称皇帝。恺撒享有"祖国之父"的荣誉称号。这不仅意味着他的人身在全国各地都是神圣不可侵犯的（和保民官只在罗马城人身才是神圣不可侵犯的不同），也意味着，他是所有罗马公民的保护者，是祖国的救星。

他开始被神化了，这是君主制的一个特征。在所有的神庙中和公共场所都竖立起他的塑像。有的塑像，头戴着橡树的冠冕，这是祖国之父的象征，法令规定，他应当坐在黄金象牙的宝座上处理公务，他本人应当永远穿着凯旋的服装致祭。罗马城市每年都应在他历次取得胜利的日期举行庆祝，每5年僧侣们和维斯塔女祭司们应为他的安全、健康举行公开的祈祷活动，最高行政长官就职时要宣誓不反对恺撒的任何命令。为了对恺撒的门第表示敬意，把昆提利斯月改为"朱赖"月（July，7月的意思。"朱赖"一词源于恺撒的氏族名称朱理亚，这个月名沿用至今）。许多神庙被宣布贡献给他，就像贡献给神一样。加在恺撒身上的荣誉和权力，已使他和国王没什么两样。他除了拒绝

10 年执政官外，其他的职务都乐意地接受了。有人建议给他以国王的尊号，他拒绝了，因为他十分清楚，长期处于共和制下的人民并不真的希望有位国王来统治他们。当他从外地回来，有人在城门前把他作为一位国王欢迎时，他高兴地并颇为幽默地说："我不是国王，我是恺撒。"恺撒的这句话有两层意思：一是他不是一般的国王，二是他高于国王。实际上，对于他来说，恺撒和国王只是称呼的不同。恺撒死后，"恺撒"一词后来真的成了高于国王的皇帝的另一称呼，俄国和德国的皇帝称谓都源于"恺撒"一词。"恺撒"成了和皇帝一样的称号。

4. 革故鼎新：大刀阔斧的改革

恺撒是个多才多艺、亦文亦武的伟大人物，过去，由于繁忙的军务，他的才能和成就主要表现在军事方面。现在，内战结束，他获得了空前的独裁权力，他所要解决的问题，主要的、最迫切的是行政方面的，而不是军事方面的，这为他展示他行政管理方面的才能提供了机会。他进行了一系列改革，来解决公民权、行省地位、土地、财政和债务问题。

他没有取消元老院，但对元老院进行了彻底的改组。他把元老院的元老由 500 人增至 900 人。增加进去的主要是效忠于他的老军官、行省人士，甚至有被释放的奴隶。这样，既使元老院的代表面扩大了，又使它失去了往昔的高贵色彩。它实际上成了恺撒控制下的咨询机构。

恺撒改组了行政机构，却没有取消已有的官职，也没有增加新的官职，而是大大增加原有的高级官吏的人数，财务官由 20 人增加到 40 人，市政官由 4 人增至 6 人，行政长官由 8 人增至 16 人。这不仅使更多的人有担任高级官吏的机会，为骑士和行省人员参与政权管理提供了条件，也适应了建立帝国官僚机构的需要，强化了他的独裁统治。其实，庞大的官僚机构正是他独裁的官僚机构，但无可怀疑的是，他正在向建立一个庞大的官僚机构迈进。

罗马对行省的管理一直是笨拙的、不成功的。行省也一直没能融入罗马社会，只不过是罗马掠夺、殖民或提供兵源的地方。行省的管理不善显示了罗马共和制的局限性。恺撒对行省的管理进行了大刀阔斧的改革。他颁布了反对行省官员勒索和舞弊的法令，废除了亚洲诸行省的什一包税制。他扩大了授予罗马公民权的范围，山南高卢和西班牙的一些城市自由民都得到了罗马公民权，纳尔邦高卢、西西里许多城市和一些阿非利加城市的自由民得到了拉丁公民权。罗马的所有医生、艺术家和教师也被授予公民权。他颁布并实施自治市法，规定给予自治市解决本地问题的权力，确定了自治市行政官员的选举办法，从而提高了自治市的地位，但罗马城的地位却相对下降了。恺撒对行省管理的改革，是对城邦制的否定，为行省的罗马化和罗马帝国成为一个真正的统一体打下了基础。

为了安置老兵和城市贫困公民，他在行省建立了许多殖民地，将退役老兵和 8 万名身无分文的罗马城市贫民安置到迦太基、马其顿、西班牙和本都等地的殖民地，分给他们土地，减免他们 1/4 的债务。这既增加了农业劳动者，又减少了罗马的负担。恺撒对随他征战多年的老兵特别优待，除给他们分土地外，还尽力使他们在各自治市享有各种特权，退役军官有在自治市和行省担任官员的优先权，从而使这些老兵退役后仍然是支持恺撒的重要力量。

　　他在处理一直困扰罗马的债务问题上取得了很大的成功，甚至有人认为，这是他的最大成就。债务问题是一个十分棘手的使人处于两难境地的问题。债务也是造成罗马动荡的一个重要根源。不为负债者减免债务会造成混乱，同样，普遍地取消债款，毁掉个人财产，会招来混乱。恺撒为解决债务问题作了持久而又有耐心的努力。他曾颁布法令禁止贮藏货币，以使那些需要钱还债的人能借到钱，又规定债权人应接受债务人提供的任何财物或土地，并按由专门官员估计的战前价格抵债。但这些措施没解决大问题，债权人不满，债务人也不满。随后，他决定，取消内战开始以来应交付的一切利息，欠债人已经提供的作为还债的等价物也要从未偿还的债款中扣除。这一措施一下子取消了所有债款的1/4。他的措施是成功的，虽没完全去掉债务人的负担，却实实在在地减轻了他们的负担。而债权人虽有不小损失，却也为没完全丢掉债款而庆幸，知道恺撒并不想消灭私有财产。

　　由于长达一个多世纪的内战，社会秩序混乱，法纪松弛。恺撒针对这种情况采取了一些整顿措施。他取消了保民官十人法庭，重新由骑士和元老组成法庭，负责审判工作，重申公民人身不可侵犯；犯叛逆罪者没收全部财产；煽动暴动者剥夺公民权；其他犯罪者没收1/2财产。

　　恺撒还大兴土木，在罗马兴建一些宏伟建筑。他拟订了一项重建罗马的庞大计划。他在罗马广场建立一座新的办公大厅——巴西利卡·朱利亚大厅；紧靠这一广场，又兴建另一个以恺撒本人名字命名的广场，广场被用柱廊围了起来，它的侧面有维纳斯女神神殿。传说恺撒家族就是由这位女神传下来的。他还想兴建宏伟的国家图书馆，并根治台伯河河道，在重要的交通线上建筑大道。他甚至计划修建一条通过科林斯地峡的运河和一条通过罗马南边沼泽地的运河。可惜他的统治时间太短，他的这些计划大都没来得及实施。

公元前46年，他对罗马误差极大的历法进行了修改。他聘请了一位埃及天文学家负责制定一部以埃及历法为蓝本的太阳历，取代原有的罗马太阴历。新历以恺撒的名字命名，中文译为"儒略历"（"儒略"是恺撒氏族名称 juliu "尤利乌斯"一词的不正确音译），今天的公历就是在儒略历的基础上发展而成的。

恺撒为人称道的，还有他的宽容和仁慈。他的这种品德在对他的政敌的态度上表现得尤其突出，他没有像苏拉和马略等那样对政敌采取残酷报复的手段。他认为残酷政策不仅会招致仇恨，还会使胜利不能持久，仁慈和慷慨才是巩固自己地位的取胜之道。他对政敌一般都采取宽大政策，他赦免了大部分庞培的支持者，不论是曾在战场上兵戎相见的军人，还是曾在政治上极力反对自己的元老，都一律待之以礼，其中一些人甚至被授予高官。毫无疑问，恺撒的宽容既显示了他这位伟大政治家的博大胸怀，也顺乎时势，争取了民心，赢得了普遍的赞誉。古代的史学家和政论家对恺撒的品德，特别是他的宽容都赞扬备至，说他慈善、明智、宽厚、善良和富有同情心，称赞他温和有礼、扶助民主、忠于朋友等。恺撒所获得的赞誉是历史上无人能及的，这不仅是由于他的才能和功绩，也由于他的品德。他的这些品德也说明，他不是一般的军事统帅，而是适应时代要求的统治者——全体罗马人民的保护者。不过，他的宽容，特别是他疏于对自己安全的防范，也招致了杀身之祸。

5. 飞来横祸：恺撒遇刺

恺撒在行政上虽取得了诸多的成就，但征战一生的他，仍渴望在战场上取得更大的荣誉。在北方，他计划征服日耳曼。这一计划如果实现，历史将会是另一个样子，罗马帝国就不会是西方的一角了，德语便也会和法语、西班牙语一样，从拉丁语衍生而来，成为拉丁语系的一部分。在东边，他计划征服帕提亚，建立一个东自印度洋西至大西洋的大帝国。亚历山大也曾有这样的计划，但由于他英年早逝而使计划夭折了。恺撒的抱负不下于亚历山大，他要实现亚历山大最终未能实现的计划。他已准备好率军远征帕提亚了。如果恺撒这一远征计划成功，罗马就不只是或主要是个西方帝国了，而可能是个不仅地域横跨东西，文化上也会有更浓厚的东方色彩的帝国了（罗马文化有埃及和西亚影响的清晰痕迹）。但是，恺撒这一宏图大志和亚历山大一样由于他的突然死亡而永远结束了。

公元前 44 年 3 月 15 日，在恺撒准备启程出征帕提亚之日的前三天，这位被誉为罗马历史上最伟大的人物——盖乌斯·尤利乌斯·恺撒，在元老院被谋杀了。

这一天，元老院开会。会前已有人向他警告，说有人要谋刺他，让他带上卫队去开会。他没有把这一警告放在心上，拒绝带卫队，他说："要卫队来保护，那是胆小鬼干的事。"他单身一人赴会，当他坐到他的黄金宝座上时，阴谋者一拥而上，用短剑向恺撒猛刺。恺撒身中 23 剑，倒在了昔日政敌庞培的雕像下。

谋杀恺撒的正是那些受到宽容并宣誓效忠于他们祖国之父恺撒的元老贵族。领头的是卡西乌斯和布鲁图斯。他们两人过去都是庞培的追随者，是恺撒政治上的死敌，恺撒以德报怨，不仅没治他们的罪，还委任他们为大法官和行省总督。布鲁图斯更受到恺撒的特殊关怀。但他们对恺撒像国王一样独揽大权怀有刻骨的仇恨，他们不知共和制向帝制转变是大势所趋，他们要逆潮流而动，他们已没有力量也没有胆量公开和恺撒较量，只能秘密策划，以为了祖国、为了共和国除掉暴君为口号，联络一些志同道合的元老，选择3月15日开会时刺杀恺撒。

阴谋者的阴谋得逞是偶然的，如果不是恺撒对自己的安全疏于防范，这样的悲剧是不会发生的，但恺撒的性格又使他不可能事事都注意自己的安全，他勇于冒险，他一生经历太多的惊险、危急。他是大无畏的，他对人说："没有什么事比永远戒备更为不幸的了，那是一个胆小的人才做的事。"他甚至解散了他个人的由西班牙人组成的卫队。

不过，这种悲剧的产生也有一定的历史必然性。罗马共和政体虽已软弱无力，不适宜于统治一个庞大的军事帝国，但罗马终究是个长期实行共和制的国家，共和制的传统根深蒂固，元老贵族自己无力统治，又决不允许在罗马实行个人统治。杀害恺撒的元凶布鲁图斯为自己的行为辩解说："我爱恺撒，但我更爱罗马。"于是贵族杀死了伟大的恺撒。

恺撒就这样在他的事业正进一步发展时突然死了，然而这丝毫无损于他的伟大。恺撒没当过一天的皇帝，尽管他是罗马共和制的终结者，后人却称他为"恺撒大帝"。这一称呼其实是后人对他的评价。恺撒的确是罗马历史上最伟大的统帅和征服者，也是最有才能的政治家和行政官员。他的统治时间虽短，却的的确确是共和制下的君主式统治。所有的元老贵族、政府官员都要宣誓效忠于他，他的塑像在神庙和神放在一起，不是君主，怎能这样? 他为君主统治建立起一套行政机构。罗马全盛时期的疆域基本上是他统治时确立的，他确实是个君主，而且是个伟大的君主，称他为大帝是不虚的，其实，他本人和他的属下也真的想把王冠戴在他头上。他的部将、执政官安东尼曾三次在公共场合把王冠戴在恺撒头上。恺撒见人群冷眼相对，只好从头上拿下王冠，每当恺撒拿下王冠，群众就发出欢呼，因此十分重视民心民意的恺撒才没有公然称王，而满足于当一个没有王冠的君主。但这样的君主，元老贵族也没有让他顺利当下去。他的去世，不仅使他超越亚历山大的宏伟扩张计划夭折了，使他缔造一个君主制罗马国家的进程中断了，而且使罗马又重新陷入了一场新的内战灾难中。

第三章 鼎 盛

一、屋大维的崛起

1. 后三头同盟：公开的独裁

恺撒被刺后，谋杀者并没有能控制罗马的局势，罗马平民对恺撒心怀好感，对谋杀者冷眼相对，权力落到了恺撒的得力助手、这一年的执政官马克·安东尼（约公元前 83—前 30 年）之手。元老院惧于恺撒在人民心中的巨大威望，没敢宣布恺撒为暴君，也没敢没收他的财产和废除他的各项法令，但同时却宣布大赦杀死恺撒的凶手。元老院的决定显然是不合理的。恺撒既不是暴君，谋杀他就是犯罪，就不应得到赦免。这个决定是反恺撒的元老贵族和拥护恺撒的反贵族派斗争的一个暂时性的妥协产物。元老院在作出赦免刺杀恺撒凶手的决定时，委托安东尼处理恺撒后事，这给了安东尼打击谋杀者，把权力控制在手中的机会。安东尼公布了恺撒的遗嘱。遗嘱指令他姐姐的外孙屋大维为他的养子，将遗产的 1/4 给他，台伯河对岸的私人花园赠给罗马人民，赠给每个罗马公民 75 块银币。遗嘱中还提到将其余的财产分给另外两个侄孙，如果他们不要，则给布鲁图斯和安东尼。这份遗嘱反映出恺撒虽有君主的权力，却不是东方式的君主，除了收屋大维为养子或继承人外就是对他的私人财产进行分配，其中引人注目的，是对罗马城的每个罗马公民都有遗赠，这说明在恺撒的心里，他是罗马人民的保护者，是国父，遗嘱对他的无上权力没作任何安排，只字未提，而权力的安排正是东方君主遗嘱最重要的内容。遗嘱完全是传统的，没有丝毫君主制的色彩。

遗嘱的公布，使对恺撒是暴君的指责不攻自破，使人们对他的怀念和感激之情陡增，于是开始指责谋杀者，认为受到恺撒如此厚爱的布鲁图斯竟杀害恺撒是恩将仇报。恺撒的尸体被抬到广场时，群情激愤。当安东尼展示被刺穿了23次的血衣，发表赞扬恺撒的葬礼演说时，愤怒的人群发出了"为恺撒报仇"的吼声，冲向元老院，冲向凶手们的家中。卡西乌斯和布鲁图斯等谋杀者，急忙逃出了罗马。执政官安东尼成了罗马最有权势的人物，俨然以恺撒继承人的身份行事。

这时，年轻的、仅有18岁的盖乌斯·屋大维（公元前63—14年）以恺撒的养子，也就是继承人的身份来到罗马，向安东尼索要他应得到的恺撒遗产。安东尼没有把这个乳臭未干的年轻人放在眼里，他以长者的口吻教训屋大维说："全靠我冒着危险同元老院斗争，你才能享受你目前的显赫地位。你，年轻人，在和长辈说话时，最好为了这些事向我表示感激。"安东尼这时还没感觉到这个年轻人对他的威胁。屋大维虽年少，却出奇地成熟和机智，他仗着恺撒的声望和大量遗产，招募了一支由恺撒老兵组成的军队，同时利用安东尼和元老院的矛盾，取得了元老院贵族派首领西塞罗的支持，逐渐成为谁也不能轻视的有权势人物，成为安东尼的主要竞争对手。

这时，庞培的儿子塞克斯杜斯·庞培也东山再起，在西班牙招募军队，公开提出要参与恺撒死后的权力再分配，罗马又一次陷入群雄并立、逐鹿中原的状态。这和君主国国王死后争夺王位的情况十分相似！

公元前43年春，屋大维参与的元老院联军在山南高卢的穆蒂纳打败了卸任执政官、任高卢总督的安东尼，这使他退到了山外高卢。然而，打败了安东尼的元老院神气起来，不把屋大维放在眼里。轻侮和慢待使屋大维疏远了元老院。11月，屋大维转而和安东尼以及另一个手握重兵的原恺撒的骑兵长官、大祭司雷必达在意大利北部的波洛尼亚会晤，屋大维和安东尼握手言欢。三人缔结了协议，成立了三人同盟，历史学家把这次三人同盟称为"后三头"，以区别于恺撒、庞培、克拉苏的三人同盟。三人瓜分了行省，安东尼分得高卢的大部分地区，屋大维分到阿非利加、西西里和撒丁诸岛，雷必达分得西班牙和纳尔邦高卢。意大利由三人共同管理。亚得里亚海以东地区，这时尚在卡西乌斯和布鲁图斯控制之下，由安东尼和屋大维负责征讨。雷必达驻守罗马。三人结盟后，率军进占罗马，解散原来的政府，强迫公民大会作出决议，批准了他们的协议，并委任三人拥有5年全权处理国家事务的无限权力。这样，三人同盟就在"安定国家"的名义下，用军事手段公开地、赤裸裸地夺取了5年独裁权力，这次三人同盟不同于前一次，它一开始就是公开的。经过恺撒独裁统治，三人独裁已用不着采取秘密的形式了。这是一种奇怪的国家政权形式，共和制的原有各种机构包括公民大会、元老院和执政官仍然保留，权力却由屋大维等三人掌握。这种三人共同执政、分享独裁权力只可能是向个人独裁统治过渡的临时统治方式，三人同盟是不可能长期维持的。

三人的关系其实是互为水火，但又必须互相利用的暂时联合。

2. 腓力比之战：共和派的坟墓

三人同盟以为恺撒复仇为由，对政敌进行屠杀，实行公敌宣告，列入名单的，除政敌外，还有许多普通的富豪。只要列入名单，人人可捕而诛之，并凭人头领奖。公敌宣告使罗马成了恐怖世界。城门失火，殃及池鱼，一些无辜的妇女和未成年的儿童也被牵连而遭杀害。有 300 名元老和 2000 名骑士被捕杀。罗马最伟大的演说家、共和制的坚决维护者西塞罗并没参与杀害恺撒的密谋，却也没逃过这场灾难。安东尼对他恨之入骨，必欲杀之而后快。西塞罗被杀后，安东尼甚至把西塞罗的头带回家，用餐时，放在桌上，每看一眼就发出一阵狂笑。他的这种歇斯底里和恺撒对政敌的宽大仁慈有天壤之别。这是伟大人物与一个普通军事统帅的区别。安东尼的歇斯底里说明他缺乏政治家的气度和胸怀。公敌的财产都被没收，并被三头同盟赏赐给他们的亲信和部属，以换取他们的支持。

屋大维、安东尼和雷必达在罗马大杀政敌时，他们最主要的政敌、杀害恺撒的元凶、贵族共和派的重要人物卡西乌斯和布鲁图斯在希腊聚集了一支共有 19 个军团、总人数达 8 万人的庞大军队，准备为挽救共和制作最后

安东尼像

一搏。这支军队人数虽多，却大都是从东部行省招募来的雇佣兵，战斗力并不强。公元前42年，屋大维和安东尼率领19个军团约10万人，渡过亚得里亚海而来。10月，两军在马其顿东部的腓力比城城郊激战。屋大维在右翼，被布鲁图斯击败，险些成了俘虏。安东尼却在左翼重创了卡西乌斯。卡西乌斯溃逃时，慌乱中又误把布鲁图斯派来报捷的骑兵当成敌方追兵，他在绝望中自杀了。这一次激战互有胜负，但布鲁图斯一方折了大将，影响了士气。20天后，两军进行了第二次腓力比之战。屋大维和安东尼合兵包围了布鲁图斯。布鲁图斯虽奋力抵抗，但因兵力悬殊，支持不住，队伍溃散。他率领4000名残兵逃往山中，但士兵不愿再战，要求他和敌人和解。布鲁图斯知事难挽回，万念俱灰，也自杀了。共和派的最后一支武装力量就这样被彻底消灭了。后世史学家因此称腓力比为"共和派的坟墓"。其实，共和制早就被埋葬了。腓力比战役不过是些共和派残余分子的垂死挣扎。他们已不能代表共和制了，他们所依靠的不是意大利，而是充满帝王色彩的东方，他们的军队不是来自意大利的公民兵，而是来自东方行省的雇佣兵。腓力比战役与其说是君主派与共和派的决战，还不如说是另一场苏拉和马略或恺撒与庞培的战斗，谁赢了，谁就可能是军事独裁者，而不可能回到共和制去。

3. 貌合神离：冲突不断的三头同盟

腓力比战后，胜利者重新划分了他们的势力范围。安东尼负责征服东方，重新把东方置于罗马统治下。屋大维回师意大利，负责挫败三人联盟在西方的敌人。

屋大维率军返回意大利后，在意大利实行把城市居民的土地分给退伍士兵的政策，同时又杀了一些贵族，引起了意大利有产者的憎恨。安东尼的弟弟、公元前41年的执政官鲁乌斯基·安东尼和安东尼的妻子福尔维亚乘机招募军队，到处煽起反屋大维的骚乱。他们的口号是：消灭三头，恢复共和和保护一切被压迫者。屋大维采用严酷的手段对骚乱进行镇压。公元前41年年末及公元前40年年初，屋大维的亲信阿格里帕把鲁乌斯基和他嫂子福尔维亚围困在佩鲁西亚城，迫使他们在公元前40年2月率部投降。屋大维可能是看在安东尼的面子上赦免了他们，但却收编了他们的队伍，并放任部下将士在佩鲁西亚城随意抢劫。屋大维对一个意大利城市竟像对待一个敌国城市一样，在这里士兵的利益成了最重要的了。

安东尼不能容忍屋大维收编他的军队，占领高卢，急忙从东方返回意大利，和屋大维交涉。

这时，东方各行省面临帕提亚的严重威胁，西方，庞培的儿子塞克斯杜斯·庞培依靠一支有海盗和奴隶参加的强大海军，占领了西西里，控制了地中海，并不时对意大利进行海盗式袭击，给罗马的粮食和其他必需品的供应造成了极大的困难。面对这种险恶形势，出于共同利益的需要，屋大维和安东尼暂时放下了两人之间的不快和矛盾，在雷必达的调解下，重归于好。公元前40年10月，三人在意大利东南角的布隆迪西缔结了一项新协议，对行省进行了重新分配：安东尼统治东方行省，负责对帕提亚的战争，屋大维管理西方行省，负责征讨小庞培，雷必达管理非洲行省。意大利则仍由三人共同管理。为了强化同盟关系，如同当年恺撒把女儿嫁给庞培一样，屋大维把自己守寡的姐姐屋大维娅嫁给丧妻的安东尼为妻。安东尼和屋大维娅的婚姻完全是政治婚姻。屋大维娅的美丽和贤惠虽也使安东尼动心，但安东尼这时已热恋上埃及女王克列奥帕特拉，他的心并没在屋大维娅身上，他和屋大维娅的结合就和他与屋大维的结盟一样，很脆弱，随时都可能断。

布隆迪西会议后，三人矛盾暂时缓解，塞克斯杜斯·庞培成为三头同盟统治的最大障碍。塞克斯杜斯以西西里为基地，拥有一支强大的海军，是地中海上的霸主，不满三头同盟统治的人都蜂拥而来投靠他。屋大维虽想尽快消灭他的势力，但力有所不及，只好让步，等待时机。公元前39年，三头同盟和小庞培达成协议，承认小庞培为海军统帅，治理西西里、撒丁尼亚和伯罗奔尼撒，并答应归还他父亲被没收的产业，赦免投靠他的被通缉的罗马公民。罗马人和意大利人知道三头同盟和小庞培和解的消息后，人人高兴，因为他们认为和平恢复了，可以免于内战之苦了，其实，和平并没到来，内战只是暂停了一下。三头同盟对小庞培的让步并没有减轻他对三头同盟的不满，他想获得更大的权力。安东尼不让他在伯罗奔尼撒收税，他便又干起了袭击地中海商船的海盗式勾当。三头同盟和小庞培之间的和解很快就结束了，战争又起。

屋大维虽用全力征讨小庞培，却很不顺利，收效甚少。公元前38年，屋大维的海军舰队被小庞培的海军和风暴彻底摧毁了，屋大维似乎已不能凭一己之力去消灭小庞培的势力，不得不请求安东尼给予支持。

公元前37年春，三头同盟的5年独裁权力到期了。三人在塔林敦会晤，缔结了一个新协定，将三头同盟权力延长5年。这次会晤很急促，安东尼急着返回东方，应付和帕提亚人的战争。安东尼和屋大维协议互相支援，安东尼支援屋大维120条战舰，屋大维则送给安东尼2万名意大利军团士兵作为回报。应屋大维娅的请求，安东尼又送给屋大维10条三列桨大船，屋大维则送给他姐姐1000名精兵，做她的卫队。会后，安东尼返回叙利亚，但却把妻子屋大维娅留在屋大维这里。夫妻分离，可能是后来安东尼完全投入克列奥帕特拉怀抱的一个原因，但更有可能的是，安东尼留下妻子就是为更方便地和克列奥帕特拉在一起。

塔林敦会晤后，屋大维和小庞培的战争，仍不见起色，他的舰队在遭遇战中，多次被小庞培的舰队击败。然而，公元前36年9月，两军在西西里的瑙洛丘斯湾的决战中，屋大维的助手阿格里帕所率领的舰队却彻底击溃了曾经无敌的小庞培的舰队。小庞培逃到米利都，被安东尼追杀。雷必达参加了对小庞培的战斗，战后，他企图独占西西里，招致了屋大维的不满。屋大维用武力剥夺了他的军权，只让他保留一个祭司长的头衔返回意大利。这样，在恺撒遇刺后仅仅过了8年，恺撒的养子、继承人，只有27岁的屋大维就已经完全控制了罗马的西部世界。

在屋大维在西方的势力不断增长、声誉日隆的同时，安东尼在东方的发展却屡受挫折。安东尼是一位杰出的统帅，也不乏政治才能，他加强了自己在东方行省的统治，但在见了埃及女王克列奥帕特拉这位曾迷倒恺撒的美人后，便把政务放置一边，任由副将处理，而自己则随女王去了埃及，和她过起了逐日设宴、寻欢作乐的东方帝王生活。和屋大维娅结婚也没能终止他对克列奥帕特拉的迷恋。塔林敦会晤后，安东尼返回东方，又一头扎入她的怀抱。安东尼情场上得意，战场上失利，公元前36年对帕提亚的战争，惨遭失败，损失巨大，声誉一落千丈。罗马征服帕提亚的企图遭到沉重打击，罗马人想越过幼发拉底河，步亚历山大大帝后尘的雄心，从克拉苏到恺撒，再到安东尼，一次一次落空了。

公元前34年，安东尼在败于帕提亚的回师途中，征服了亚美尼亚，俘获了亚美尼亚国王。然而，这次胜利却使他和罗马人民的关系更疏远了，因为他一反惯例，不在罗马城，而在亚历山大里亚举行凯旋式。这严重损伤了罗马人的感情。他似乎已不是罗马统帅而是东方君主了。

4. 分道扬镳：屋大维与安东尼的决裂

公元前32年，三头同盟独裁权限期满，屋大维和安东尼也彻底决裂了。安东尼正式修书遗弃妻子屋大维娅，与克列奥帕特拉结婚。安东尼还把罗马东方行省的部分地区赠送给克列奥帕特拉和她的子女。这引起了罗马人的极度不满。恺撒爱克列奥帕特拉，克列奥帕特拉处在恺撒的控制下，恺撒甚至把她带到罗马进行宣扬。安东尼爱克列奥帕特拉，但克列奥帕特拉控制着安东尼，安东尼完全为情色所迷。

屋大维发誓要为他的姐姐和家族蒙羞复仇。他大造舆论，攻击安东尼出卖国家利益。安东尼针锋相对，扬言屋大维无权做恺撒的继承人，恺撒和克列奥帕特拉的儿子恺撒里昂才是恺撒的合法继承人。当忠于安东尼的两个执政官在元老院攻击屋大维时，屋大维率领大批武装随从进入元老院，驱逐了大约300名拥护安东尼的元老。两位执政官也被迫逃到安东尼那里去了。屋大维还违背传统习俗，强迫维斯塔神庙贞女交出安东尼遗嘱并将之公布于众。遗嘱中有安东尼请求把他葬在埃及亚历山大里亚和批准他对克列奥帕特拉七世的赠予等内容。屋大维利用群众的愤怒和不满，诱使元老院和公民大会作出决议：剥夺安东尼执政官以及其他一切权力，并以侵占罗马财产为由，向克列奥帕特拉宣战。

　　战争还没开始，屋大维就获得了道义上的胜利。屋大维没有向同胞安东尼宣战，而是向外国人、"东方女妖"克列奥帕特拉宣战，反对安东尼站在外国人一边反对罗马人。屋大维打着元老院和公民大会的旗号，名正言顺，他的军队是堂堂正正的正义之师，是讨伐不义，因为他征伐的对象侵占了罗马人的财产，这使和克列奥帕特拉联合在一起的安东尼处于十分尴尬的境地。其实，这仍是一场窝里斗，是罗马人打罗马人，和恺撒与庞培之间的战争没多少不同。从地域上看，是罗马的西方部分和罗马的东方部分的一次较量，是一次"楚汉"相争。屋大维的目的完全是为了夺得全罗马的控制权、单一的独裁权，他已经把小庞培消灭了，把雷必达搞下台了，现在轮到安东尼了。

　　双方都进行了大规模的动员和精心准备。屋大维筹集了尽可能多的钱，调集了 400 艘战船、10 万名步骑兵。安东尼和克列奥帕特拉一起拼凑了 500 艘战船、步骑兵 9 万人。双方兵力大致相当。

　　公元前 31 年 9 月 2 日，屋大维率领的海军与安东尼和克列奥帕特拉的联合舰队在希腊西部海岸的阿克提翁展开了决战。屋大维的舰只体积较小，但灵活机动；安东尼的舰只体积大，前面装有塔钩，可以钩住敌船，但比较笨重，转动不灵。战斗一开始，屋大维舰队就充分发挥其灵活的特点，用冲撞和火攻击伤敌舰。安东尼舰队在敌舰猛攻下，出现紊乱。克列奥帕特拉在这紧要关头，为保存实力，率领她的舰队弃阵而逃。安东尼见爱人跑了，无心恋战，置正在苦战的舰队于不顾，撤离战场，尾随而去，只有 1/4 的舰队随他们突围出来，剩下的大部分舰队见指挥官逃走，纷纷放弃抵抗，投降屋大维。战斗很快就以屋大维的大获全胜而结束了。

安东尼和克列奥帕特拉逃回了埃及，但已无力再和屋大维抗衡了。公元前 30 年夏，屋大维进军埃及，把安东尼和克列奥帕特拉围困在亚历山大里亚。绝望中，安东尼提出要和屋大维单个决斗，却遭拒绝，又误以为克列奥帕特拉自杀了，便伏剑自刎。克列奥帕特拉又故技重演，弃安东尼而想以美色诱惑屋大维，但这次她的美色没起作用。她不愿被屋大维带往罗马遭受在凯旋式上被展示的屈辱，自尽了。延续了三百多年的埃及托勒密王朝也随着女王的死亡而最终灭亡了。屋大维处死了她和恺撒的私生子恺撒里昂和她与安东尼的长子。埃及被作为由屋大维亲自管辖的特殊行省并入罗马。埃及女王的全部财产都被屋大维收归己有，结果使他比罗马国家还要富，这大笔的收入使他有能力给老兵发军饷，维持军队对他的忠诚。

内战结束了，"楚汉"相争终于有了个结果，屋大维成了罗马的第一人。这一次长达 14 年的内战结果再次说明，共和制终结了，一个君主式的人物死了，必然还会出现另一个君主人物。法律、元老院、公民大会对于这样的人物都没有约束力，传统、习俗也被抛置一边。决定一切的是军事力量，是军事统帅的纵横捭阖的政治手腕和军事指挥才能。不管谁战胜谁，罗马都将处于个人统治之下，除此之外别无出路。尽管罗马的个人统治不同于东方的君主制，但总是个人统治而不是共和制的寡头统治。

罗马从共和制走向个人统治，走向帝制，道路曲折艰险、困难重重，付出了沉重代价，消耗了大量的人力和财力，罗马国家的对外扩张在内战中基本上停步了。如果没有内战的消耗，如果恺撒不死，罗马可能是另一个样子。

屋大维战胜安东尼还意味着罗马的西部取得了对罗马东部（包括希腊）压倒性的优势，这有利于维护罗马城和意大利在罗马国家的核心地位。

二、元首制的创立

1. 奥古斯都：屋大维的胜利

公元前 29 年，屋大维回到罗马。罗马人民和元老院给予了最热烈和最隆重的欢迎。他们不是欢迎一般的凯旋统帅，而是欢迎一位最终结束了百年内战和动乱、给罗马人民带来渴望已久的和平和宁静的庇护人。屋大维已不仅仅是个军事统帅，而是所有权力在手的、没有了竞争者的独裁者。他的胜利、他的成功不仅意味着整个地中海世界，包括埃及和部分两河流域，都一统在罗马的鹰旗下，而且意味着罗马百年内战和扩张以他个人的胜利而告终。地中海世界实际是统一在个人权力之下，这种个人权力和东方早已存在的个人权力大同小异，本质上没什么两样。

这样的结果，是出乎很多人意料的。从格拉古兄弟的改革开始，不少人都是为维护共和制，为使共和制适应新的形势需要，为克服共和制的弊端进行斗争，实施改革。但历史的发展不可逆转，共和制虽有诸多令人称道的优点，却不适宜统治一个大国，其实，罗马从超出城邦的范围，就不是个完全的共和制国家了，到它成为地中海的霸主时，虽仍有共和制之名，所谓"罗马人民和元老院"（罗马共和国的全名）只是罗马国家的极少一部分，它的绝大多数人口都不在罗马人民之列，元老院和所谓罗马人民对行省和非罗马公民实行的完全是帝国统治。从某种意义上说，罗马从它征服迦太基开始就是个帝国，不过不是东方式的个人专权的帝国，而是寡头统治的帝国。这个帝国开始到了用帝制取代共和制的时候了。

不过，从共和制到帝制的转变的确非常困难，尽管这是历史的必然，大势所趋。恺撒时已具备了这种转变的条件，恺撒也许想使这一转变更和平些和取得人民的支持，因此，当安东尼把王冠戴在他头上时，他在人群的冷漠态度下三次戴上又三次取下。最终恺撒还是被人以除掉暴君为由谋杀了。恺撒的死并不能阻止向帝制的转变，这不过是把这转变又推迟了十几年。但恺撒的被刺也说明，要真正在罗马当东方式的君主是要冒巨大风险的。罗马人不是东方的子民，他们是公民，有参政权和人身不可侵犯权，要他们完全抛弃公民权，尽管这种权利已名存实亡，做东方式的子民不是那么容易的。

屋大维深知这一点，回到共和制已不可能，可能也是他不愿意的，而要真正名正言顺地登上帝王之位，却又会招来长期处于共和制下的罗马人民的反对和厌恶。这个看起来难以两全的难题，屋大维却以超人的政治才能，出色地解决了。他创造了一种在形式上保留原有的共和政体，而在实际上又合法地把毫不逊色于东方君主的绝对权力掌握在自己手中的政体。他所创造的这一全新政体被后人冠名为"元首制"或按音译为"普林斯制"。这是因为他被尊为"普林斯"（princeps），也就是元首。元首（普林斯）的意思是第一公民，国家第一人，或元老院第一名元老。这个词的拉丁文本意和汉语的"元首"并不是对应的，甚至可以说是根本不同的。中国古代也称帝王为元首，而把他的大臣称为股肱。这个元首就是头，脑袋。这是个比喻，很恰当地反映了帝王的地位，他是指挥者，发号施令的。大臣作为他的股肱只能为他办事。在汉语里，元首并没第一公民之意，而这个第一公民的称谓非常恰当地表明了屋大维和东方君主的不同之处，他不是高居于万民之上的、万民敬仰的君主，而是他们中间的第一人。这个称谓本身就具有共和制的深刻痕迹。

屋大维战胜安东尼，大权在握，这本是他梦寐以求的，但他却以共和制忠诚维护者的面目出现，苏拉也曾经这样做过。他不仅没削弱元老院，反而尽力加强元老院，提高元老院的地位。公元前 27 年 1 月 13 日，他在元老院发表令人激动不已的演说，宣布把自己的权力交还给元老院和罗马人民。他说，他为过去的作为感到不安，但那是出于对父母的孝心和为惨死的父亲报仇。他和安东尼、雷必达两个无赖共事是违心的，是为了维护共和国，因为共和国不允许他把国家交给一个堕落的罗马人和一个出身野蛮民族的皇后手中。现在，他可以按自己的意愿行事了。他唯一的愿望就是能和他的同胞一起生活，一起分享他给他的国家带来的幸福，因此，他宣布："我将不再领导你们……请从我手中取回自由的共和国。请接受军队和被征服的行省，并且按你们自己的意愿来治理吧。"

不知屋大维发表还政于民的演说时心里是如何想的，但不管怎样，这是非常高明的一着棋，恺撒这样伟大的人物也没能下出这样一着。西方民族喜欢直来直去，像这样其含意曲里拐弯的一着一般人是下不出的。中国古代帝王却常有这样的举动，禅让就是一例，明明是自己要当皇帝却偏偏要说成是别人让自己当的，还要再三推辞，好像是众意难违、勉为其难。

屋大维宣布还政于民的前提是元老院没有能力管理国家了，除了选择屋大维来统治这个国家已别无选择了。但是屋大维这一并不能使情况发生什么变化的演说却为他赢得了五体投地的感激和赞扬之词，他的威望更高了，元老院坚决地毫无异议地拒绝了他的辞呈，请求他决不要抛弃掉依靠他才终于得救的共和国。他还政于民、还权力于共和国的结果，是罗马人民请求他别抛弃他们，别抛弃共和国，不是他夺取了共和国的全部权力，而是他拯救了共和国。他是共和国，也就是元老院和罗马人民的保护者了。按照传统的庇护观念，庇护者是不能随便抛弃他的被保护者的。

公元前 27 年 1 月 16 日，也就是屋大维发表还政于民演说后的第 4 天，对屋大维感激涕零的元老院授予了他"奥古斯都"的尊号。奥古斯都是个含有神圣、庄严、伟大等令人尊敬的，并带有宗教色彩隐意的词。据说，屋大维曾希望罗马人民和元老院尊他为"罗慕路"。罗慕路是罗马开创者的名字，是罗马传说中的第一任国王。因考虑到这一称号会产生企图称王的嫌疑而放弃了。屋大维非常高兴地接受了"奥古斯都"这一称号，因为这一称号既可显示他的至高无上的地位，又不会像诸如帝、王、独裁者或神等称号那样引起元老共和派分子的不满和攻击。"奥古斯都"这一尊号和中国的皇帝这样的至尊称号一样，不是某一个人独有的。屋大维以后的元首也都被尊为奥古斯都，不过屋大维是第一个获此尊号的，后人就以这一尊号称屋大维。元老院还在元老院会堂安放一面金盾，上面镶刻有"因勇敢、仁慈、公正和虔诚而授予屋大维奥古斯都尊号"等字。屋大维生于 8 月，元老院根据恺撒的先例，把 8 月命为奥古斯都，又因他和恺撒同尊，8

月的日数也不应少于 7 月。这便是为什么西历 7、8 两月同是 31 天的由来。

这样，屋大维在宣布还政于民后，不仅没失去任何权力，反而使过去不合法获得的独揽一切的独裁权力由元老院和罗马人民合法地授予了。他还获得了"奥古斯都"这一显示至尊地位的尊号，赢得了共和国维护者的美名。奥古斯都就这样非常漂亮地开始建立他的元首制。

后人都把奥古斯都的元首制作为罗马帝制的开始，但这完全是一种罗马式的、特殊的帝制。形式上，罗马在政制上没发生根本的变化，仍称共和国。元老院和其他共和制机构如公民大会仍存在。有人认为元首制是种两元政体，罗马政府是个双元政府，是由元老院和元首共同管理的。实际上，元首是至高无上的，元老院以至公民大会都不能和他相提并论，随着时间的推移，元老院愈来愈成为元首的驯服工具。

2. 元首制：旧瓶装新酒

元首有许多地方不同于东方的君主。理论上说，东方君主的权力源于天，源于神，君权神授。而罗马元首的权力源于民，他的所有权力或者说他的所有职务形式上都是由元老院和公民大会授予的。这就使元首制有一件东方君主制所没有的共和制外衣。

和东方君主的不同还在于，元首的权力并不像东方君主那样只基于国王或皇帝一种职位，元首不是国王，奥古斯都这时也只是荣誉称号，本身并没有包含任何责任和权力。元首的权力来自他众多的职务。这众多的职务也是原有的，是共和制的、传统的，而不是新增加的。

奥古斯都屋大维

奥古斯都从公元前 32 年到公元前 23 年连任 10 年执政官，从公元前 19 年又获得了终身执政官的荣誉职务，也就是说终身享有执政官的权力和地位。共和制下任期只有一年的两人共任的最高行政长官、政府首脑变成了元首制下的终身职务，名虽没变，性质已变了。

奥古斯都喜爱保民官这一职务。这一职务显示他是罗马人民保护者的身份。公元前 36 年，他还在和安东尼逐鹿中原时就被授予终身保民官职务，公元前 23 年又被重新加以确认。共和制下只一年任期并不能兼任其他官职的保民官，在奥古斯都这里变成终身的可兼职的了。这一职务使奥古斯都有权取消任何其他官员的措施和决定，也使奥古斯都人身成为神圣不可侵犯的，不受任何批评和诽谤的。公元前22年，他被"赠予"召开元老院会议和在元老院会议中任主席的权力。

古罗马是个宗教国家，宗教的力量和影响无所不在。元首通过担任大祭司长等宗教职务成为宗教首脑。

军队是奥古斯都元首制的支柱，他的一切权力中最重要的权力就是军权。公元前29年，他就获得了"最高统帅"称号，这个最高统帅或大将军或凯旋将军，就是后来的皇帝。"最高统帅"一词演变成皇帝，说明罗马的皇帝是靠军队支持的。中国汉字的"皇"和"帝"都是天神的称号，皇帝称号表示皇帝的权力是神授的。奥古斯都任最高统帅就成了军队的最高首领，有任命一切军事长官、征募军队及宣战或媾和的权力。最高统帅这些权力是逐渐形成的，共和制初期，统帅都是临时的，往往由执政官担任，并没有这么大的权力，军权成为高于行政权力的权力正是罗马帝国的特点。公元前23年，他获得了统治帝国广袤疆域的总司令权。行省分元老院管辖的行省和元首亲自管辖的行省，总司令则有对帝国一切行省的总督权。

奥古斯都就是靠这样众多的职务而集国家的军事、政治、宗教和行省管理等一切大权于一身，形成了事实上的个人专权统治。因此，史学界都把奥古斯都视为罗马的第一任皇帝。的确，罗马从贵族寡头统治到个人集权统治的长达一百多年的转变过程，是由奥古斯都终止的、完成的。但奥古斯都个人专权的确立，令人惊叹的是，不是宣布共和制的终结，而是在宣布共和制的恢复和新生的幌子下实行的。奥古斯都断然拒绝接受一切可能使人怀疑他个人专权的诸如国王、独裁官这样的称号或职务。罗马元老院和公民大会曾三次推举他为唯一的、拥有最高权力的法律和道德监护人，这实际上是授予他高于法律的永久独裁权，都被他以这种职务违背祖宗传统而拒绝了。奥古斯都虽权不亚于国王，但他所有的职务无一不是传统的，或者说，在形式上无一不是传统的。除了奥古斯都这样的荣誉称号外，他没有为自己创立任何新的职位，他以共和国和传统道德的维护者自任，结果，在他获得帝王般权力的同时，却赢得了"共和国的恢复者和自由战士"的赞誉。他的旧瓶装新酒的办法迷惑了很多人，令人瞠目结舌。

历史上，这类名不副实的事是屡见不鲜的，奥古斯都是做得最漂亮的一个。他在这方面，方法的高明无人能及，甚至超过了恺撒。正如韦尔斯所说："在这出罗马共和戏剧的最后一幕中，他是一个比其他演员气派都大、能力都高的人。总结来看，他是当时罗马可能产生的最好的人物了。"曾经困扰恺撒的既要实行个人专权统治又不可能立即抛弃共和制这样一个看起来很难两全的问题，奥古斯都顺利地、出色地解决了。罗马人民，包括平民和贵族都乐意地接受了奥古斯都的解决办法。韦尔斯赞扬他是当时可能产生的最好的人物，可能只有他这样既富有行政管理才能，又奉行"急事慢做"格言的人，才能这样顺乎自然地解决这个问题。

奥古斯都的成功说明罗马人民多么在意外在的形式。只要有共和制的外在形式，奥古斯都拥有的权力再大也似乎无关紧要，甚至奥古斯都的权力还是他们乐于接受的。因为在他们看来，他的一切权力都是由公民大会和元老院合法地，甚至主动地授予的，尽管是在无可选择的情况下，在失掉自己独立性的情况下授予的。这种只重形式而不顾内容的态度正是罗马公民大会和元老院已堕落为奥古斯都的统治工具的反映。但是无可置疑的是，保留共和制的外在形式，对于罗马、对于后世的影响是巨大的，这是罗马式君主制和东方君主制的一个非常重要的区别。西方的君主制在形式上从来不是一元的，这和罗马的传统不无关系。

奥古斯都之所以保留共和制的外形，除形势的需要外，和他在观念上的不注重形式而注重内容不无关系。只要把一切大权，特别是军队的统率权掌握在自己手中，使用旧的形式可以更得人心，这是他的高明之处。他恢复了元老院，甚至增加了元老院的职能，但这个元老院是经过他改造的，由清一色的自己的拥护者、追随者组成。奥古斯都不像他养父恺撒那样对政敌仁慈。他对政敌毫不留情，反奥古斯都势力被他一一清除干净，潜在的敌人他也不放过。他把元老院的人数从 900 人减少到 600 人。元老院的规模小了，人员更干练了。奥古斯都利用起来也更方便、更有效了。尽管奥古斯都对元老院总是表现出合乎礼仪的尊敬，元首制下的元老院已没有了往昔的权威性和独立性了。

3. 集权一统：罗马的新时代

奥古斯都所建立的这个元首制共和国，实际上是个军事君主国。这是百年内乱必然的结果。军队是奥古斯都统治的支柱。军队完全由他控制，元老院失去了对军队的控制权。奥古斯都拒绝了国王和终身独裁官这样的头衔，但他十分高兴地接受并终身享有同样有绝对权威的最高统帅职务和头衔。正是由于他把最高统帅作为他名字的一个组成部分，这个词后来才演变成皇帝。奥古斯都把他的正规部队，也就是常备军固定为 28 个军团，15 万人左右，同时还有一支人数几乎相等的辅助部队和一支常备海军。奥古斯都的这支军队有很强的战斗力，由训练有素的，服役期限长达 16 年、20 年甚至 25 年的罗马公民或准罗马公民组成。他们都要宣誓效忠于奥古斯都。他晚年不无得意地宣称："向我宣誓效忠的罗马公民士兵有 50 万人。"这是一支奥古斯都的私人军队，军队的最重要将领几乎都是他的亲属或亲信。奥古斯都就是依靠这支军队进行统治，维持国内和平、边境的安全和侵略扩张的。他和军队的关系就像保护人与被保护人的关系一样，军队忠诚地为他服务，他要保护军人的利益，要爱护和优待军人。军人不仅薪饷丰厚，退役后还可分得土地和金钱，作为服役的报偿。不是罗马公民的士兵，退役后还可以获得罗马公民权。这样一支军队站在他后面，他无论如何掩饰，都无可置疑地拥有东方君主一样的权威。实际上，就在当时，在东方行省，在小亚细亚和埃及，人民是把他这位元首当作国王的。

公元前 27 年，奥古斯都在中央建立了一个元老院执行委员会来协助自己的工作。这个委员会成了个类似内阁的政府机构，它由元老院元老组成，包括两个执政官和行政长官，营造官、保民官、监察官各一名，以及用抽签办法选出的另外 15 名元老。这个机构是奥古斯都个人的工作班子，帮助他规划元老院事务。参加的有贵族也有骑士。这是个过去未曾有过的，或为元首制一大特色的重要机构。

元首制下中央和行省的关系发生了变化。罗马对行省的管理一直是不成功的，这显示出了贵族共和制的巨大缺陷。由于元老院的无力和执政官任期只有一年，无法有效地监督和领导行省总督。行省总督成了行省至高无上的"君主"，肆意妄行，而且由于行省总督任期短，没有经验，在管理上处于无序状态。行省总督都以扩张自己的势力和搜刮尽量多的财富为任职的主要目的，以便卸任后可以有力量角逐其他官职和过豪华奢侈的生活。元首制下，中央的权力控制在奥古斯都一人手中，不管是由元老院管理的行省还是由奥古斯都直接统辖的行省，如埃及，行省总督其实都是由奥古斯都任命并向奥古斯都负责，效忠奥古斯都的。奥古斯都能有效地控制和驾驭他们，他们也尽力对行省进行有效的、公正的治理，以便得到奥古斯都的赏识，而能长期任职或调任其他更好的职位。奥古斯都还对行省的人口和资产进行了统计和评估，并在此基础上，确定了每个行省应上缴的税额。行省居民除了要交付海关关税和省内税外，还要交付土地税和私人财产两项直接税。行省的巨额税款全都由奥古斯都控制。奥古斯都把行省的税金大部分返回行省，支持行省的公共项目建设。

就这样，奥古斯都在公开宣称还政于民，做一个普通的公民后，却把国家的，包括中央的和行省的军事、政治、财政、宗教等各种权力都集中在他这位元首手中，把罗马共和国、罗马人民和元老院变成了奥古斯都帝国，变成了一个集权的统一帝国。

西方有人把罗马帝国看成是当时世界的中心，是世界最强大的国家，实际上，它只是当时世界的强国之一。在东方，汉帝国在文化上显然要高于罗马，而在军事实力上也决不逊于罗马。如同罗马一样，汉帝国也自认是世界的中心。比较一下这两个国家的帝制是十分有趣的。两国实行帝制的途径不同。汉帝国的帝制是承袭秦帝国的。秦以前，中国也是实行君主制的，汉帝国或者说，中国的帝制源远流长。罗马的帝制是由共和制发展演变而来的，是新生事物。元首制在世界上是独一无二的。途径不同，内容也就不同，罗马的元首制带有共和民主制的痕迹，权力在形式上是二元的，元首的权力源于民，由公民大会和元老院授予。中国的帝制是绝对的，皇帝的权力是绝对的，没有丝毫共和民主的痕迹，中国古代甚至没有西方意义的"共和"和"民主"这样的词语，根本不知"共和""民主"为何物。帝权源于天，是神授的。由于元首的权力是由罗马人民和元老院授予的，元首只是罗马公民的保护者，没有公民权的人是得不到元首的保护的。中国皇帝由于权力源于天，是承天命治民和护民的，理论上，所有的臣民都是他的子民，他是他们的君父，既有权治理他们，也是他们的保护者。在元首的眼里，罗马公民和非罗马公民是完全不同的。在中国皇帝眼中，他治下的所有人都是一样的，都是他的奴仆，但这不是西方意义的奴隶，他们的关系是君父和子民的关系。汉帝国的帝制由于源远流长，根深蒂固，有一套完备的官僚体系。罗马的帝制是新生的，是不完善的。元首制的主要支柱是军队，发展到后来，元首或皇帝的废或立都完全取决于军队的意向。汉帝国的帝制是官僚的，罗马的帝制是军事的。

奥古斯都不仅完成了从共和制向帝制的转变，开创了罗马历史的一个新时代，而且他这种在共和制外衣下行君主统治的做法对后世也产生了巨大的影响，甚至在近现代都屡见不鲜，希特勒、墨索里尼皆是如此。美国也借鉴了古罗马的许多做法。美国总统在某些方面就有点类似罗马元首。

三、罗马和平的开始

1. 罗马和平：长达两世纪的休养

奥古斯都的伟大之处，不仅在于他创立了元首制，而且在于他开创了一个延续两百多年的被历史学家称之为罗马和平的时期。在这个时期，罗马帝国的繁荣昌盛达到了顶峰。

罗马和平是从公元前 30 年开始的，也就是说，是从屋大维彻底打败安东尼和克列奥帕特拉，占领埃及结束内战那一年开始的。公元前 29 年，屋大维回到罗马，在为屋大维举行凯旋式时，罗马广场的雅努斯神庙庙门关闭了。雅努斯是门神，他的神庙庙门战时打开，和平时关闭。由于战争不断，庙门已有 300 年一直开着。现在庙门终于可以关上了，象征罗马人民所渴望的和平来临了。

这种和平是饱受战争之苦的整个帝国人民梦寐以求的，也是医治长期的战争创伤、休养生息、发展经济文化所必需的前提条件。一百五十多年来，罗马一直陷于内战和外战中，战争的巨大破坏性已使地中海的文明大大倒退了。战争不仅造成人口大量死亡，财产大量破坏，还使人民不能从事正常的生产活动、过正常的生活，经济凋敝，民不聊生，特别是希腊地区，严重的内战都发生在这里，繁荣一时、令人敬佩的希腊文明已满目疮痍、目不忍睹了。有些昔日曾十分繁华的希腊城市如科林斯等，已同非洲的迦太基一样，成为一堆废墟了。发达的、文明的地中海东部陷入了极度混乱之中。因此，奥古斯都从结束内战开始就倾其全力维持国内和平，创造一个让人民休养生息的环境。

奥古斯都成功了，这主要归功于他建立了一个元老院和罗马人民都支持的、有效的、有权威性的组织——元首制政府。各种权力都集于一身，反对他的力量已荡然无存，不是死在战场上就是被列入罗马公敌宣告的名单而在法律制裁下被消灭了，剩下的贵族则心甘情愿地对奥古斯都极尽奴颜婢膝之能事，以便获得升官发财的机会。元首制在行省更获成功，深受欢迎，而元老院的统治则让人深恶痛绝。可以说，在元首制下，没有任何力量敢向奥古斯都的权威挑战了，产生内战的条件已被消灭了。

奥古斯都统治的成功和所带来的和平，使许多人都对他感恩戴德。元老院和罗马人民授予了他"祖国之父"的称号，也就是说全国人民要像尊敬父亲一样尊敬他、服从他，为他服务。他这个"祖国之父"的称号已不同于传统的如西塞罗所获得的"祖国之父"的称号，却有点类似于中国皇帝的君父。

早在公元前 32 年，奥古斯都自己就说过："整个意大利是自愿向我宣誓效忠的，高卢和西班牙诸省、阿非利加、西西里和撒丁等省也都举行效忠宣誓。"战胜安东尼后，宣誓效忠他的就扩大到整个罗马帝国。当然，在全体罗马人民宣誓效忠于他的同时，他也就成了他们的保护人。作为保护人他有义务维护被庇护人的利益。奥古斯都的确做了不少给罗马人民带来好处、得到罗马人民赞扬的事。

塔西佗说他"用慷慨的赏赐笼络军队，用廉价的粮食讨好民众，用和平安乐的生活猎取世人对他的好感。"塔西佗的话有贬义，语带讽刺。他认为奥古斯都所建立的和平是血腥的和平，和平下面掩盖的是萎靡、卑怯（iqnavia）。塔西佗是共和制的拥护者，他对他所说的"生杀予夺取决于个人，元老院成了应声虫和附庸，成了歌功颂德的场所；人民实际上从权力的主体变成臣民"这种情况感到痛心和感慨。

塔西佗所愤慨的情况的确发生了，共和制成了帝制了。然而，无可否认的事实是，奥古斯都也的确通过把生杀予夺的权力集中于个人而结束了内战，使罗马人民享受安宁和和平，尽管这种和平是以人民

"从权力的主体变成臣民"为代价取得的，人民仍然欢迎。因为和平，地中海世界才进入了崭新的繁荣发展阶段，特别是商业，出现了空前繁荣的景象。海盗被肃清，保证了航路的畅通，地中海成了真正的统一世界，地中海的诸多民族，在奥古斯都治下，才真正合为一个国家——罗马帝国。

罗马城开始从意大利的政治中心，逐渐发展成地中海世界的政治、经济、文化中心。奥古斯都自豪地说，他接受的是一个破败的砖城罗马，留下的却是一个漂亮的大理石城市。共和时期罗马的建筑是很不起眼的，在这里见不到那装饰希腊城市的壮观的剧场、体操馆、图书馆和音乐厅，更没有埃及亚历山大里亚那样豪华的金碧辉煌的王宫。地中海世界最宏伟的城市那时还是亚历山大里亚。奥古斯都使罗

万神庙

马的面貌发生了根本性的变化。残破不堪的神庙修复了，更大的新的神庙建起来了，举世闻名的万神庙就是奥古斯都时代修建的。帕拉丁山下兴建起宏伟壮观的阿波罗神庙，四周由柱廊相围，其中还建有一间图书馆。奥古斯都居住在帕拉丁山上，他的宫室虽简朴，却极其雅致，后来英语词汇"palace"（宫殿）就源于奥古斯都在帕拉丁的居所。奥古斯都用大理石兴建了以他的名字命名的另一个新广场，广场周围环绕着柱廊和神庙，是罗马最宏伟的建筑之一，成了罗马人民集会的最重要场所。元老院兴建了巨大的、漂亮的大理石和平讲坛，以表示对和平时代的欢迎。拔地而起的宏伟建筑还有剧场和竞技场，这是为罗马公民提供娱乐的地方。这些剧场和竞技场类似今天的露天运动场，四周或三边有观礼台。奥古斯都经常在这些剧场和竞技场举行各种演出，娱乐居住在罗马的罗马公民。其中最受人欢迎的就是角斗士表演。罗马人喜爱这样一个令人发指的活动，使我们在赞叹罗马物质文明时，不能不为罗马人精神上的缺陷而痛惜。

2. 大张旗鼓：全方位的对外扩张

这里说的罗马和平并不意味着罗马已远离了战争，一个军事帝国是离不开战争的。和平只是对内而言，在奥古斯都的铁腕下，内战结束了，而对外战争仍在继续，罗马仍在扩张，而且，只有对外显示其强大的军事力量和建立一条可靠安全的边境线才能保证国内和平。奥古斯都不像恺撒那样的军事天才，也不是热衷征战的人，他没有恺撒那样的扩张计划，但他却仍然进行了一系列的对外军事行动，取得了不少成功，并极大地扩大了罗马的疆域。

南边，公元前25年，奥古斯都委任的埃及总督把罗马边界延伸到了尼罗河第一瀑布。原是藩属国的努比亚也被罗马用一系列征伐合并了。奥古斯都在地中海南岸配置了三个军团，两个在埃及，一个在非洲行省。

东边，公元前25年，罗马吞并了名为加拉提亚的小亚细亚中部大片领土。公元前20年，奥古斯都趁帕提亚发生王位继承人之争的机会，派提贝里乌斯率兵出征，施加军事压力，同时施展灵活的外交手段，与帕提亚签订了有利于罗马的条约，兵不血刃就迫使帕提亚国王交还了过去从克拉苏、安东尼手中夺去的包括军旗在内的一切战利品和俘虏，承认了罗马对亚美尼亚的保护权。条约规定幼发拉底河为罗马与帕提亚的疆界。条约的签订是罗马的胜利，既挽回了点32年前克拉苏兵败美索不达米亚的面子，又扩大了疆域，恢复和提高了罗马在这一地区的荣誉，奥古斯都个人的威信也因此得到极大的提高。

西边，公元前26年，西班牙人对罗马人的占领作了激烈的反抗。罗马人直到公元前19年，才将西班牙人的起义镇压下去，并进而侵占了全部西班牙领土。奥古斯都在这里设置了3个行省，配置了3个军团驻守从直布罗陀到莱茵河一带。奥古斯都还想吞并不列颠，但未成功。

北边，奥古斯都在征服了高卢和消灭了住在阿尔卑斯山南坡的萨拉西人之后，于公元前16—前12年，派提贝里乌斯率军进入多瑙河沿岸，先后建立了列提亚、潘诺尼亚、诺里克和麦西亚诸行省。

到公元前12年，奥古斯都大体上确立了帝国的疆界，东起幼发拉底河，西滨大西洋，南至撒哈拉大沙漠，北以莱茵河和多瑙河与日耳曼人为界。四境都有天然屏障。但对罗马人来说，这条边界线仍有不如意的地方。东边，仍存在帕提亚的威胁；北边，日耳曼人是罗马人的心头之患，而且，从地理上来说，作为北部的边界，易北河比莱茵河更有利。因此，奥古斯都想把北边的边界推进到易北河。公元前12年，奥古斯都令养子德鲁苏斯率远征军越过莱茵河侵入日耳曼人境内。德鲁苏斯进军颇为顺利。他战胜了当地的统治者，建立了一系列基地，于公元前9年抵达易北河，可是，在他即将成功时，却不慎坠马受伤，不治去世。奥古斯都又派提贝里乌斯继续征战日耳曼。经过不断的征伐，罗马军队最终占领了从莱茵河到易北河的全部地区，并在公元前5年设置了日耳曼行省。不过，罗马对它所占领地区的统治并不稳固，虽驻有重兵，仍不时爆发起义，特别是日耳曼人，他们的反抗斗争从未停止过。公元9年，罗马对日耳曼人的统治遭到了致命的打击。驻守日耳曼行省的罗马统帅瓦鲁斯，在日耳曼部族首领阿尔米尼乌斯的引诱下，率领3个军团和5个辅助部队，离开驻地，深入几乎无法穿行的特乌托布尔格森林中，掉进了日耳曼人预先设下的陷阱，遭到日耳曼人猝不及防的围攻。苦战四天，瓦鲁斯和所有高级军官，不是死于敌手，就是自杀了，全军覆没。

这一事件震撼了整个罗马，奥古斯都在罗马全城布置了日夜岗哨，延长了各省总督任期。瓦鲁斯军团的覆灭，给年老的奥古斯都沉重的打击。他陷入深深的悲痛中而不能自拔，好几个月不理发，不刮胡子，并不时以头撞门呼喊："瓦鲁斯，把军团给我带回来。"奥古斯都悲痛欲绝不仅是因为丧失了一支精锐的部队，而且因为他要把罗马帝国北部的边界建立在易北河的美梦也随之彻底破灭了。他年老了，再也没雄心，也没力量去彻底征服日耳曼人了。恩格斯认为日耳曼人"同瓦鲁斯的会战，是历史上最有决定意义的转折点之一。这次会战使日耳曼尼亚永远摆脱罗马而取得了独立"。日耳曼人独立于罗马统治之外，不仅使罗马北部边界处于不安宁、不稳定中，也为以后"蛮族"入侵种下了祸根。日耳曼是欧洲安全和繁荣所必需的脊柱，罗马的统治被限制在莱茵河以西，对于罗马来说，是不幸的。当然，对于日耳曼人来说，获得独立是幸运的。

奥古斯都晚年似乎厌倦了战争，他停止了军事扩张，并告诫他的继承人也不要进行扩张。公元 14 年 8 月 19 日，他终于走完了他 77 年的人生历程，去世了。但他创立的元首制，他缔造的罗马和平却延续了下来。

四、奥古斯都后继诸帝

1. 养子继位：不得人心的提贝里乌斯

奥古斯都没有为解决他的继承人问题而制定任何法律或规定。如前所述，奥古斯都的权力，形式上都是由公民大会和元老院授予的，是不能私相传授的。理论上说，只要得到公民大会和元老院的授权，罗马任何一个公民都可以获得这样的权力。实际上，奥古斯都的权力由谁来继承完全取决于奥古斯都而不取决于公民大会和元老院，而且，这种权力实际上已成为不可分割的。奥古斯都在选择他的继承人时，颇费周折。他结了三次婚，却只有一个亲生女儿。他的女儿给他生了 3 个外孙子，但是包括他的外孙子在内，他的家族中有可能充当继承人的男性一个接一个地都先他而去世。最后，他不得不将与他毫无血缘关系的、他妻子与前夫之子提贝里乌斯过继为养子，并让自己嫁过两次守寡在家的女儿优利娅嫁给他。奥古斯都在世时就让提贝里乌斯和自己共同执政，担任包括保民官的许多重要职务。奥古斯都死后，提贝里乌斯成了继承人，但他效法他养父，也演出了一幕还政于民的闹剧。他也宣布要把权力还给元老院和罗马人民，而元老院和公民大会也故技重演，又把奥古斯都曾拥有的各种权力和称号都授予他。这样，提贝里乌斯就成了罗马帝国继奥古斯都之后的第二位元首。

提贝里乌斯的军事才能并不比奥古斯都差，能征善战。在军事上或行政管理上，虽没任何创造性，却也可算是奥古斯都的一个合格继承人。在军事上，他任命侄子日耳曼尼库斯和儿子小德鲁苏斯为统帅，镇压了在日耳曼和潘诺尼亚发生的兵变。日耳曼尼库斯随后还越过莱茵河边境与日耳曼人进行了三次大规模的战斗，使罗马势力抵达易北河，但为时甚短。在行省管理上，他继承了奥古斯都的管理制度，显示了他在这方面的杰出才华。特别是在行省管理上，他知人善任，一般地说，他所选取的行省总督都是聪明能干的、胜任工作的。因此，帝国不仅有效地处于提贝里乌斯的控制下，还保持了昌盛和繁荣。

但是，提贝里乌斯缺乏奥古斯都那种得心应手处理各种社会关系的能力，不像他养父那样圆通、谨慎。他无法和元老院友好相处，他觉得元老院的权力不过是徒有虚名，他对在形式上还要维持元老院共同治理国家的虚假形象非常不满。他十分看不起那些在公共场合对他极尽恭维之能事而在私下又诋毁他，甚至阴谋推翻他的贵族；他也看不起平民，他觉得自己决定的事还要让公民大会来表决通过是滑稽可笑的，是毫无必要的闹剧。他干脆停演了这样的闹剧。公民大会形式上的一点作用也没有了，帝国政府代表罗马人民的形象或面具，消失了或取掉了。为减少政府开支，他大幅度削减用于平民娱乐的公共表演支出。元老院的元老贵族只能发表和他相同的意见。有一次，他让元老院就某件事进行讨论，有个元老在大家还没说话时，提出了这样一个问题。他问提贝里乌斯："你将什么时候提出你的意见呢？如果你第一个发表意见，我就按照你的意见发表我的意见，如果你最后发表意见，那我害怕会不小心发表和你相反的意见。"这位元老的话里虽然流露出一点对提贝里乌斯独断专行的不满情绪，却表达了当时元老的普遍心理，异常卑怯，谁也不敢发表和提贝里乌斯不同的意见。提贝里乌斯不同于奥古斯都，他似乎认为他皇帝般的权力已经不再需要加以掩饰了。尽管他没有取消元老院和公民大会，但对表面上的礼仪性的尊重也已经不存在了。

提贝里乌斯残暴、多疑、荒淫恣肆，在罗马很不得人心，甚至他的近卫军首领也阴谋推翻他。他的侄子日耳曼尼库斯和儿子小德鲁苏斯先后去世。国事的挫折、紧张的人际关系再加上家庭的不幸，使他心烦意乱，厌恶罗马，厌恶罗马的环境，他要离开罗马，避开那些令他生厌的人。公元 26 年，他退隐到卡普里伊（卡普里）的坎佩尼亚岛，再也没回过罗马。不过，他的退隐和当年苏拉的退隐不同。他虽不在罗马，但直到去世，也从未放松自己手中的权力。这完全像一位东方的君主。他就在这个岛上统治了罗马 10 年。公元 37 年，他在岛上的豪华别墅中去世。

2. 近卫军：皇帝的制造者

提贝里乌斯去世后，继位的是奥古斯都女儿的外孙盖乌斯·恺撒。盖乌斯·恺撒继位是因为他是奥古斯都家族的唯一继承人。提贝里乌斯的儿子死了，盖乌斯·恺撒的两位哥哥也都被提贝里乌斯以叛逆罪处死了。盖乌斯·恺撒广为人知的称呼是卡利古拉（小靴子），因为在他哥哥和母亲被杀时，他还是个小孩，穿着小军服、小靴子。提贝里乌斯隐居坎佩尼亚岛，他作为随从也来到岛上。提贝里乌斯一死，近卫军就拥立他为继任皇帝。卡利古拉登上皇位不是通过公民大会或元老院，而是由军队（主要是近卫军）拥立，这种情况的发生在罗马历史上还是第一次，不过，以后这样的紫袍加身的事经常发生，军队成了皇帝的制造者。这种情况暴露了罗马君主制一个不可克服的缺陷：军队干政。罗马是个军事帝国，军队在国内的政治生活中有举足轻重的作用，它的地位实际上远在公民大会和元老院之上。同时，卡利古拉继位也说明罗马元首缺乏一个完善的继承制度。

卡利古拉是个完全不适宜担任元首的人选，他不仅患有精神病症，还十分厌恶元首工作。共和制时，这样的人是不可能当高官的，但在君主制下，这样的人当皇帝却似乎是中外都概莫能外的。

卡利古拉置元首工作于一边，全身心地投入他所喜爱的娱乐圈内的活动，有点像中国秦朝的二世皇帝胡亥。他把国家大事都交给充当他秘书的希腊人和希腊化的被释放的奴隶去处理。他恢复了平民大会，但对元老院却抱有强烈的厌恶情绪。精神错乱时，他喜怒无常，经常处死人并没收他们的财产。他常做些极端荒唐的事，他的姐姐兼情妇杜路西拉死了，他下令尊她为神。他还下令把他的像放置在耶路撒冷犹太神殿至圣所。他甚至任命他的坐骑为执政官。他的荒淫和挥霍无度，把国家多年积累的财富消耗完了。他虽不理国事，权力欲望却极强，而且日益膨胀。公元 40 年，他从里昂返回罗马，以绝对君主制的皇帝口吻鼓吹变圆滑的元首制为全面的个人独裁制。他的这一主张虽反映了罗马未来的走向，但由他这样一个精神病人和不理国事的元首提出，显得十分可笑和不和谐，什么事都不干，怎能个人独裁？他的荒诞闹剧式统治很快就结束了。公元41年，近卫军的一群军官杀死了他，他的妻子和未成年的女儿同时遇难。他被近卫军拥上台，又被近卫军赶下台，立、废皆由近卫军。

卡利古拉被杀，皇位空缺，元老院的那些留恋共和制的元老，竟天真地认为他们大显身手的时机到了。他们在朱庇特神庙召开会议，谴责恺撒，提出了争取自由的口号。但是，元老院要充当国家最高领导的美梦只做了48个小时就破灭了。近卫军拥立了卡利古拉的叔叔、体弱多病的克劳狄乌斯为皇帝。近卫军选中克劳狄乌斯，一是因为他是这个家族唯一残存的成年男性，是深受众人爱戴的日耳曼尼库斯的兄弟，二是因为他软弱。他不仅身体衰弱，精神上好像更软弱。近卫军发现他时，他正躲在皇宫瑟瑟发抖。

克劳狄乌斯被拥立为皇帝时已50岁。想当老大的元老院在军队面前屈服了，接受了克劳狄乌斯。拥立有功的军人每人都得到重赏。这样，近卫军又一次成为皇帝的制造者。

不过，克劳狄乌斯可和卡利古拉不一样，一登上皇帝宝座，就一改故态，出人意料地在处理行省事务和外事活动中显示出令人印象深刻的才能。有人据此推测，他过去的窝囊可怜相是装出来的，是大智若愚的表现，是在充满阴谋陷害的皇宫内的自我保护方式。

克劳狄乌斯是奥古斯都之后为数甚少的几个受到赞扬的皇帝中的一个。他为帝国取得了不少成就。他发动了一次罗马人组织得最好的对不列颠的入侵，成功地占领了英格兰南部和中部地区，使南部不列颠成为罗马的一个行省，完成了恺撒和奥古斯都都没能完成的对不列颠的扩张，推进了帝国的西部边界。他剥夺了毛里塔尼亚和色雷斯的被保护的统治权，把它们直接并入帝国版图。他还在北部边境和其他一些地方建立殖民地。在罗马，他修建了两条宏伟的引水渠，总长度达 160 公里，把清泉水从山上引到罗马城，使罗马的用水得到充足的供应。他重建了奥斯提亚港，以便推进粮食贸易，为罗马城获得足够的粮食供应提供保证。同时，克劳狄乌斯重用希腊释放奴隶，让他们辅助他，从而形成了一个协助他工作的内阁班子。这个班子的成员中出现了一些帝国最早的能干的大臣。

但是，由于年迈、操劳过度和疾病缠身，他控制局势的能力愈来愈弱了。公元 48 年，他那纵情享乐的妻子因纵容情人夺取他的帝位而被处死，他于是娶侄女阿格里皮娜为妻。情况进一步恶化了。政权实际上落入了得到近卫军支持的新婚妻子之手。公元 50 年，阿格里皮娜让克劳狄乌斯收养她与前夫之子尼禄为养子，这意味着未来帝位的继承者将是尼禄而不是克劳狄乌斯的亲儿子布里塔尼库斯，由养子继承帝位是罗马实行元首制以来的惯例，元首制的创立者屋大维就是恺撒的养子，提贝里乌斯是屋大维的养子。作为继承人的养子既可与养父有血缘关系，也可以没有任何血缘关系，提贝里乌斯和屋大维、尼禄和克劳狄乌斯就没有任何血缘关系。造成这种养子继承制的原因，一是没有血缘关系的，特别是没有亲生儿子做继承人，屋大维就是这种情况，但也并不都是如此，克劳狄乌斯就有亲子；二是对血缘关系并不那么看重。而且还有一种令人惊奇的情况，养子和继承人往往是自己妻子与她前夫之子，罗马人常喜欢娶曾为人妻的女人为妻。

在中国，这种情况是不可想象的。中国传统重视血缘关系，重视血缘关系的纯洁，重视妇女的贞洁。皇宫更是如此，皇帝决不会把一个和自己毫无血缘关系的人立为继承人，那样，在中国人看来就改朝换代了。皇帝也决不会娶曾为别人妻的女子为后妃。皇宫里实际上只有皇帝一个成年男性，目的就是保持皇宫妇女的贞洁，就是为了使后妃所生的孩子都绝对是皇帝的亲骨肉。中国人认为，不孝有三，无后为大，这个"后"必须是亲生儿子。罗马完全没有这种观念。帝国时期，罗马的独身主义者就不少。奥古斯都时代的大诗人维吉尔就一生独身。至于妇女再嫁，皇帝娶再嫁之妇更是平常事。

3. 嗜血的尼禄：最有名的暴君

收养尼禄为养子和继承人是克劳狄乌斯老年做的一件蠢事，害了国家，也害了自己。公元 54 年，克劳狄乌斯被一心想早日掌权的妻子阿格里皮娜用毒蘑菇毒死了。只有 17 岁的尼禄就这样，在他的老师，当时最重要的作家塞涅卡和近卫军长官布鲁斯的扶助下，顺利地继承帝位。但是，因为年幼，帝国的实际统治者开始时并不是尼禄，而是他那权力欲望极强的母亲阿格里皮娜。但是，阿格里皮娜只掌权一年。第二年，尼禄就履行皇帝职权了。他一亲政就显示了他的心狠手辣，不仅剥夺了他母亲的一切权力，撤掉她的卫队，而且毒死了他养父克劳狄乌斯的亲生儿子、他妻子的兄弟布里塔尼库斯，清除了他帝位的竞争对手或潜在威胁。

尼禄是罗马历史上最受人谴责的一个极端荒淫和残忍的皇帝。他和卡利古拉有点相似，对履行皇帝的职责并没有多大兴趣，却醉心于赛车、音乐、戏剧和玩女人。不过，在他执政的前几年，由于他的老师塞涅卡的辅佐，他的统治还算贤明和公正。

他下令禁止流血的竞技和角斗，减免赋税，允许奴隶控诉不公正的主人。对那些反对他的人，他也采取怀柔政策。他宽恕了写诗讽刺他的人，甚至宽恕了阴谋反对他的人。克劳狄乌斯统治期间曾以叛国罪处死了 40 名元老，而在尼禄统治的公元 54—62 年，却没有发生过类似的处死元老的事件。他很少进行秘密审讯。他还允许元老院有更多的独立性。这段时间里，尼禄向人们展示的完全是个仁君的形象。这可能要归功于他的老师塞涅卡。

塞涅卡是当时著名的作家和政治家，他流传下来的 9 部悲剧，显示出了他的斯多葛主义的宽容和人道，包括对奴隶的同情。他为尼禄写的就职演讲稿中，公开承认元老院的特权。尼禄统治初期，帝国实际上主要是由得到元老院支持的塞涅卡和近卫军长官布鲁斯的有效配合进行统治的。

但是，好景不长，放荡不羁的尼禄很快就暴露出他残忍的本来面目。公元 59 年，他对已被斥退的母亲阿格里皮娜仍不放心，竟派人把她刺杀了。这时，布鲁斯死了，塞涅卡感到自己孤立无援，对尼禄已毫无办法，便也辞职了，也可能是被尼禄逐走了。塞涅卡后来还是被尼禄逼死了。叛逆法又恢复了。元老们的好日子过去了。许多贵族因涉嫌阴谋而被处死。尼禄遗弃并处死了自己的妻子，也是自己养父的女儿屋大维娅，目的只是为了和他所爱的美人波培娅结婚。

公元 64 年，一场大火把罗马大部分地区烧为灰烬，整个皇宫，除奥古斯都的卧室外，也都被烧毁。大火整整烧了一个星期，后来大火再次复燃。对于罗马来说，这是场毁灭性的灾难。谣言也随之四起，有人说火是尼禄本人放的，目的是为了腾出空地修建更加辉煌的皇宫。还有人说，大火肆虐时，他还在他的私人舞台上演唱特洛伊被毁的故事。这些流言传播非常广，虽无确凿证据，却是人们对尼禄不满的反映。至少，尼禄并没有为扑灭大火做些什么，他是难辞其咎的。但尼禄却把这场大火的罪责完全推到基督教徒身上，说火是基督教徒放的。大批基督教徒就因这莫须有的罪名而遭到残酷的迫害。他们有的被披上野兽的皮，让狗撕裂而死，有的被钉在十字架上，天黑时，被用火点燃，作为照明的灯火而活活烧死。基督教徒成了这场灾难的替罪羊。

大火之后，尼禄横征暴敛，搜刮大量钱财，开始重建罗马。他在大片的被毁地区，包括被毁的皇宫所在地，建起新的巨大皇宫。新皇宫取名金宫。金宫的入口处，矗立起他本人高达30米的巨大铜像。尼禄大建皇宫之举，加深了人们对尼禄故意放火的怀疑。

尼禄热衷于艺术，亲自参加舞蹈、歌唱和马车比赛等各种竞赛。他参加歌唱比赛，元老院预先把歌唱的胜利奖赏授给他，他拒不接受，坚持以平等的身份按照职业艺人的规则参加比赛，他迷恋于观众向他发出的雷鸣般的有节奏的掌声。他甚至还亲自参加角斗士竞技表

处置基督教徒

演。一个因阴谋推翻他而被判处死刑的将领，在回答尼禄问他为什么忘记他所发下的忠于尼禄的誓言时说道："因为我恨你。当你值得受人们爱戴的时候，全军的人对你都是同样忠诚的，但是，当你杀死你的母亲和妻子的时候，当你变成一个驾着马车赛马的家伙、一个优伶、一个纵火犯的时候，我就开始恨你了。"这位将领临死说的话反映了罗马人对尼禄态度的变化。人们的不满愈来愈强烈，企图推翻他的宫廷阴谋也愈来愈复杂。尼禄以残酷的屠杀来镇压人们的不满，他的老师塞涅卡也被迫害致死，许多无辜的正派人士遭到谋杀。沉重的赋税不断激起行省的反抗。尼禄的行为已使他失去了所有的支持者，特别是军队的不满，对尼禄是致命的。

在这样一个危机四伏的时刻，尼禄却离开罗马到希腊进行长时间的艺术和戏剧旅行，巡回演出。由于希腊人对他的艺术才能和表演活动非常热情和赞赏，他宣称希腊人是唯一能欣赏音乐的人，只有他们尊重他的艺术成就，为此他宣布给予希腊形式上的解放，豁免对罗马的税。这时，各行省总督和军事统帅都在秘密策划举兵造反。公元68年，他回到罗马后，中部高卢总督发动叛乱的消息就传来了，接着，驻守西班牙的罗马军团也在71岁的老将、近西班牙总督伽尔巴率领下举旗造反，伽尔巴被部下拥戴为皇帝。尼禄众叛亲离，元老院承认了自立为帝的伽尔巴，并通过表决判处尼禄死刑。尼禄的近卫军也抛弃了他，绝望中，他拔剑自刎，临死时，大声叫喊："在我身上死去的是一位多么伟大的艺术家。"

就这样，随着尼禄的去世，奥古斯都王朝走到了尽头，百年和平也随之结束，新的内战危机又开始降临。

奥古斯都王朝前后相继5个皇帝，历时百年（公元前31—68

年），尽管除奥古斯都和克劳狄乌斯两个元首（皇帝）外，另外 3 个皇帝都恶名昭著，却也无法掩盖这百年和平时期取得的辉煌成就。

罗马帝国不仅面积扩大了，而且更统一了。不论在中央还是在行省，在管理上都取得了长足的进步。奥古斯都和克劳狄乌斯都堪称行政管理方面的天才，特别是由于百年和平的环境，经济有了巨大的发展。罗马成了全世界的政治和经济中心之一。在罗马和希腊文明交融而成的新文明中，不仅完成了世界宏伟的令人惊叹的建筑群，而且涌现了一批伟大的学者和诗人。当然，这百年是君主制的百年，帝位父子相传，和中国君主制不同的是，父子不一定是亲的，养父养子也一样，皇帝在传继过程中被神化，获得至高无上的崇拜。奥古斯都和克劳狄乌斯就像东方君主那样，被敬若神明。这种敬拜有古老传统庇护制的因素，忠诚和崇敬皇帝成了公民的义务，同时也有浓厚的古埃及和亚洲君主制的色彩。罗马的元首制皇帝是东西文化的混合物。

五、罗马和平的第二个百年

1. 明枪暗箭：争夺帝位的混战

尼禄自杀后，罗马几乎又一次陷入内战的泥潭中。被部下拥立为帝的伽尔巴，虽得到元老院的承认，但并不能阻挡各地的军队统帅继续拥兵自重。伽尔巴年老体衰，无力胜任皇帝重任，这更激起了军事统帅争夺帝位的欲望。公元 69 年元旦，上日耳曼的军队首先发难，推倒了伽尔巴的塑像，要求元老院和罗马人民选择一位继承人。第二天，下日耳曼的军队更进一步，把元老院撇在一边，擅自拥立他们的总督维特利乌斯为皇帝。上日耳曼的驻军随即改变了态度，接受了下日耳曼军队的选择。这样，罗马就同时出现了两个皇帝。

伽尔巴得知维特利乌斯称帝后，十分苦恼，他年老又没儿子，立继承人成了当务之急。他召开了御前会议，选定一个叫披索的青年贵族做继承人。但这一决定却造成了伽尔巴集团内部的分裂，招致了以继承人自居的另一青年贵族奥托的极度不满。奥托曾是尼禄的朋友，和尼禄一样生活放荡。尼禄夺走了他的妻子波培娅，把他打发到远离罗马的卢西坦尼亚（葡萄牙）去任总督。伽尔巴造反，他是积极的支持者。他对伽尔巴没有选择自己做继承人深感失望，便用各种手段（包括金钱贿赂和许诺）收买伽尔巴的士兵。公元69年1月15日，奥托在一些叛变的士兵拥戴下称帝。伽尔巴在这突发事变下，反应迟钝。叛变迅速扩大，大量士兵倒向奥托一边，伽尔巴被叛乱士兵刺死，他的接班人和顾问们也同时遇害。

奥托这一谋杀前任自己称帝的举动，虽使他声名狼藉，却很快得到了埃及、北非、多瑙河和幼发拉底河等地军团的支持。已经在日耳曼称帝的维特利乌斯立即下令他的将军瓦伦兹和西塞纳率军南下罗马，与奥托争夺帝位。3月初，维特利乌斯的军队越过了阿尔卑斯山，并在奥托派来的军队还没来得及阻挡他们之时，抵达波河两岸。奥托决定起兵迎击。他没有等来自多瑙河的增援部队和他会合，就迫不及待地和敌人交上了手，结果，他在比德赖孔被维特利乌斯的军队打得溃不成军，奥托见败局已定，便在4月16日自杀了。他这个皇帝前后只当了3个月。

元老院又立即承认维特利乌斯为皇帝。维特利乌斯虽得到了元老院的承认，而且他也较年轻并有一个儿子可做继承人，但他的帝位仍岌岌可危，因为决定由谁来当皇帝的不是元老院，而是军队，有不少军队仍不支持他。担任平定犹太人起义的指挥官韦斯帕西安，成了他的帝位的一个强有力的争夺者。7月1日，韦斯帕西安被两个埃及军团拥为皇帝，接着，叙利亚和犹太地区的军团也表示支持。8月，多瑙河地区的军团也步东方行省诸军团的后尘，公开表示拥护韦斯帕西安为帝。10月下旬，拥护韦斯帕西安的军队挫败了维特利乌斯的抵抗，占领了罗马，维特利乌斯被处死。

元老院又立即宣布承认韦斯帕西安为帝。不过，谁都清楚，韦斯帕西安当上皇帝完全是得力于军队的支持，与元老院毫无关系。过去，皇帝的废立主要决定于皇帝的近卫军，这一次，行省和边境的军团充当了皇帝的制造者。

2. 重现和平：弗拉维王朝

韦斯帕西安是公元69年到公元70年的第四个皇帝，由于他的出现，帝国得以在短期内就结束了内战，进入罗马和平的第二个百年。韦斯帕西安没有像奥古斯都那样宣称恢复共和制，而是公开宣布他要和他的继承人一起建立一个新的王朝。这个新的罗马王朝被史学家称为"弗拉维王朝"，以区别于奥古斯都至尼禄的所谓克劳狄王朝。这个新王朝的建立说明，皇权思想经过百年，已在罗马扎下了根，韦斯帕西安已用不着遮遮掩掩了。

韦斯帕西安出身低微，祖父是个普通士兵，父亲是个很小的税务官，他是靠自己的才能才成为最高统治者的。他办事效率很高，工作不知疲倦。他建立了一个为他个人服务的强大集团，把许多官职赐给自己的亲朋故友。虽在大的问题上他是绝对独裁的，却仍是一个容易相处和容易接近的人。由于内战的巨大消耗，他在财政上猛增税率，提高各行省的税额，取消希腊诸行省和城市的免税权，收回意大利公地所有权，增加新税。为了弥补尼禄时代的赤字，他的这些措施虽被老百姓骂为"贪财官"，增加了人民负担，却还是必要的，而且也收到了效果。他有了足够的钱来加强东方边境的防卫和兴办教育。他在促使西班牙罗马化方面也获得了成功。在军事方面，他也颇有建树，他整顿军纪，在卡帕多奈亚、叙利亚和犹太地区建立 3 个军区。他吞并了南日耳曼的一块地方。在不列颠，他取得了更大的进展，将英格兰北部的布里甘特王国并入不列颠行省，平定了威尔士，并把罗马军队开进了苏格兰高地。

韦斯帕西安统治了 10 年，公元 79 年因胃病去世。他的儿子、继承人提图斯顺利继位。提图斯曾被韦斯帕西安派往犹太地区，指挥与犹太人的战争。据说，在他指挥下，罗马军杀死了 100 万犹太人，并把耶路撒冷夷为平地。这个屠杀犹太人的刽子手却占有一个犹太公主做情人。他还曾数任执政官，和父亲韦斯帕西安共同执政。他继位后，任职的时间很短，只有 3 年。

与他父亲崇尚朴素相反，他习惯豪华奢侈，生活放荡。但他在罗马的统治却和对犹太人不同，是温和的，并不惜财力为罗马人民造福，从而在罗马赢得了令人爱戴的明君名声。

在他统治期间，意大利遭受了一次突然的空前的天灾。维苏威火山爆发，埋葬了庞培、赫库兰尼乌姆、斯达比厄伊、奥普隆提斯和其他一些中心城镇。从 18 世纪以来，这些被埋葬的城镇陆续被考古

庞培古城街区遗址

学家发掘出来,重见天日,并为我们了解当时的罗马世界提供了最生动、最直观的实物资料,展现了当时人们的一幅幅生活画面。特别是庞培城,我们今天在参观这座曾被火山灰烬掩埋的小城时仍能看到公元 79 年的街道和房屋、广场和公共建筑、店铺和集市以及灾难降临之前城里的大部分建筑。走在这座古城宽达 10 米的长街上,能看见近 2000 年前的马车留下的深深的车辙印迹,走进街旁的餐厅仍能看到 2000 年前悬挂在室内墙壁上的漂亮油画,可以看见厨房中来不及收拾的狼藉般的炊具、烤炉上烤焦的面包。庞培城给我们展现了当时罗马城生活的生动情景。政府官员在宏大的议会厅开会,在宽敞明亮的办公室办公,商人和顾客在鳞次栉比的店铺里买卖。富人住在装饰豪华,有花园、有门楼的住宅里,而穷人则挤住在狭窄阴暗的房间里。商场里有专门出售奴隶的高台,城里还有圆形的露天角斗场,有可容纳 2 万人的看台,附近有体育场。在这座重现的古城里,我们还可以看到按照受难者遗体所显现的各种姿态而制成的逼真的石膏像,反映了人们在面对这突然而来的天灾时的各种表情、形态。如此完整地重现一座古城，重现昔日人们的生活，这在人类历史上是绝无仅有的。

提图斯在公元 81 年 42 岁时去世，由于英年早逝，有人怀疑是被他弟弟多米齐安毒死的。谣言的出现可能是由于多米齐安不孚众望、恶名在外。公元 81 年多米齐安继位后，一改他以前的统治者以共和形式来掩盖独裁的做法，公开实行一种谨慎却又系统的专制主义政策。他的这一倾向，特别是公元 84—85 年接受了前所未有的终身监察官之职，引起了元老们的惊恐，遭到强烈的抵制。他设法谋求军队的支持，同时，因他渴望进一步扩大疆域，更需要军队的拥护。他在西南日耳曼取得了成功，把边境线在他父亲向前推进的基础上又向前推进了一些。在不列颠，他将边界线大大向北推进，并随后在这里修建了防御带。但在多瑙河下游，他想吞并日益强大起来的达西亚王国却没成功，他派去征讨的将军两次惨败于达西亚军队。后来，他改变策略，给达西亚国王赠送礼物，企图用这种亲善怀柔的手段使达西亚停止对罗马边境的骚扰。他的这一让步为这一地区留下了不安定的因素。

公元 89 年，上日耳曼的罗马统帅叛乱，虽很快平定了，多米齐安却迁怒于那些对他早已不满的元老，他以叛国罪处死了许多知名的罗马人，其中包括那些共和派分子。由于多米齐安生性多疑而又易怒，对元老的迫害愈演愈烈。一些无辜的元老也被波及。在这种情况下，愈来愈多的人由于恐惧而疏远他。公元 96 年，他在一次宫廷政变中被杀死，参加阴谋策划的有他的妻子多米齐娅和近卫军长官。弗拉维王朝也随着多米齐安的死去而告终。

3. 帝国全盛期：图拉真的文治武功

元老院立即选举参加政变的 66 岁的前执政官涅尔瓦继承皇位。涅尔瓦统治期间，元老院的权威得到一些恢复。但涅尔瓦不受军队的欢迎，特别是不受边疆统帅的欢迎。为了取得军队的支持，他在继位的第二年，作了一个明智的决定，挑选战功卓著的日耳曼总督、45 岁的图拉真作为自己的养子和继承人。这一决定不仅平息了军队的不满，还开创了罗马帝国的一个新时期，使罗马开始步入一个长达 60 年的太平盛世，罗马帝国各方面都发展到顶峰。

公元 98 年 1 月 17 日，涅尔瓦去世。图拉真被军队和元老院推举为皇帝。

马尔库斯·乌尔皮乌斯·图拉真努斯（公元 53—117 年）的父亲是远西班牙的罗马殖民者的后裔，母亲是西班牙人。他的家庭虽富有并有名望，他的父亲曾任西班牙、叙利亚等行省总督，却是外省人。图拉真是出身于行省的第一个罗马皇帝。他的外省人身份表明外省人在统治阶层中的地位有了质的变化。这是一个象征，象征罗马最高职位正在向所有上层人士——不管是罗马的还是外省的——敞开。不过，这时，高卢和西班牙诸西方行省的人士提升仍要比北非和东方行省的人士快得多。

图拉真在军队和元老院都受到普遍赞誉，这不仅因为他是个战功卓著的统帅，而且因为他为人极富魅力和他对民众所显示的仁慈和关心。他继位为帝后，并没有在公元 98 年回罗马接受权力，而是仍在莱茵河和多瑙河地区逗留了一年多，巡视、巩固边防和策划与达西亚开战的准备工作。他于公元 99 年回到罗马，奉行复兴元老院的政策，给元老院以尊贵地位，对元老友善尊敬，并从东方各行省中任命元老院的成员，从而赢得了元老院的好感，加强了他和元老院的关系。他的政府采取了一些对罗马人有利的进步政策。他在意大利建立了由政府财政资金抚养穷困孩子的制度。他扩大了发放救济粮的数目和增加领取政府救济粮的人数。他还减轻了各行省的纳税负担，豁免了一些城市献给皇帝的贡赋。这些政策的实施凸现出一个关心民众的仁君形象。

图拉真为人称道的另一成就是他鼓励并亲自监督在罗马、意大利和各行省大力扩建公共工程，如修道路、造桥梁、开沟渠、垦荒地、辟港口、立大厦等。这些建筑物的遗迹在近现代的西班牙、北非、巴尔干半岛和意大利等地仍处处可见。有的建筑在宏伟、精美以及工艺诸方面都达到极高水平。建于罗马的美丽的图拉真广场，中央耸立着

图拉真石柱浮雕（局部）

他的巨大骑马铜像，广场后面是一个长方形大会堂，它的侧面是希腊文、拉丁文图书馆，后面是神庙。广场竖立着一个高达 38 米的"图拉真石柱"，石柱底部是立方体，柱身上面有精美的巧夺天工的宏伟浮雕，浮雕按螺旋式进行，描绘了远征达西亚的战争场面，它是罗马最杰出的富有创造性的艺术品，见者无不赞叹不已。

　　当然，作为一个军事帝国的皇帝，图拉真之所以闻名于世，主要还是由于他是恺撒以后罗马最出色的，也是最后一位成功的扩张者和侵略者。他发动的对外侵略和征服战争取得了很大的成功，帝国疆域被扩大到前所未有的规模。他放弃了几代前任皇帝的不扩展罗马边界的政策，或者说，他结束了几代皇帝在扩张领土上无所作为的状态。他积极进行对外扩张，主要目的是要通过这样的对外侵略战争，掠夺财富，增加国库收入，以弥补税收的不足，解决国内各项事业所需资金的欠缺和满足统治集团挥霍的需要。为了能适应对外战争的需要，他把罗马军团扩大到 30 个，每个军团的规模也增大了，与正规部队协同作战的辅助人员由新的各种各样的当地部队扩充，他们由来自非罗马的部落、民族单位组成，用他们自己的武器，其中也有穿戴铠甲的骑兵。图拉真就依靠这样一支庞大的军队，发动了一系列对外侵略战争。

　　多瑙河下游的达西亚王国是图拉真侵略掠夺的第一个目标。达西亚在德凯巴鲁斯国王领导下，从公元 1 世纪末开始强大起来，成为罗马帝国的潜在威胁。公元 101 年春，图拉真经过精心的准备，集中了20 万大军，分兵两路，驾船强渡多瑙河。图拉真亲率西路大军，一路披荆斩棘，穿越原始森林，直扑达西亚都城萨尔米泽杰图萨（今瓦尔赫莱）。达西亚人奋起抵抗，使罗马人遭到很大损失。公元 102 年，罗马人粉碎了达西亚人的抵抗，逼近达西亚首都，德凯巴鲁斯被迫无条件接受和约，并表示永远和罗马共敌友。公元 105 年，德凯巴鲁斯趁罗马人离开达西亚之机，重开战火。图拉真调动 12 个军团与达西亚人作战，占领了一个又一个达西亚据点。双方在萨尔米泽杰图萨展开了最后的血战，达西亚一如当年的迦太基人，在胜利无望时，宁愿服毒而死，也不肯做罗马人的奴隶。图拉真进入该城时，几乎是进入一座无人的空城。图拉真掠夺了大量的财宝。德凯巴鲁斯逃到山区，继续抵抗，直至走投无路才自刎而死。达西亚的都城被夷为平地。

图拉真在多瑙河上修筑起巨大的石桥，将达西亚并入罗马，设为罗马的一个新行省。图拉真在多瑙河北岸建立起众多的罗马人聚居点。这些聚居地的后裔现在仍称自己为"罗马尼亚人"（Roumaniaus），称他们的国家为"罗马尼亚"（Roumania），这些称谓都是由"罗马"（Roman）一词衍生而来的。

征服达西亚不仅消灭了一个强敌，使多瑙河下游一带安定，而且获得了巨大的财富和土地，为图拉真进行宏大的公共建筑提供了资金。图拉真在罗马宣布用历时 123 天的节日来庆祝达西亚战争的胜利。用这样长的时间来庆祝一次战争的胜利，在古今中外历史上都是绝无仅有的。图拉真这一决定既是对胜利的炫耀，也显示了罗马的富裕和满足了罗马人好过节日的愿望。显然，罗马人这种无节制的奢侈行为是建立在对外掠夺和对内对奴隶等压榨的基础上的。

征服了达西亚，图拉真把扩张的注意力转移到了东方。罗马东方的宿敌是帕提亚。从苏拉时代起，罗马与帕提亚的战争从未取得过完全的胜利。克拉苏和安东尼都曾败于帕提亚人。图拉真一方面不满意罗马东边的边界被局限在幼发拉底河上游，另一方面也受帕提亚富庶和广袤的土地的诱惑，渴望步亚历山大大帝的后尘，并吞并这个国家。早在公元 105 年，作为和帕提亚作战的准备，图拉真就派军队占领了阿拉伯北部的那巴特阿王国，控制了东方贸易的要道，并在这里设置了一个新行省。公元 110 年，帕提亚人控制了亚美尼亚，废除了原来拥护罗马的国王，另立一个新国王。争夺亚美尼亚就成了两国交兵的导火线。公元 114 年，图拉真派兵占领了亚美尼亚，废掉了帕提亚人拥立的国王，宣布亚美尼亚为罗马的一个新行省，纳入罗马版图。这一毫不费力取得的胜利，刺激了图拉真的扩张欲望，他决定继续东进，占领整个美索不达米亚。罗马军队，兵分两路，齐头并进，同时抵达底格里斯河和幼发拉底河，占领了上美索不达米亚。公元 116 年，罗马军队又沿底格里斯河南下，占领了帕提亚的首府泰西封。这年年底，图拉真兵抵波斯湾，罗马军队是第一次兵抵波斯湾，也是最后一次，图拉真是罗马统帅中唯一一个抵达这里的。

图拉真在这里，面对大海，颇有感触，为自己年事已高不能重复亚历山大征服印度的业绩而热泪盈眶。然而，当他在参观巴比伦城废墟，看见 440 年前亚历山大去世之处时，又发出了不同的感叹："声名何所有矣，唯一堆垃圾、石头和废墟而已。"这反映了他矛盾的心理，既向往亚历山大的声名，又醒悟到声名的空虚和世事的变幻不定。他将新占领的地区并入罗马，在这里设置了美索不达米亚行省和亚述行省。

但是，图拉真东征的胜利和成功是暂时的，在他不断向前推进的军队后面，在一个接一个的东方行省里，不断发生犹太人的叛乱。他被迫撤退，回身对付人民起义。由于年老体弱和担心这次伟大的远征前功尽弃，他心力交瘁，病倒了。公元 116 年，病情恶化，突然瘫痪，公元 117 年在小亚细亚东南角的塞利努斯城去世，没能回到罗马。临终前，他宣布收哈德良为养子和继承人。

图拉真统治时期，社会经济繁荣昌盛，国力空前强大，北征、东伐，使帝国的版图达到了极限。帝国发展到了顶峰。

4. 哈德良：最有修养的皇帝

图拉真的继承人普布利乌斯·埃利乌斯·哈德良（公元 76—138 年）是他的一个远房亲戚和同乡，也出生在西班牙行省。哈德良是罗马诸皇帝中最有文化修养的一位，为人谨慎，不喜冒险。他意识到罗马帝国的对外扩张已走到尽头，因而基本上停止了对外侵略战争，转为防守。他放弃了图拉真暂时占领的东方所有剩下的领土，把亚述和美索不达米亚还给了帕提亚人，将亚美尼亚重新由行省改为属国。罗马东边的边界又撤回到幼发拉底河。在帝国北部边境也转攻为守。哈德良实行转攻为守的政策是根据罗马帝国的实际情况做出的。罗马这时无论在军事力量上还是财政能力上，都已无力发动新的战争，同时，哈德良着重防守政策，也使罗马边界出现了相对稳定的局面，有利于帝国经济的发展。

在北部边境，哈德良没有放弃达西亚，而在莱茵河之间修筑了连绵不断的围墙，加强了防御。在不列颠，他修筑了从莱茵河到索尔威湾的著名的哈德良墙。他的防御措施收到了良好的效果，在很长一段时间内，边境安全，更没有大的骚乱发生。

哈德良是一个喜欢在全国到处巡视游览的皇帝，犹如中国的秦始皇，在他长达 21 年的统治期间，他大部分时间不在罗马，不在意大利，而是在帝国的各行省巡游。他巡游的目的，一是出于好奇，他是个旅游观光的热衷者，罗马帝国境内各地的风光景色和民俗民情对他有很大的吸引力，他攀登过埃特纳火山，游过尼罗河，帝国境内所有值得一游的地方他几乎游遍了；二是出于统治的需要，他巡视行省，显示他重视行省，把行省看得如意大利一样，是帝国不可分割的部分，他到处巡视，也是为了督促军队保持高度戒备的状态。他巡视各地时，经常对军队发表演说，要求军队加强纪律，提高战斗力，可以说，他的巡视也是强化边防的一种措施。有一点需要指出的是，哈德良巡视并不像中国古代的皇帝（例如秦始皇）那样劳民伤财、兴师动众。哈德良这个罗马皇帝，没有中国皇帝那么大的架子，他名义上是元首，但人民见了他也用不着回避，用不着行三跪九叩之礼，出巡也没有中国皇帝那样的排场，那样惊天动地。

哈德良是个非常杰出的行政首脑。他充实和完善了官僚机构，促进了元首制向绝对君主制的过渡。在帝国的行政机构中，骑士的地位加强了，骑士等级也没有了原来的财产资格限制，只要有一定服役年资都可做骑士，担任各种官职。骑士几乎成了专门的官僚等级。由于官僚制度的发展，形成了官阶和官俸制度。官员按品级分类，并有和品级相适应的荣誉称号和头衔。元老的称号是"最显耀的男子"，高级骑士职位诸如近卫军长官、埃及总督等获"最卓越的男子"头衔；中等官阶的官吏称"最优秀的男子"，骑士等级的低级官员称"杰出的男子"。哈德良把元首顾问会议改造成为一个向他个人负责的官僚机构。他给这个机构的成员发薪金，从而使它失去了独立性，成为他的驯服工具。元首顾问会议成了由近卫军长官主持的、成员多为法学家的常设机构，既有审判权，又有法律解释权，这使元老院的作用进一步降低了。哈德良统治时期，开始逐渐形成这样一种法律规范，即元首的意志就是法律，这已和中国皇帝的每句话都是金口玉言，都是圣旨，都是至高无上的相距不远了。

哈德良非常重视行省，他给了许多行省城市自治权，鼓励行省城市进行建设，修筑神庙、剧场、公共浴室，举办各种娱乐活动，并慷慨地资助一些城市，从而缩小了行省城市和罗马的差距，使行省城市的生活罗马化。

哈德良也和图拉真一样，在罗马大兴土木，他重建了奥古斯都时期兴建的万神殿，并修建了维纳斯女神庙。

哈德良统治时期，帝国基本上是平静的，没有战争，但在他生命快终结时，却在巴勒斯坦爆发了一次严重的犹太人起义。起义是由哈德良的反犹太政策激起的。哈德良强行在全帝国实行罗马化，要帝国境内的一切民族都接受希腊-罗马文明及其观念，他不能容忍犹太人拒绝希腊-罗马文明，他发布敕令，不准犹太人过安息日，禁止割礼，在耶路撒冷建立以皇帝的姓命名的罗马殖民地，并在耶和华神庙的旧址上修朱庇特神庙。哈德良的这些反犹太政策，理所当然地招致了犹太人的强烈不满，他们的起义一直坚持了3年。哈德良从其他行省调来大军进行镇压，本人也亲临战场指挥。起义最终被残酷镇压了。犹太人的988个村庄被摧毁，58万人被屠杀。犹地亚（jadea）这个地名也被改称为叙利亚—巴勒斯坦。幸存的犹太人除一年一次外，不准到耶路撒冷去，犹太人从此失去了他们的故乡，成为一个仅仅依靠犹太教和种族特征来维系的民族，流离在世界各地，直到第二次世界大战后的14年，犹太人才重新在巴勒斯坦建立了自己的国家——以色列共和国。

哈德良是罗马诸皇帝中颇受人称赞的一位。正是在他统治期间，罗马最终形成和完善了对帝国全境进行管理的一套行之有效的政府机构，这套官僚体制的完善伴随着共和制传统和公民权利的削弱以至几乎消失。对于罗马人来说，代价是巨大的。罗马要管理好帝国就必须牺牲共和制传统，逐步放弃公民的权利，主要是参政权，这也是这套官僚机构经过三个多世纪才初步完善的原因。

哈德良是罗马人的好皇帝，但对于犹太等被压迫民族来说，他和图拉真都是不折不扣的暴君、魔鬼。哈德良那种用自己的文明和观念要求别的民族，并以种族灭绝的暴行来推行自己文明的做法是令人发指的，但这种做法却被近现代西方强国所继承，它们在推广西方文明的幌子下，不知毁灭了多少不同于西方文明的文明。在这方面，中国统治者的态度和政策要进步得多。中国也是个多民族的国家，但中国从来没有强行用汉文化来统一其他民族。

公元 138 年，哈德良病死，终年 62 岁。他没有儿子，过继的儿子也死了，皇位由他病重时所宣布的养子和继承人、年已 51 岁的安托尼努斯·皮乌斯继承。

安托尼努斯原籍高卢，他的父亲做过执政官。他被认为是罗马的贤君之一。他的头衔"皮乌斯"就有忠于职守、诸神、祖国和他的养父之意。他一方面继续集中权力，另一方面又对元老院表示足够的尊重。他削减不必要的公共费用，并在不列颠建筑了新的横贯苏格兰南部的长达 58 公里的新长墙。尽管在统治时期，不列颠、毛里塔尼亚、日耳曼、达西亚和埃及等地都先后发生过叛乱和人民起义，他统治的 23 年中（公元 138—161 年），帝国大部分地区和大多数时间仍享受着和平，仍是一片升平景象。

六、罗马和平的结束

1. 江河日下：繁荣背后的衰退

罗马帝国历经 200 年的和平，繁荣昌盛达到了顶峰，国力如日中天。从幼发拉底河到大西洋沿岸，从北非到莱茵河，罗马式的繁荣城市随处可见。这些城市和罗马城一样，矗立着宏伟的高大建筑，有长长的水渠，有豪华舒适的浴池，有漂亮宏伟的剧场，有宽敞明亮的大会堂，还有其他各种壮观的公共建筑和私人豪宅。这些建筑装饰的豪华、外观的宏伟和工艺的精美，虽然现在大都只能见其一鳞半爪，却仍令人惊叹不止。

城市的繁荣是经济繁荣的结果。长时间的和平环境，为经济的发展提供了条件，国内外贸易空前发达。国外贸易扩展到了世界的各个角落，阿拉伯、印度和中国都和罗马有了频繁的商业交往。中国的丝绸大量输入罗马，罗马的贵族都以穿丝着绸为荣，甚至因购买中国丝绸金银大量外流，造成金融恐慌。公元 1 世纪，意大利手工业高涨，陶器、纺织品、金属和玻璃制品尤其突出，畅销世界各地。随后，行省的经济有了较大的发展，出现了一些手工业中心和大城市。意大利本土的农业虽已开始衰落，各行省的农业却发展很快，作物轮作制、土壤改良技术和灌溉方法的改进和发展，使行省许多荒漠变成良田，整个帝国农业显现出前所未有的繁荣。

但是，经济的繁荣导致了道德的堕落。城市里，罗马公民的生活，特别是富人们的生活，充满了奢侈、淫荡的腐化气味。道德每况愈下，据记载，图拉真统治时，罗马城里妓女就有 3.2 万人，同性恋普遍到成了富豪公子哥儿们追求的时髦生活方式。罗马人嗜好过节，嗜好节日的狂欢和娱乐已经到了无日不节的程度，图拉真为庆祝达西亚战争的胜利竟举行了 123 天喜庆活动。不管什么喜庆活动都少不了宴会和各种盛大的表演，其中当然少不了残忍的、令人厌恶的角斗表演。今天罗马城最负盛名的、建筑于弗拉维王朝时期的圆形竞技场（科洛塞奥圆剧场），虽然只能看到残缺不全的遗迹，它的宏伟壮观仍令人惊叹。但这个被称为古罗马帝国象征和世界八大奇迹之一的竞技场却不是供人欣赏戏剧的场所，而是血腥的角斗表演之地。据史料记载，竞技场建成开幕时，在这里举行了 100 天角斗表演，5000 头狮子、老虎等猛兽与 3000 个由奴隶、俘虏和基督教徒组成的角斗士队伍进行人兽大战，人与兽全都拼搏得力尽血干而死。这就是罗马人的娱乐！罗马人酷爱流血竟到了即使纯粹的竞技比赛也要流血的程度。赛车往往车毁人亡，拳击手常用铁和铅的皮带缠手。观看这些血腥比赛的既有上层贵族，也有靠国家救济的城市无产者。除了沉湎于观看角斗竞赛和戏剧外，罗马人，特别是富人还有一大嗜好——泡澡堂。罗马的公共浴场，犹如现在的娱乐城一样，建筑复杂而华丽，除浴池外，还有体育馆、图书馆和各种聚会场所，有乐队演奏，有时还有诗人或戏剧家朗诵。富人们把许多时间都消磨在公共浴场里，他们先做健身运动，然后沐浴，浴毕涂上香脂，躺在榻上闲谈消遣。这既是一种舒适的享受，也是奴隶主的时尚。除公共浴场外，富人和贵族还多有私人的豪华浴池。富人的宅院里，厅堂壁画，庭院池水，无不齐备，吃的也尽是美酒佳肴，有时甚至吃孔雀舌头以示阔绰。

罗马的这种繁荣是建立在奴隶劳动的基础上的，繁荣的表层下，已出现衰退的迹象，帝国的中心意大利农业衰退。上层社会有把体力劳动视作贱业的根深蒂固的观念。帝国的生产主要依靠奴隶劳动，而奴隶由于非人的待遇，毫无生产积极性，同时，随着对外战争的减少，奴隶来源枯竭，劳力的缺乏和劳动者缺乏劳动积极性必然导致生产的衰落。

更为严重的是被压迫民族的此起彼伏的起义和边境蛮族的威胁和入侵。对于罗马来说，这是致命的，罗马和平即将结束，一个新的动乱时期即将来临。

2. 二帝共治：一山也容二虎

安托尼努斯·皮乌斯于公元 161 年去世，他的帝位由他的养子、女婿马尔克·奥里利乌斯·安东尼·奥古斯都（公元 121—180 年）所继承。由于奥里利乌斯在安托尼努斯生前就已经是他的主要助手，多次任执政官，并任最高统帅和保民官，他的继位顺理成章。但是，他却不愿一人继承帝位，而坚决要求与安托尼努斯的另一养子维鲁斯一起继位。这样，罗马帝国就出现了双帝共治、一国二主的局面。罗马帝国第一次出现这样的情况，但这种情况在以后却多次出现。在罗马帝国历史上，二帝共治甚至四帝共治常常发生，并不奇怪。这与传统有关，罗马的统治一直是多元的，元首制以前是如此，元首制建立后，形式上仍是多元的，因此，最高权力可分割。中国则一直是一元的，最高权力不可分割。

罗马的这两个皇帝无论在才智上，还是在品德上都大不一样。历史上对奥里利乌斯的评价虽有褒有贬，却仍不失为一个勤奋而又有思想的统治者。他是斯多葛哲学的最主要的阐述者之一。他潜心于哲学思考，并通过他所写的《沉思录》把他的思想流传下来，然而，他并没有因这种爱好而影响他对皇位的忠诚，影响他尽力履行皇帝的职责。有人认为他是罗马诸皇帝中精神状态最高尚的。《英国百科全书》中引用费·威·法勒的话评价他："事实上，他把自己看成是一切人的公仆，举凡登记公民、平息诉说、提高公共道德、保护未成年者、紧缩公共开支、限制角斗竞赛和角斗表演、保养道路、恢复元老院特权、任人唯贤地选择地方官吏，甚至管理街道交通规则以及其他种种任务完全吸引了他的注意力。他的身体并不太好，却常常从清晨直到深夜工作不息。他的地位的确经常要求他出席观看竞赛或表演，但在这些场合，他或是看书，或是听别人给他读书，或是写笔记。他是那种不相信事情应当草率处理的人，而且认为没有多少罪过比浪费时间更为严重。"

奥里利乌斯当然不可能是什么"一切人的公仆"，而是代表奴隶主利益的皇帝，但无可否认的是，他的确是勤于职守的统治者，不过，他也有令人反感的一面，他有些自命不凡，他涉猎宗教，喜欢穿祭司服去行祭司的仪式。人们对他不满之处还有一点，他没能约束他美丽的妻子福斯丁娜的淫荡行为。在整个罗马国家，似乎只有奥里利乌斯不知道他的妻子福斯丁娜处处与人调情上床的行为。她的好几个奸夫都被委以高官或肥缺，奥里利乌斯甚至在他的《沉思录》里还感谢上帝给了他如此忠贞，如此温柔，在为人处世方面出奇纯朴的妻子！在他的急切要求下，罗马元老院竟还正式尊这样一个荡妇为女神，把她和朱诺（天后）、维纳斯（爱神）等相提并论，同等对待。这真是对神的亵渎。这件事也暴露了元老院已堕落到何种地步。奥里利乌斯对妻子的态度也成了人们的笑柄。

维鲁斯虽和奥里利乌斯同掌皇柄，相形之下，却黯然失色，是个无特点的平庸角色。他既没有奥里利乌斯那样的勤奋和才能，也没有奥里利乌斯那样淫荡的妻子。

3. 蛮族入侵：持续不断的边疆危机

他们两人登基时，帝国的边境形势非常严峻，往昔的安宁与和平已一去不再了。帕提亚人首先挑衅，入侵亚美尼亚。维鲁斯不得不在公元 162 年率兵去抗击帕提亚人，经过 4 年战争，直到公元 166 年才打退了帕提亚人，保证了东边边界的安全。但是，这场胜利所带来的喜悦，很快就被一场灾难所带来的痛苦淹没了，从东方战场返回的士兵带回来了一种可怕的瘟疫，很多人因染上瘟疫而死去。

东边的边界危机刚解决，罗马又面临一场更严重的边界危机。这次危机发生在北边。北部的边疆地区遭到罗马人称之为"蛮族"的日耳曼人和其他部族的入侵。他们开始大批地、源源不断地从多瑙河上、中、下游渡河，侵入罗马境内。这是一次有预谋的联合行动，世界面貌将因此发生根本性的变化。众多的日耳曼人在过去一段比较稳定的时间里，生产技术有了长足的进步，告别了简陋的农业技术，也不再留恋他们森林中的沼泽般的空旷地。他们现在尽一切可能夺取罗马境内的富饶土地，入侵到罗马的中欧和东欧各行省，甚至越过阿尔卑斯山，进入意大利本土，这是两百余年来的第一次。他们在这里毁坏城市，围攻亚得里亚海海岸的阿魁利亚港，同时，另一支日耳曼部族，穿越了巴尔干半岛大部分地区，掠夺了紧邻雅典的埃留西斯。日耳曼人入侵所引发的战争是空前严重的，它宣告了延续两个世纪的罗马和平的终结。

公元 167 年，奥里利乌斯和维鲁斯共同率兵越过多瑙河，讨伐日耳曼人。由于帝国财政拮据，为筹措军费，皇帝甚至卖掉了皇冠上的珠宝。尽管罗马军队由于感染上从东方带回的瘟疫而战斗力大减，但仍然逐渐地、艰难地控制了战局，掌握了主动，并终于把日耳曼人赶出了国境。维鲁斯在班师途中突患中风去世（公元 169 年），罗马又恢复了一个皇帝的政治局面。

奥里利乌斯在打退日耳曼人入侵的同时，为了减轻北部的压力，让大量日耳曼部族成员作为移民和潜在辅助士兵入籍帝国，这些日耳曼移民被承认为罗马业主或帝国领地的租用人。奥里利乌斯企图用这种办法把他们束缚在新的小块土地上，奥古斯都和尼禄都曾这样做过。不同的是，奥里利乌斯推行这一政策更加有组织，规模更大。这其实是种无奈之举，因为他已经没有力量把所有的"蛮族"驱逐出帝国领土，只好把他们作为开发边境的农业殖民者留在边境的指定区域内。他们移居罗马境内虽为罗马提供了它所需要的劳力和兵源，却也给帝国带来了不稳定的因素。

这时，埃及、西班牙和不列颠的局势也极不稳定。公元 175 年，当年曾随维鲁斯征战帕提亚的大将阿维迪乌斯·卡修斯拥兵自重，成了东方各行省的实际统治者，并控制了埃及。他散布奥里利乌斯已死的谣言，公开发动叛乱，自立为帝。奥里利乌斯只好与那些北方未屈服的部落订立和约，然后掉过头来，征讨阿维迪乌斯。奥里利乌斯兵还未发，阿维迪乌斯就被部下刺杀了。不过，奥里利乌斯仍借此机会，巡幸了东方各行省，视察了安蒂奥克、亚历山大里亚和雅典等地。

公元 173 年，奥里利乌斯一改他的几位前任从家族成员之外过继养子做继承人的传统做法，立他的儿子科莫德斯为又一皇帝和自己的继承人。父子同时为罗马皇帝，这是奥里利乌斯的首创，但是，奥里利乌斯立儿子科莫德斯为帝是一个极端错误的决定，将给罗马带来极大的损害。奥里利乌斯本人的道德和才能都受人称赞，他的家人却没有受他的影响，他的妻子淫荡，他的儿子更坏。科莫德斯（公元177—192年在位）后来成了罗马最残暴、最怪诞的皇帝之一。在立科莫德斯为帝时，奥里利乌斯又重新开始了在多瑙河地区与日耳曼人的战争。他想通过扩张北边领土，吞并波希米亚，为罗马建立一条距离较短，依靠高山而不是依靠多瑙河的边界。奥古斯都就曾想这样做，但没有成功，后来也没有一位皇帝做到这一点。奥里利乌斯开始获得了不少胜利，成功在即，却不幸于公元180年死于军中。他的一生大部分时间都在和日耳曼人作战，终因操劳过度，以身殉职。然而他的勤劳和忠于职守并没能阻止帝国的衰败。衰败已成必然之势，非哪个个人的努力所能挽回。奥里利乌斯一死，他改变北部边界的计划立即被放弃了，罗马和平也随着他的死去而最终结束了，随之而来的是一个长达百年的以革命、内战和无政府状态为主要内容的新阶段。此后，罗马面目全非，内外交困，往昔的强盛不再。

七、东方宗教的流行和早期基督教

1. 拿来主义：受欢迎的东方宗教

罗马征服了地中海周边的所有国家，包括东方的诸如希腊、埃及

酒神狄俄尼索斯

和小亚细亚地区。但在文化上，如前所述，东方文化，特别是希腊文化却征服了罗马。同样，东方的宗教也对罗马的宗教产生了巨大的影响，并最终取代了罗马宗教。罗马宗教的诸神都有希腊诸神的痕迹，或者说，罗马诸神是希腊诸神的罗马化。罗马从一开始就有把别地、别的民族的神拿来做自己的神祇的传统。后来，比希腊更为东方的埃及、小亚细亚以及两河流域的宗教也随着罗马的扩张而在罗马世界流行起来。

罗马社会是宗教社会，对罗马诸神崇拜是罗马爱国主义的源泉之一。随着罗马的扩张，罗马统治者也把罗马诸神的崇拜输送到各行省，并有意使罗马的神等同于每一地区的地方神。可是，罗马诸神，或者说，罗马宗教没有保佑崇拜者未来幸福的内容。在公元最初的几个世纪里，一方面，由于和平，生活富裕而精神空虚，需要新的宗教信条来填补；另一方面，人们在经历过多的苦难和考验后，渴望有某种来世幸福的保证，渴望获得救世主式的圣明的支持和力量。这个时期是科学研究销声匿迹的时期，是观念意识急速变化的时期，对许多人来说，今世无望了。孤独、失败的情绪和精神的空虚，使他们把希望寄托于来世。这种把希望寄托于幸福的来世的观念，可使他们得到一种超越痛苦和死亡的个人胜利感。东方的一些宗教正好可以满足这些精神需要慰藉的人们的需要。这些东方宗教里都有救世主。救世主会让他们所选中的信徒死后在天国过上一种幸福的生活。生前即使在地狱受苦，死后上天堂享福也是一种安慰，一种精神补偿。

由希腊传入意大利的对狄俄尼索斯（在罗马被称为酒神巴克斯）的崇拜就有这种性质。狄俄尼索斯是植物神，是葡萄种植业和葡萄酿酒业的保护神。他到哪，哪的葡萄酒、牛奶和蜂蜜等就能如泉水一样从地下涌出。祭祀他的仪式成为疯狂的宴饮，成为为酗酒和性要求提供方便的一种单纯的享乐聚会。这种崇拜把来世也描绘成这样一场纵情狂欢的聚会。元老院虽极力反对这种有伤风化的崇拜，却没能阻止它的广泛流行。因为这种崇拜一方面满足了追求享乐的罗马人的需要，又使他们在精神上得到安慰。

罗马人从对库柏勒的精神祭礼中引发出更加深厚的激情。库柏勒是源于小亚细亚的大地女神，她的情人是主宰自然界死而复生的、充满青春活力的大神阿提斯。公元204年，对他们的祭礼被承认为合法的罗马祭礼。这种祭礼包括吃面包和喝酒的圣餐礼。后来基督教就采纳了这样的圣礼仪式。在祭司宣布阿提斯死而复生时，祭祀活动充满狂热的兴奋情绪，场面极为壮丽。

比之库柏勒和阿提斯，埃及女神伊西斯和她的兄弟与丈夫、地狱之神奥西里斯更使罗马人着迷。伊西斯是丰产和母性的庇护神，奥西里斯和阿提斯一样，也死而复生，不过他不是自然界保护神，而是做了冥王，地狱之神。对于许多罗马人来说，伊西斯和奥西里斯是他们在困难和孤独时可以给他们帮助的救世主。奥古斯都时代，一位叫蒂布罗的罗马诗人，在由于疾病而不得不离开战场时，心情苦闷地给他的未婚妻写信道："迪莉亚，从你的伊西斯那里我能期望什么？……现在，现在，女神啊，救救我，你的神庙中很多画像都已证明你能治愈人间的疾病。"蒂布罗和他的未婚妻是罗马社会有文化的上层人士，他们不是在对罗马诸神的信仰中，而是在对伊西斯这位外来的埃及女神的信仰中寻求帮助和慰藉。伊西斯在这里已压倒了罗马诸神。哈德良甚至在自己的豪华别墅旁修建一座埃及花园，供奉伊西斯和奥西里斯，花园里竖立着他们的雕塑。对伊西斯和奥西里斯的祭礼，对于信徒来说，是令人激动的时刻，是一场无限制的狂欢。对伊西斯的崇拜几乎成为世界性的唯一救世主崇拜，她被尊奉为大地的统治者、星空的创造者、航海的护佑者。她还是被压迫者的保护者、妇女的援助者、受辱者的安慰者。后来基督教将伊西斯崇拜的这些特点全都移接到圣母玛利亚的身上，甚至圣母抱着耶稣的形象也完全是最常见的伊西斯抱着她儿子的形象的翻版。

在军队中，流行对波斯的光明之神弥特拉斯的崇拜。很多军队里都设有地下教堂，弥特拉斯的信徒们在这里进行祭祀活动和庆祝胜利，后来，对弥特拉斯的崇拜由军队传遍整个罗马帝国。

这些受到罗马人普遍崇拜的东方神有许多共同之处。这些崇拜都有神秘的狂欢式的祭礼，这其实有浓厚的感情宣泄成分。更重要的是这些神的经历都富有戏剧性，他们都不畏死亡，并能战胜死亡，死而复生，获得永生。信徒们深信，得到这些启示，经过入教仪式，就能使他们驱逐罪恶，分享神的永恒生命，并与神同在。

2. 巴勒斯坦：基督教的发源地

对这些救世主的信仰虽流传很广，信众也很多，最后却都被另一种救世主信仰所压倒，并取而代之了，这一救世主信仰不是起源于埃及、两河流域或波斯，而是起源于宗教运动的另一历史中心——巴勒斯坦。

巴勒斯坦是犹太人的故土。大约在公元前 1000 年，在大卫和他的儿子所罗门统治时，巴勒斯坦曾是个不小的帝国。可是，所罗门死后不久，巴勒斯坦就分裂成南北两个王国。北国名以色列，南国称犹太。以后，巴勒斯坦相继被亚述、巴比伦、波斯、托勒密和塞琉古所统治。公元前 2 世纪，哈斯芒犹太人发起民族运动，摆脱了塞琉古的统治，重新获得了民族独立。公元前 63 年，罗马统帅庞培征服了巴勒斯坦，并把其纳入罗马版图。犹太人也成了罗马境内一个深受压迫的民族。

罗马统治时期，犹太人不断进行反抗，大规模的起义就有三次。第一次在公元 66—70 年，罗马人的残酷剥削和野蛮统治终于激起了犹太人规模巨大的武装反抗。犹太人消灭了罗马在耶路撒冷的全部驻军，历史学界称这次犹太人起义为"犹太战争"。起义坚持了 4 年之久，终因力量悬殊而被镇压了。罗马对犹太人实行疯狂的报复，把俘虏全部钉死在十字架上。由于钉死的太多了，不但十字架钉光了，连竖立十字架的地方也找不到了。剩下的七万多人则都被卖为奴隶，世界闻名的古罗马大竞技场就是由 8 万犹太俘虏耗费十年时间修建的。第二次犹太人大起义爆发在公元 113—116 年，第三次在公元 132—135 年，也都被罗马人残酷镇压了。罗马人除大肆屠杀或把活着的变卖为奴外，还把剩下的大部分犹太人驱逐出他们的故土，甚至不准犹太人在耶路撒冷居住。失去家园的犹太人只好背井离乡，流离到叙利亚、小亚细亚、埃及等地。

犹太人的反抗和起义与他们信奉的宗教有密切关系，在某种程度上，可以说，犹太人拼死反抗是为维护他们神圣的宗教信仰。和希腊人、罗马人的多神教信仰不同，犹太人信奉一种严格的一神教。他们崇拜上帝耶和华，崇拜他们古代的圣书，相信过去、现在和未来发生的一切都是履行上帝的预言，相信他们的法律摩西五经是由上帝自己在西奈山递给摩西的。摩西五经构成了《圣经》的开首五篇。他们认为，创造宇宙，出于爱心挑选出以色列人并赐以律法书的上帝是独一的。他们认为，只有犹太人才是上帝的选民，才能得到上帝的福佑。犹太人的宗教有很强的排他性。不过，为什么犹太人才是上帝的选民，上帝的爱心为什么只施于以色列人，犹太教的教义和圣书都没有给人一个完满的解释。

由于犹太人不断遭受外来民族的侵略、奴役，有的四处逃亡，有的沦为阶下囚或他人奴隶，绝望中他们只能在宗教中寻求慰藉，因此犹太人的宗教观念特别强烈。他们不仅相信上帝有一天会来拯救他们，恶人最终将受上帝的审判，而且，他们在社会生活的各个方面都严格遵守宗教教条，事事都要祈祷，男孩出生后第 8 天就要行割礼。严格地贯穿于生活一切方面的习俗和宗教教条，成为犹太人虽分处世界各地却仍始终保持民族特点和强大凝聚力的重要原因。但犹太教的排他性和狭隘性，使它只能在犹太人中传播，只能是犹太人的宗教。犹太人流落到世界各地，地理学家斯特拉波说："这个民族已进入每一座城市。世界上找不到任何可以居住的地方，不是先接受了他们然后又被他们主宰。"这段话有点绝对，不过有一点是对的，犹太人非常有活力，然而，他们的宗教却使他们有别于其他民族。罗马人也开始习惯于犹太教堂，然而犹太人却拒绝其他宗教，犹太人的这种态度使他们和要在帝国全境推行罗马化的罗马政府当局发生冲突。

3. 耶稣：基督教的创建者

犹太教的排他性和狭隘性虽限制了其发展，但在犹太教基础上发展起来并带有反犹太教色彩的基督教却发展迅猛，后来竟取代罗马其他宗教成为帝国的唯一官方宗教。

基督教的创立者耶稣基督是希伯来人，也就是犹太人。现在的纪年就是以耶稣的出生年为公元前后的标界。不过耶稣并不是出生于公元 1 年，而大约是在公元 6 年出生于巴勒斯坦。有关耶稣生平的资料几乎全都来源于《圣经·新约》的福音书中。福音，通俗点说就是好消息，作者是谁，现在仍无法确定。福音书的原意是记述耶稣的教导和宣传耶稣的各种神性表现，因此并没有着重记述他的生平。据福音书所述，耶稣的母亲叫玛利亚，父亲叫约瑟夫，但耶稣不是约瑟夫之子，而是玛利亚婚前以童贞之身受"圣灵感应"而生的，是上帝的独生子，是上帝派来拯救人类的，他后来的称号"基督"就是救世主之意。不过，耶稣出世后很长时间没显示出神性，直到 30 岁左右才开始传教。

他传教有两项令人注目的内容：一是他宣称天国将立刻在地上完全最终实现，尘世的灾难将结束，世界将尽善尽美；二是他称自己是按上帝的意旨来到人世建立天国的。他的传教内容是离经叛道的，把对天国会来到人间的企盼变成了天国已开始到来的要求，把只有上帝才能做的事说成他将做的事，这是骇人听闻的。他就是救世主。福音书上记载了许多他的奇迹。他能使盲者复明、跛者行走、病者康复、死者复活。他还有征服自然的神力，如他能在水上行走。

他的传教吸引了大量下层的被压迫群众，其信徒大都是被欺凌的、贫苦无依的人，他们受伤害的心灵从耶稣的传教内容中得到慰藉，看到了希望。耶稣传教反映了下层群众的要求，他们热切希望天国立即实现，改变社会不公正现象。耶稣宣称穷人在精神上是有福的，认为卑贱者终究会成为大地的主人。

福音书记述了这样一个故事。有一个有钱人跪在耶稣面前问道："善良的夫子，我应做些什么事，才可得到永生？"耶稣回答说："你为何要称我为善良的，除了唯一的上帝，谁也不能说是善良的。你若要进入永生，就应当遵守诫命。你是知道戒律的，毋犯奸淫，毋杀戮，毋犯偷盗，毋作假证，毋欺诈，孝敬你的父母，爱人如己。"这人回答说："夫子，所有这一切，我从青年时代起，就一直遵行不渝。"耶稣打量着他，爱抚他，对他说："不过，你还缺少一件事，去把你名下的所有东西都卖掉，以之周济穷人，这样，你在天国里就有财富了。然后，背起十字架，跟我走。"这人听了耶稣这番话，愁眉苦脸地走开了，他怎么舍得用他的大批钱财去周济穷人呢？耶稣这时对环绕在他周围的弟子感叹道："富人要进天国，那是多么难啊！"弟子们还没有领悟，耶稣又重复了一遍："孩子们，那些爱财的人要进天国，是多么难啊！富人要进天国，比骆驼穿过针眼还要难呢。"

这个故事十分生动地说明了耶稣对富人的不满，排除了他们进天国的可能性。耶稣还倡导一种逆来顺受的宽恕精神，不仅要爱邻人，甚至要爱仇敌。他说："你们已经听到别人说过，以眼还眼，以牙还牙。但我要对你们说，勿抗恶。如果有人要打你的右颊，连左颊也转过去让他打。"

耶稣是个杰出的导师，他的信徒把他作为弥塞亚或救世主（希腊语基督）加以拥戴。同时，他的布道活动也引起了统治者的恐惧，认为耶稣的布道活动是潜在的颠覆因素，因为耶稣坚持由上帝建立天国实行直接统治，含有对世俗君主的不忠。当耶稣最后来到耶路撒冷，进入圣庙，把这里的商人赶出去以纯洁圣庙时，由于他的十二信徒之一犹大的出卖，他被逮捕了。罪名是要毁掉圣庙，自称弥塞亚、上帝之子和犹太人之王。罗马驻该地的行省总督派勒特以耶稣犯有煽动反对罗马皇帝的叛国罪为由，判他死刑，把他钉在十字架上。历经三天，耶稣才在十字架上死去。

耶稣死了，他个人失败了，但他的死却成了他事业成功的开始，成为一场持续不断的革命的开始。他死后 40 天，他的信徒都相信，他复活了，升天了。福音书和信徒传中反复描述了这一神奇事件。他的惨死只是为救赎世人的罪。因此，他的死，使他成了殉道者，使基督教的传教活动更具活力。他的信徒借耶稣死而复生、升天这一神奇的事，扩大他的影响，说他复活后向他们传言："你们普天下去传播福音给万民听，信而受洗的，必然得救，不信的，必被定罪。"耶稣的死，成了传播基督教的催化剂。

4. 保罗：基督教的光大者

耶稣死后，耶稣的信徒的传教活动中最为成功的，或者说，真正使基督教光大的是保罗。保罗和耶稣不同，他不是出生于巴勒斯坦，而是出生于西里西亚（小亚细亚东南部）的希腊自治城市塔尔苏斯，是散居于国外的犹太人，是个有罗马公民权的犹太人，他是个帐篷、地毯和鞋的制造者。由于塔尔苏斯是先进的希腊文化中心之一，保罗也因此而通晓希腊语，并用希腊文写作，他身上同时有犹太、希腊和罗马三种文化的影响。他是这三种文化的产物，这在古代历史上是唯一的。

保罗原本不信耶稣的说教，但是，据他自己所宣称的，大概在公元 36 年，有一次在去大马士革的途中，他的眼睛遭受一股强光的照射，看不见任何东西了，于是倒在了地上。这时，他听见了一个声音，命令他进入大马士革宣讲福音。他相信这是耶稣的声音。复明后，他进入大马士革。从此，他成了耶稣的虔诚狂热信徒。他传教突出了耶稣被钉死、复活和升天的令人惊讶和令人崇敬的传说。他宣称，只有耶稣之死和他死后接着产生的奇迹才是赎罪。他对耶稣的爱真诚而又热烈。他的演讲优美而又极具感染力。

和耶稣只用祖国语言阿拉米语宣讲教义不同，保罗在传教中除用阿拉米语外，还用希腊语。他用希腊文给他的追随者写的信件广为流传，信徒们爱不释手。他传教并不局限在犹太人集居的巴勒斯坦地区。他的足迹遍及小亚细亚和希腊诸城市，他甚至冒险去了罗马。他不只是向犹太人传教，也向非犹太人传教，宣传主对他们的爱。对于那些接受耶稣教义而又不愿意忍受犹太人割礼习俗和饮食限制的非犹太人，他也能宽容。因此，他吸收了许多非犹太人的教徒。他所到之处，形成了很多虔诚的教区。

保罗的布道活动使基督教发生了革命性的变化。基督教突破了只面向犹太人的局限性，开始面向所有的人。基督教的影响日益扩大，信徒日益增多，开始压倒其他东方宗教。保罗布道传教所带给人们的高尚、美好生活的慰藉，和让人所感觉到的兄弟般的亲近以及对人类所抱有的同情心，是其他东方宗教无法做到的。保罗那简单而又令人感动的话语"到我身边来，所有的劳苦大众和做牛做马者"，在帝国境内数以百万计的劳苦大众的心里回响，其力量超过了任何罗马皇帝的敕令。许多贫民、手工业者、奴隶或半自由人纷纷改变信仰，开始崇拜这东方"神力"，成为基督教徒。很快，在叙利亚、小亚细亚、埃及、希腊半岛，甚至意大利半岛等地，都出现了基督教组织。

早期基督教徒多为穷人和地位低贱者，他们在各地组成一些小型的秘密公社，以十字架为徽记，过着财产公有、互助共济的生活。入教者必先受"洗礼"，以表示清洗一切"罪恶"，成为基督教徒。集会时要领圣餐，分食一点象征耶稣之肉的面饼和尝一口象征耶稣之血的红葡萄酒，以表示要把耶稣的精神注入自己的躯体中。

罗马人原来信仰多神教，在帝国境内，并没有任何宗教或任何神祇处于独尊的地位。基督教兴起后，罗马政府很快就发现那些改信耶稣基督的人，不仅主张众生平等，拒绝把皇帝当作神崇拜，而且公然预言罗马帝国即将灭亡。因此，早期的基督教徒多次受到残酷的迫害。公元64年，尼禄皇帝就曾把基督教徒作为罗马大火的替罪羊，大肆虐杀。

然而，尽管遭到罗马政府的迫害，基督教徒的数量仍在稳定地增长。在罗马和平的第二个百年时期，它的影响就已开始超过罗马帝国的其他宗教。基督教的兴起，从某种意义上说，正在改变罗马的面貌。令人感兴趣的是，它是在罗马帝国如日中天时，作为一种反罗马统治的力量出现并日益扩大其影响、壮大其力量的。这也说明，罗马的兴盛是建立在许多下层群众的痛苦之上的。在罗马帝国兴盛时期也充满了各种不满的人群，他们找不到出路，看不到希望，就把耶稣基督当作精神上的唯一寄托。而基督教由于其教义和杰出的组织，显示其不仅将成为世界性宗教，而且由于其蕴涵有东西文化的成果，它将在未来的政治生活中发挥巨大的作用。

第四章　衰　亡

一、帝国内部的衰败

1. 钱粮匮乏：小农衰落引起的连锁反应

在帝国的第二个百年和平时期，壮丽、豪华、宏伟的建筑和公共设施在帝国境内的许多城市里随处可见，平坦宽阔的大道遍布全帝国，四通八达。帝国的军队威震四方，帝国的版图扩大到极限，帝国政府有效地管理着全国，罗马文明主宰着地中海世界，帝国空前繁荣和鼎盛。但物极必反，鼎盛和繁荣的外貌下，从隐蔽到公开的腐败却正在腐蚀着帝国。帝国会因腐败而瘫痪，军队会因腐败而堕落，而最为致命的是农业的衰败。

农业是罗马立国之本，国家的兴衰与农业的兴衰紧密联系在一起。

小农，早在罗马实行元首制之前就已经开始衰落，这改变了罗马的面貌，兵民合一制瓦解，公民兵为雇佣兵所取代，小农为大农庄所取代，由意大利再到各行省，大农庄逐渐排挤并最终摧垮了小农。尼禄时代，非洲行省的一半土地分属六个大庄园。这种大庄园被称为封地，不仅意大利，高卢、不列颠、西班牙和其他行省也大量出现。

大农庄和小农庄不同，一是大农庄生产主要为了出售，是商品生产；二是劳动者是奴隶。由于奴隶毫无劳动积极性，大农庄有先天的不可克服的缺点，它的生产只能是粗放的。公元 1 世纪科鲁麦拉在他所写的《论农业》中，针对有人认为农业衰落不能提供更多粮食是由于土地不肥沃、气候恶劣等原因造成的观点，十分尖锐地指出："我不认为落在我们身上的这种不幸是什么上天震怒的结果，毋宁说那是由于我们自己的罪过。因为我们的祖先是作为最好的人物用最好的方法经营农业的，而我们却把农业交给奴隶中最坏的奴隶，就像交给绞刑吏去惩办一样。"

奴隶不仅没有劳动积极性，而且采取各种方式进行反抗。同时，由于帝国对外扩张的停止，已没有足够的奴隶来源了。大庄园主开始把土地分成小块租给失去土地的农民耕种。这样，不少自耕农就成了有钱的封地领主的隶农。

隶农及其后代按照法律规定，必须永远待在他们劳动的土地上。土地的领主换了，隶农却仍要待在这里。隶农虽不是奴隶，不戴枷锁，却被牢牢束缚在土地上，不能随意来去。隶农中除过去的自耕农外，还有被释放的奴隶和移居帝国境内的蛮族人。隶农不是自耕农，他们没有独立性，没有获得土地的希望，也没有改善生活的可能。虽然有一些有眼光的人如科鲁麦拉告诫大庄园主要善待这些隶农，但实际上无济于事。隶农仍没多少生产积极性。由奴隶耕种的大封地变成由隶农耕种，并没能挽救农业的衰败。

大部分不愿成为隶农的农民，抛弃土地，来到城市，靠政府救济生活。因为他们既不堪忍受沉重的赋税，又无力与大庄园主竞争，除了跻身城市贫民之列已无路可走。这既增加了国家的负担，又使农村失去了有经验的劳动者。土地由于经营不善变得愈来愈贫瘠，大片大片土地荒芜且杂草丛生，可耕地不断减少。罗马帝国无力生产足够的粮食来养活他的居民，粮食紧缺在罗马城等人口集中的地方更为严重。

过去，从事农业劳动是崇高的，现在，体力劳动成了卑贱者干的事。罗马皇帝提出将土地赐给任何愿意耕种的人，却没能吸引多少人去种地，没能增加可耕地的数量。一些破产的农民宁愿在城里靠政府分发免费的粮食、酒和肉生活。城市里的无产者愈来愈多，他们整天泡在观看战车比赛、角斗士角斗和其他野蛮的表演里，过着游手好闲的生活，靠政府从农业经营者那里征收的税来养活。他们中不少人不结婚，因为他们无力维持一个完整的家庭。一些贵族青年也不结婚，但原因和城市贫民不同，他们是为了更加自由地过醉生梦死的荒淫生活。农村中昔日自耕农的那种大家庭，城市贫民中是见不到的。

小农的衰落是罗马衰败和灭亡的重要原因。

农业的衰败也严重损害了城市，给城市带来灾难性的后果，尽管外表上城市十分辉煌。破产农民流入城市，增加了国家和城市的负担，农村市场的萎缩，使城市手工业失去了一个重要市场，工业日趋萧条，失业的工人增多，又进一步扩大了城市穷人的队伍。商业也由于严重缺乏铸币用的贵金属而受到严重损害。地中海附近很多古老的金银矿已开采殆尽。购买中国和印度的丝绸、香料等商品又使金属钱币大量外流。罗马还时常送给日耳曼人大量钱币作为礼品，再加上流通过程中的自然消耗和私人收藏，造成了帝国贵金属钱币的严重缺乏。政府已无法提供足够的贵金属来铸造钱币，不得已只好在铸币中加入非贵重金属。奥古斯都时的钱币是纯银的，到奥里利乌斯时，钱币的含银量只有 25%，后来又下降到只有 5%。随着货币含银量的下降，货币不断贬值。银币的价值在奥古斯都时代约值 20 分，到 100 年后的奥里利乌斯统治结束时，只值半分了。

更为严重的是，财政困难导致了军队的堕落。罗马帝国是军事帝国，完全是靠军队支撑的。罗马早期的公民兵是靠一种爱国主义激情维持的。元首制下的军队则是靠金钱维持的，没有金钱，就没有可供驱使的雇佣军。奥里利乌斯为筹集维持军队的资金就困难重重。后来，更难筹集到足够的钱来维持军队了。纳税人已无力用钱币缴纳税款，政府不得不接受谷物和其他农产品。军队的费用也只好用粮食来支付。在边疆，政府连粮食也没有，只好给士兵一块土地作军饷。而士兵又不是农民，他们要参加军事行动，根本无时间去耕种土地。为了能使土地有人种，只好让士兵结婚，让他们携带家眷并和家人住在一起。这已经不像军人而像农民了，这样的军队最多也只能算是一支民兵队伍。这样纪律松弛、缺乏训练、携妻带子的军队如何能抵挡蛮族的入侵！他们已不是真正意义上的军人了。政府把他们称作边疆居民是名副其实的。

2. 军队干政：制度缺陷造成的政治毒瘤

为了防止行省总督叛乱，从奥里利乌斯时开始，除皇帝的近卫军外，在意大利还驻扎一支常备军。这支军队由越来越多的日耳曼人和其他未开化的土著人组成。一支罗马军队中竟很少有罗马公民了。昔日罗马军团的组织和严明纪律已不复存在了。罗马军队开始演变成蛮族军队，并按他们的方式打仗。罗马皇帝就是靠这样的军队来保护自己和国家的。

罗马军队在对外作战时虽已没有了往日的威风，但由于罗马皇位继承制度极其不完善，在决定皇位的继承问题时，军队却起了强有力的决定性作用。由谁继承完全取决于军队的态度。老皇帝一死，军队就会拥立一个合他们意的新皇帝。如果发现新皇帝不合他们之意或损害了他们的利益，他们就会把他赶下台，另立新皇帝。国家最有权威者已不是皇帝而是雇佣军和他们的领导。

军队在国内政治生活如此专横跋扈说明罗马在国家组织上还不完善，皇帝的至高无上权威还不能和中国的皇帝相提并论。在中国，军队干政是不常见的。

3. 少贵多贱：变了味的公民权

罗马公民权这一曾困扰罗马社会的问题，在公元212年被彻底解决了，这一年帝国境内的所有行省的所有自由民都获得了公民权。不过，公民权的扩大也使它失去了原来的意义。罗马公民权曾是部分人的特权，表明他们有权参与罗马政治，得到罗马保护的特殊身份，拥有罗马公民权者有一种罗马国家主人的自豪感和责任感。公民权本是城邦制的产物。帝国时期公民权的普遍授予，只是使意大利和行省人都有同等的地位，扩大了帝国的基础，使外省人有更多的机会夺得罗马的领导权，行省的地位提高了。图拉真、哈德良等皇帝就都出身于外省。但对于普遍人来说，公民权已丝毫没有参与政治的公权成分了。公民权是与一定的民主制度联系在一起的。中国古代就没有什么公民权的问题，因为中国古代一直是专制社会，没有民主，没有人民的公民权。罗马进入元首制社会后，民主只是外衣，公民权实际上已没有了公权的含义，也就是说没有参政权的内容了，而只有作为自由民的权利。正因为公民权已没有公权的含义了，罗马统治者才可能把公民权扩大到帝国境内的所有自由民。

二、百年动乱

1. 帝位之争：走马灯式的皇帝

帝国的衰败结束了长达 200 年的罗马和平，罗马进入了一个长达百年的充满变革、内战和无政府状态的动乱时期，有人称其为百年革命时期。罗马这种情况和中国古代封建王朝有点相似，中国的王朝由盛到衰的周期也是 200 来年或更长一些，然后发生动乱、起义、革命。不同的是中国是周而复始，动乱后，出现一个新王朝，一切又重新开始，中国仍是中国。而罗马动乱过后，再也回不到原样，帝国的末日不远了，往昔的强盛一去不返了。

这个动乱时期是从公元 180 年奥里利乌斯去世开始的。继位的科莫德斯是个暴虐的皇帝。从爱德华·吉本的记述来看，他有点像中国的秦二世胡亥，是个放荡的享乐主义者。他的后宫供养着来自各地各种身份的 300 个美女和 300 个娈童，供他随意淫乐。他也可能有点精神病，这在罗马历史上已不是第一个。公元 182 年，他即位不久，他的姐姐露西拉和一批元老密谋刺杀他。事泄后，他处死了他姐姐和许多著名元老，他的性情更加乖僻、残暴、多疑，以杀人为乐，整天沉迷于马戏、斗剑、捕猎和各种体育运动中，自称是大力神赫丘利转世，他甚至穿上角斗士服装，参加角斗表演，政务则交给宠臣、近卫军长官全权处理。他把罗马称为"科莫德斯亚纳"（意即科莫德斯殖民地）。他的残暴荒诞行为引起广泛的不满，众叛亲离，他最宠爱的情妇、内侍和近卫军长官都背叛并密谋刺杀他。当他宣布他将在公元193年1月1日以角斗士打扮就任这一年执政官时，他的情妇给他喝了一杯毒酒，近卫军长官莱图斯随即派来一位摔跤冠军把这位大力神赫丘利转世的皇帝毫不费力地掐死了。

科莫德斯死后，近卫军把城市长官珀蒂纳克斯推上了帝位。珀蒂纳克斯是个傀儡，当他想有所作为，打算整顿军纪和财政时，近卫军和他们的领导人莱图斯立即派人杀死了他，他的统治前后仅持续了3个月。近卫军本来是奥古斯都创立以保护皇帝的，是皇帝权威的保证，现在却成了皇帝权威的最严重的威胁。皇帝的立和废都取决于近卫军的愿望，这样的事已多次发生了。皇帝对近卫军的失控，是帝国衰败的表现。皇帝连近卫军都不能控制，还能控制什么！

近卫军杀了珀蒂纳克斯后，出现了一件怪事，他们竟公开宣布拍卖罗马帝国的皇位，谁出价最高谁便可占有皇位。至高无上的帝国皇帝职位竟成了近卫军手中拍卖的商品，这在世界历史上是绝无仅有的奇事，也可算是罗马人的一大创造吧！近卫军竟大胆到如此程度，人民、法律、元老院都不屑一顾。这和近卫军多由蛮族人组成有关，奇还奇在，有敢卖的，还就有敢买的。珀蒂纳克斯的岳父苏尔皮西阿努斯和另一位富有的元老迪克乌斯·朱利安努斯竞相与近卫军讨价还价。最后，迪克乌斯·朱利安努斯以近卫军满意的价钱购得了皇位，当上了皇帝。300年前朱古达就曾讽刺罗马，只要有钱，就可以买下罗马，300年后竟成了事实。这开创了一个先例，帝王可以靠金钱买到，不过这样获得的帝位是不牢靠的，朱利安努斯没有一个忠实的追随者，所有的罗马公民都认为他这样登上帝位是对罗马帝国的莫大侮辱。其实，他这个皇帝只不过是近卫军长官莱图斯的傀儡。他虽用钱买来了皇帝宝座，却没法在皇位上长期坐下去。他的皇位是向近卫军买的，但皇位并不是近卫军的，这宗买卖是无效的。

东部行省的军队首先发难，拥立叙利亚总督奈哲尔为帝，接着，潘诺尼亚的军团拥戴他们的统帅、骑士出身的北非人塞普提米乌斯·塞维鲁斯为帝。塞维鲁斯立即率领军队，越过阿尔卑斯山，向罗马进军，争夺帝位。元老院转而承认塞维鲁斯为罗马皇帝，并处死了只当了9个星期的皇帝朱利安努斯。朱利安努斯破了财又丢了命，血本全亏。塞维鲁斯随即进入罗马。他以叛国罪的罪名惩处那些杀掉皇帝又把帝位出卖的近卫军，并用自己多瑙河军团的士兵组成了一支新的人数增加了一倍的近卫军。

这时，和他争夺帝位的还有两个人，一个是已经称帝的奈哲尔，另一个是虽没称帝，却有意角逐帝位的他的非洲同年、大不列颠总督阿尔拜努斯。为了集中力量对付已称帝的奈哲尔，塞维鲁斯宣布授予阿尔拜努斯恺撒头衔，也就是说立阿尔拜努斯为自己帝位的继承人。他这样安抚阿尔拜努斯，去了后顾之忧，便率军东征奈哲尔。公元194年他在伊苏斯（小亚细亚和叙利亚的接合处）打垮奈哲尔。打败了奈哲尔，塞维鲁斯觉得自己帝位已巩固，立即与阿尔拜努斯决裂，背弃诺言，册立自己的大儿子卡拉卡拉为继承人。阿尔拜努斯也马上做出反应，公开宣布称帝。塞维鲁斯挥师西伐。公元197年在卢格杜努姆（里昂）的一场作战中，阿尔拜努斯兵败自杀。这样，长达四年的内战终于以塞维鲁斯的胜利而告终。这场内战给帝国造成了极大的伤害。塞维鲁斯返回罗马后，处决了曾支持阿尔拜努斯的30名元老，对幸存的元老仍不放心，把他们一个个从行政职位上撤换下来，而只用受过军事训练却没有什么文化的骑士取代他们的职务。

塞维鲁斯是这一时期仅有的两个有所作为的皇帝之一。他是个粗鲁没文化却十分能干的军人。他是迦太基人，他的姐姐甚至始终都没掌握拉丁语，而只会说布匿语。这样一位外省的异族军人成了罗马皇帝，说明意大利和罗马城在帝国的地位已江河日下。罗马人毁灭了迦太基，而现在坐在罗马皇帝宝座上的却是位迦太基人。罗马已不是昔日的罗马了，不仅皇帝宝座上坐的是个外省异族人，而且不论在军队里，还是在政府里掌权的也多数是没什么文化的外族的军人。不过，塞维鲁斯这位迦太基人在军事上还是为罗马取得了不少成功。公元197—199年，他率兵打败了罗马人的宿敌帕提亚人，占领了他们的东都泰西封。两年后，美索不达米亚被并入帝国版图。

塞维鲁斯的政权完全以军队为后盾，他除了建立了一支人数众多的近卫军外，还把罗马军团扩大到前所未有的规模。军团数增加到33个，其中外省人在军队中的比例大大增加了，他还增加了完全由当地人组成的军队。他最信赖的军队是由来自美索不达米亚和叙利亚地区的骑兵、弓箭手组成的。塞维鲁斯大肆扩军的目的，一是为了应付日益严重的边境危机，二是为了镇压危机四伏的内部叛乱。他用一切手段笼络军队，给士兵发高饷，让士兵都戴上金戒指，让士兵带着妻子舒适地居住在军营里，遇有危险事务和喜庆节日发给额外犒赏。在他的纵容下，军队成了无法无天的特殊群体，打起仗来不怎么样，欺压百姓却个个是能手。近卫军长官成了皇帝之下的最有权势的官吏。

塞维鲁斯是军人，习惯发号施令，独断专行。他把自奥古斯都以

来一直披着的共和制外衣完全抛置一边，公开把元老院的权力完全置
于自己手中，时时处处都显示他完全是个君主和征服者，毫不掩饰地
行使着全部司法权和行政职权。皇权已达到至高无上的地步，为塞维
鲁斯服务的法学家宣称皇帝已经从民法的限制中解放出来，可以随心
所欲地处置他的臣民的生命和财产，也可以把帝国作为他的私有财产
任意处理。

　　然而，随着共和制外衣的抛弃和君主政体的逐步完善，罗马的衰
亡也成了无法逆转的了，有人甚至认为塞维鲁斯是招致罗马衰亡的罪
魁祸首。

　　公元 208 年，塞维鲁斯以 62 岁的高龄率兵去征服不列颠的尚未
归属罗马的地区，但没取得多大的进展。公元 211 年病死于埃布拉库
姆（约克）。他给他儿子的最后遗训是："愿你们兄弟和睦，愿士兵都
发财致富，不要管其他人。"这个遗嘱暴露出塞维鲁斯没文化也没道
德修养的真面目。一个仍保留有元老院、公民大会的国家皇帝，一个
传统上把皇帝看作是人民庇护者的帝国主宰者，竟然告诫儿子除了自
己的兄弟和士兵外，不要管其他人。这要么是塞维鲁斯不爱他国家的
人民，作为一个迦太基人，他不可能对罗马怀有好感；要么是这个国
家的道德已堕落到只管自己，不管别人的地步，以致皇帝也如此，无
怪乎有人把罗马衰亡的罪名放在他头上。

　　塞维鲁斯把帝国作为私有财产交给了他的两个儿子卡拉卡拉和吉
塔，罗马又一次出现两帝共治。但兄弟俩并没有听父亲的最后教导而
和睦相处。不管别人只管自己的人根本不可能和睦相处。不到一年，
哥哥卡拉卡拉就把弟弟吉塔杀了。

　　卡拉卡拉是罗马帝国的又一个有名的暴君。他不仅杀了他的弟

弟，同时也把他弟弟的许多友人也杀了。他的妻子和岳父也被他杀了。他所做的唯一为人称道的事是他在公元 212 年授予帝国境内的所有自由民以罗马公民权。公元 213 年，他在征伐帕提亚人时在卡里（哈拉恩）附近被他的近卫军长官，毛里塔尼亚人马克里努斯杀死。

马克里努斯自己即位称帝。他是罗马历史上第一位还不是元老而只是骑士的皇帝。他称帝后急忙在很不利于罗马的条款下结束了与帕提亚人的战争，并随即采取紧缩军费的政策。这招致了士兵的不满。塞维鲁斯的妻妹，叙利亚籍人朱莉亚·米萨组织了一场叛乱。马克里努斯由于得不到士兵的支持，皇位还没坐稳，就被米萨赶下了台并丢了性命。米萨立了她年仅 14 岁的外孙埃拉伽巴卢斯为帝。

埃拉伽巴卢斯这个名字源于他故乡的太阳神埃尔·伽伯尔。埃拉伽巴卢斯本是这位东方的太阳神的世袭祭司。由于年纪太小，他这个皇帝的权力完全掌握在他的外祖母和他的母亲索埃米阿斯手中，罗马开始了由女人当政的时代。皇帝和元老院的关系更加疏远了。元老院无法适应他对东方诸神的崇拜。埃拉伽巴卢斯年纪稍长一些，便开始无节制的淫乱，一日三换妻，这使他声名狼藉。米萨见他扶不上墙，为了维护自己家族的利益，便和自己的另一个女儿朱莉亚·默米亚密谋，用贿赂手段诱使近卫军在公元 222 年杀死了埃拉伽巴卢斯和他的母亲，拥立自己的另一个外孙——默米亚之子，年仅 14 岁的塞维鲁斯·亚历山大为帝。米萨不久就死了，权力落在了默米亚手中。默米亚和她的姐姐索埃米阿斯不同。索埃米阿斯公开揽权，甚至以自己的名字签发立法会议的文件。默米亚则不追求名声和排场，只要实权。她满足于在幕后操纵，处于幕后并不妨碍她把帝国的治理大权控制在自己手中，她不允许任何人影响自己对亚历山大的控制。当亚历山大对妻子的爱和对岳父的尊重影响了亚历山大和默米亚的情感时，默米亚毫不留情地处决了她的亲家，并把儿媳赶出皇宫流放到非洲。

默米亚统治时期，帝国获得了相对的暂时稳定，皇帝和元老院的关系也比以前有所改善，但边境危机不断。公元231年，默米亚和亚历山大率兵离开罗马，开赴东方，反击波斯人对美索不达米亚的入侵。随即又不得不赶回西方，对付日耳曼人对莱茵河的威胁。他们想收买侵略者。这导致了军队中一些人的不满。公元235年，军队统帅马克西密努斯被士兵拥为皇帝，像中国的赵匡胤黄袍加身一样，士兵们把一袭只有皇帝才能穿的紫袍加在他身上。亚历山大和他的母亲默米亚随即被叛乱士兵杀死。

马克西密努斯出身低微，原是多瑙河的农民，这样的人本来是无法当上皇帝的，却被士兵拥上了皇帝宝座。但他当上皇帝后，唯恐遭到人鄙视，采取高压残暴手段对待他的臣民，想以力服人，以暴压众，结果适得其反，元老院秘密决定处死他，另选别人继承帝位。公元238年，马克西密努斯被近卫军杀死。随后，在由谁继位问题上出现了混乱。

这一年，先后出现了不少于7个皇帝的铸币，但却没有一个是得到大家拥戴的、公认的合法皇帝。行省的军队和近卫军都纷纷各自拥立傀儡皇帝，相互混战。这些被军队拥立的皇帝，有的年迈，有的年幼，根本无能力履行皇帝职责，而只是军队手中的工具，以便挟天子以令诸侯。这种混乱情况进一步削弱了帝国解决边境内外各种威胁的能力。不断有皇帝遇刺或战死，又不断有新皇帝登基，你方唱罢我登台，变化之迅速，令人目不暇接，或同时出现几个皇帝，分别统治着这个混乱帝国的不同部分。

公元 244 年，通过士兵选举，一个叫菲利普的人被推上了皇位。他出身阿拉伯家庭，本以抢劫为生。他当上皇帝后举办了罗马建国 1000 年的庆祝活动，企图用壮观的、令人眼花缭乱的文娱表演来讨好并转移人们的注意。菲利普在公元 249 年被迪西乌斯赶下了皇帝宝座，迪西乌斯却又在公元 251 年在哥特人的大举入侵中阵亡。继位者伽卢斯除应付外来侵略，还要对付一场持久的瘟疫。随后，瓦勒利安皇帝又在公元 260 年被波斯人俘虏。罗马帝国似已无力应付日益严重的内乱外患而呈崩溃之势了。

2. 豆剖瓜分：愈演愈烈的军事篡权

这个时期主要的内患是军队腐化导致军事篡权激战。从公元 218 年到 268 年这 50 年中，大约有 50 个篡权者在首都或帝国的其他地方僭取了皇帝称号。军事篡权愈演愈烈。在瓦勒利安的儿子伽利埃努斯统治期间（公元 253—268 年）就有 19 个篡权者。第三世纪 27 个"合法的"皇帝，有 17 个是死于自己人之手，其中除一人外，全死于非命，而且都是被军队杀害的，有两个是被迫自杀的。这种情况极大地损害了皇帝的权威，也使由元老院任命帝国统治者的传统和形式成了可笑的滑稽戏。因为除了个别例外，皇帝们都是由这支军队或那支军队扶上去的，然后再请求元老院批准。实际上，在军队的武力威逼下，元老院除批准外别无选择。由于这时某一地区的军队多由某一地区的士兵组成，他们的地方团结精神已高于爱国主义精神。然而，军队撤换或拥立新帝的首要动机是贪婪，是渴望获得非分的赐予。赐予的多寡就是他们拥立新帝首先考虑的条件。以至于为了获得更多的赐予，士兵们便荒唐地、悲剧性地、频繁地拥立新皇帝，而前任几乎总是被杀死。

　　这种状况发展到最后，必然导致帝国防务的瘫痪和财政的崩溃。军队都忙于内战了，国家财政收入除用于打内战外，还要用于赏赐士兵。赏赐不慷慨，任何一个皇帝都保不住帝位。不止一个皇帝在财政困难时，因整顿财政紧缩开支而招致了杀身之祸。实际上，大多数被士兵拥立为皇帝的统帅都是尽量满足士兵的要求，在士兵身上花起钱来，十分慷慨大方。

　　罗马帝国的帝位继承这时完全处于一种无序状态。有些地区的军队为显示自己在帝国的重要性，置其他地区的军队和人民以及元老院的反对于不顾，自行拥立自己的统帅为皇帝，从而使帝国陷于分裂瓦解之中。公元259年，莱茵河的军队推举波斯杜穆斯为帝（公元259—268年），与"合法的"皇帝伽利埃努斯对抗。波斯杜穆斯在自己辖区摩泽尔的奥古斯塔特雷维罗伦（现在的特里尔）设立了独立的执政官和元老院，高卢、不列颠和西班牙都成了他的辖区，帝国的西欧部分实际成了一个从帝国独立出来的大国。这种分裂状况竟持续了14年。

　　东方出现了更严重的情况。位于叙利亚和美索不达米亚之间的绿洲帕尔米拉城，在公元1世纪初被罗马兼并。帕尔米拉有充足的水源，处于沙漠的重要十字路口，地理位置十分重要，而且，从塞维鲁斯时代起，这里还为罗马提供优秀的骑兵弓箭手，他们在边防中起了重要作用。帕提亚亡于波斯人后，帕尔米拉成了罗马对抗波斯人的一个重要的不可或缺的堡垒。在伽利埃努斯统治时，帕尔米拉的首领奥迪瑟纳斯是罗马帝国整个东方防务的半独立的指挥官，在他被人暗杀后（公元266年或267年），他的遗孀，富有才华的、权力欲望

齐诺比娅像

极强的齐诺比娅公开宣布帕尔米拉独立。她除占有叙利亚和美索不达米亚外，还进一步兼并了埃及和小亚细亚大部分地区。随后，她宣称自己是女奥古斯都、罗马女皇。她的儿子在公元270年也被拥为奥古斯都。在罗马历史上，齐诺比娅是第一个，也是唯一一个自称为罗马女皇的，尽管她统治的只是罗马的部分东方行省。

帝国这时处于分裂状态，齐诺比娅和波斯杜穆斯，一个在东边称帝宣布独立，一个在西北称帝，帝国实际已成三足鼎立之势。这时，外部威胁相对要小些，外部环境的暂时安宁给内部分裂提供了条件。

3. 外祸日重：萨珊波斯与哥特人

外部环境的安宁只是暂时的，早在四五十年前，外部环境就恶化了。东部和北部边境都出现了比过去罗马所遭遇到的更为危险也更为强大的敌人，边境的紧张局势愈来愈严重。

东部，罗马人的宿敌帕提亚人在和罗马人持续不断的战争中逐渐衰弱了。罗马虽在帕提亚衰弱时获得暂时的安宁，却给了一个更危险的敌人以可乘之机。在公元223—226年，帕提亚的属国伊朗境内的波斯，在其君主阿尔达西尔的率领下，入侵帕提亚，推翻了帕提亚的最后一个国王，建立起波斯人的萨珊王朝。对于罗马人来说，萨珊波斯是个比帕提亚可怕得多的敌人。萨珊波斯是个权力集中、有强烈民族主义倾向的国家，他们自称是曾与希腊争夺地中海霸权的波斯王国的继承者，有权占有罗马帝国东部的所有领土。萨珊波斯的兴起，使罗马东部的局势发生了根本性的变化，罗马过去在东边进行的战争，主要还是侵略性的，目的是为了扩张领土和掠夺财富，现在则主要是为了抵抗萨珊波斯的侵入和掠夺。

沙普尔一世（约公元 200—270 年）在他的登基典礼上，采用了一个挑衅性的头衔"伊朗和非伊朗的诸王之王"，这显然有世界之王的意思。他这个"诸王之王"是不能容忍罗马称霸的。他每年都侵入罗马行省，美索不达米亚和亚美尼亚受到他铁骑的蹂躏，叙利亚的首府安蒂奥克也一度被他占领。公元 261 年，罗马皇帝瓦勒利安在美索不达米亚被沙普尔俘虏。瓦勒利安就像中国宋朝的宋徽宗、宋钦宗一样，一直作为一名俘虏在波斯度过了余生。他的儿子罗马皇帝伽利埃努斯一直没能把他救出来。不过，沙普尔却没有支持闹独立的帕尔米拉。

北边莱茵河和多瑙河也遭遇到比过去所碰到的所有对手都危险得多的敌人——新的日耳曼人——哥特人。他们来自斯堪的纳维亚，从公元 3 世纪 30 年代开始潮水般地渡过多瑙河，进入罗马帝国境内。罗马政府起初用给他们发放补助金来安抚他们，可是后来由于财政困难，没有钱，补助金便停发了，这一下激怒了哥特人，他们在公元 248 年侵入巴尔干半岛各地，被多瑙河军队统帅迪西乌斯打退。迪西乌斯便因此在公元 249 年被军队拥立为帝，而把阿拉伯人菲利普赶下了台。但迪西乌斯对哥特人的胜利是暂时的、非决定性的，哥特人并没受到致命的打击。在哥特人有了一位具有杰出指挥才能的领袖克尼瓦后，哥特人卷土重来，他们对罗马的威胁已不亚于东边的萨珊波斯了。萨珊波斯生擒了一位罗马皇帝，而哥特人则在克尼瓦的率领下于公元 251 年打败并杀死了罗马皇帝迪西乌斯。

给帝国造成严重灾难的还有瘟疫。从公元 250 年一直延续到公元 265 年的大瘟疫，在罗马每一个行省、每一座城市，甚至每个家庭里肆虐。有一段时间，仅在罗马城每天就几乎有 5000 人死于瘟疫，不少地方因瘟疫而人烟断绝。

帝国的防务由于叛乱和瘟疫几乎陷于瘫痪状态，帝国似乎已无力对付哥特人和波斯人这样两个前所未遇的危险敌人。公元 253 年，哥特人联合其他部族劫掠了巴尔干半岛各地，甚至深入到小亚细亚的中央高原。他们还从希腊沿海城市获得船只，袭击主要的黑海港口，断绝了罗马的一条重要粮食供应渠道，给罗马的粮食供应造成灾难性后果。另外一些日耳曼人也联合起来，向帝国边境发动攻击，其中有强大的法兰克联盟。他们突破了帝国的莱茵河防线，劫掠了高卢和西班牙，并一直推进到北非。

罗马为了对付来自东边和北边的强敌，在瓦勒利安和其子伽利埃努斯两帝共治时，由瓦勒利安率领一支军队负责东方，而由伽利埃努斯率领一支军队负责西方，这是帝国分成东西两部分的先河。后来瓦勒利安在东方战场失利，成了波斯人的俘虏。伽利埃努斯虽仍在西方坚持战斗，却也效果甚微。他生命终结的那一年，即公元 268 年，哥特人又一次蹂躏了希腊和小亚细亚，并满载掠夺物返回。罗马帝国这时达到了混乱的顶点。

4. 回光返照：短暂的恢复期

事情往往在发展到极点时会走向反面。罗马就是如此，这样一个曾盛极一时的大国，是不会一下子就垮掉的。在它混乱达于极端时，一个异乎寻常的恢复时期却正在开始。当然，这种恢复可能是回光返照。

恢复是从伽利埃努斯整编军队起步的。他强迫军官放弃元老院职务，使军官成为职业军人，军事体制更职业化了。同时，他还组建了一支以骑兵为基础的新的机动战略部队。这支部队主要驻扎在意大利，司令部设在梅迪奥拉农（米兰）。这样，梅迪奥拉农就成了帝国的前沿首府。这支新军后来起了很大的作用，这既增强了罗马的军事力量，有了一支强大的后备军，又成为国家安全稳定的潜在威胁。正是这支军队的第二任司令官，后来的皇帝奥勒利安策划并杀害了伽利埃努斯。

伽利埃努斯组织的新军，在他统治的最后一年，显示了较强的战斗力，赢得了一场重要的对外战争的胜利。公元 268 年，东哥特人劫掠希腊和小亚细亚返回时，伽利埃努斯率军成功地拦截了他们，杀死了 5 万哥特士兵。不久，新军的第一任司令官，他的继承人克劳狄乌斯二世（公元 268—270 年）又在贝内库斯湖附近打垮了一群侵入意大利的日耳曼部族阿拉曼尼人，随即又在莫西亚的纳伊西斯（今塞尔维亚的尼什）附近歼灭了一支庞大的哥特人军队，从而使他享有"哥特征服者"的称号。然而，克劳狄乌斯二世却在准备征伐汪达尔人时死于流行性瘟疫。

最终使罗马恢复统一的是奥勒利安（公元 270—275 年），他曾是伽利埃努斯的新军第二任司令官，行伍出身，是位杰出的军人。他把入侵者赶出了潘诺尼亚，打败了哥特人并把他们限制在达西亚境内，从而结束了哥特战争。他还打退了阿拉曼尼人的入侵，前后两次在意大利北部重创他们。

奥勒利安随后率军东征，讨伐帕尔米拉的齐诺比娅女皇。据吉本所述，齐诺比娅是出类拔萃、成就非凡的唯一一位女性皇帝。她的美貌不在她的祖先克列奥帕特拉之下，而贞洁和勇敢却远在那位女王之上。吉本说她的才能完全超越了亚洲的气候条件和社会习俗加之于她们女性的奴性和无能。

吉本这种观点显然是偏见。亚洲的气候条件和社会习俗并不妨碍产生杰出的女性，古今都一样。中国的女皇武则天就不比任何欧洲女皇差。齐诺比娅作为罗马东方行省的实际统治者，有效地统治了四五年，但在战场上，她却不是久经沙场的奥勒利安的对手。

奥勒利安很快就重新占领了小亚细亚，并把它置于罗马统治之下。他两次大败齐诺比娅在叙利亚的主帅，随后，他进而围攻并占领了帕尔米拉，俘获了齐诺比娅。齐诺比娅可没她的先人克列奥帕特拉宁死也不受辱的勇气。为了保住自己一条命，她不惜玷污自己的声名，出卖朋友，推卸责任。

奥勒利安回师时，帕尔米拉又重新叛乱，公元 273 年，奥勒利安把帕尔米拉城夷为平地。

平定了帕尔米拉的叛乱后，奥勒利安立即率军横穿帝国抵达高卢，势如破竹地镇压了已夺得高卢、西班牙和不列颠统治权的非法君主泰特里库斯。

四分五裂的帝国就这样又重新统一了。奥勒利安在罗马城举行了盛大的凯旋式。凯旋式上最引人注目的除战利品和哥特人、汪达尔人、阿拉曼尼人、法兰克人、高卢人、叙利亚人和埃及人战俘外，就是身戴黄金枷锁步行的齐诺比娅女皇了，另一个君主泰特里库斯也在凯旋式上被展示，走在齐诺比娅的后面。当年奥古斯都曾想在自己的凯旋式上展示埃及女王克列奥帕特拉，结果没能如愿。现在奥勒利安却成功地在自己的凯旋式上展示一位东方女皇。重新统一帝国给奥勒利安带来了巨大的荣誉，他因此赢得了"世界光复者"的称号。当然，这里的世界仅指罗马世界，按照中国的说法，奥勒利安由于重新统一了罗马，可以称之为中兴之主。但这中兴仅是军事上的，而且并不牢靠，外部的威胁并没消除。

奥勒利安也知道，危险仍然存在，为了加强罗马的防卫能力，他在罗马修筑了一道新的长 20 公里、高约 6 米的防御墙。这堵防御墙把罗马城扩大的所有地区都围在墙内。为了使帝国的边界短些、牢固些，他放弃了达西亚（罗马尼亚），把国境撤回到多瑙河。公元 275 年年初，奥勒利安在出征波斯时被部下军官杀害。元老院最后一次行使了它的职权，选举克劳狄·塔西佗继任皇帝。克劳狄·塔西佗率军打败了阿兰人，但他只当了一年皇帝就被杀害。军队选举普罗布斯为皇帝（公元 276—282 年）。普罗布斯击退了日耳曼人对高卢的兵分三路的大规模进攻，并把另一支日耳曼人（汪达尔人）赶出了巴尔干地区。公元 282 年，他在西米乌姆被杀。他的继承人卡鲁斯（公元 282—283 年）向北攻击了更远的日耳曼游牧部落，然后，率兵攻讨波斯人，并一度占领了波斯人的首都泰西封。

这样，仅仅用了 15 年的时间，一个近乎分崩离析的国家，一个似乎已陷入四面楚歌境地的国家，竟奇迹般地不仅恢复了统一，而且军事局势全然改观了。四周的强敌，在强大的罗马军队的压迫下，终于后退了。这种奇迹的出现是和相继出现的诸如奥勒利安这样的天才统帅分不开的，他们的指挥才能是罗马军队获胜的重要保证。

不过，这个奇迹使罗马人付出了沉重的代价。这个奇迹主要是军事上的，是靠一支庞大的、待遇优厚的军队取得的。要维持这样一支军队和其他各种战争费用，罗马人民，特别是罗马城以外的普通居民的负担加重了，赋税增加到无法忍受的地步。经济形势并没有像军事局势那样得到改善，货币贬值，物价飞涨，加上战乱和瘟疫，人民生活苦不堪言。

在这个动乱、分裂和恢复的百年，文化上是衰败的、荒芜的。古代文明几乎被毁灭殆尽。这时的建筑十分粗糙，和罗马和平时期的精美宏伟建筑有天壤之别。文化不可能像军事那样，短时期就可改观的。一批颇具天赋的罗马统帅，可以改变军事面貌，却无法使经济、文化复兴，而且情况可能更坏了。毁掉一个文明容易，兴建或复兴一种文明则十分困难，罗马文明再也无法达到罗马和平时期的高度。

三、戴克里先和他的君主制

1. 红脸与白脸：配合默契的两位君主

百年动乱结束了，帝国又重新统一了，但帝国的经济状况仍在恶化，社会矛盾依旧，人民的生活更加困苦。这种情况下统一只能是暂时的。百年动乱显示，帝国已不能照原样统治了，从思想文化、宗教观念到国家的政治体制，从经济到军事，从内部状况到外部环境，和奥古斯都时代相比，已面目全非了。变革早已在帝国内部逐渐进行，而最终完成这一变革的是戴克里先。

盖尤斯·奥勒留·瓦莱里乌斯·戴克里先（约公元245—313年）和这一时期的其他一些皇帝一样，没有显贵的家世。他父亲是个被释放的奴隶。一个奴隶的儿子竟能当上皇帝，这件事本身就说明罗马已发生了多大的变化。他从普通士兵一步一步爬上了高级军官的职位，成了皇帝卡里努斯（公元283—285年）的警卫队长。

公元284年卡里努斯的哥哥，共治皇帝卡鲁斯在和波斯人的战争中神秘死去，戴克里先在尼科米底亚的一次士兵集会上，指责近卫军长官，也是皇帝的岳父阿培尔为凶手，并亲手将他杀死。戴克里先因此紫袍加身，被士兵拥为皇帝，但他的权力仅限在他军队所控制的地区，帝国大部分地区仍在卡里努斯的统治下。

卡里努斯率兵东进，征讨自立为帝的戴克里先。戴克里先也挥师西向迎击，两军在距今贝尔格莱德不远的马尔古斯河和多瑙河的汇合处，展开了一场大战。激战中，卡里努斯被士兵刺杀，戴克里先这才打败了失去主帅的敌军，并最终成了帝国的唯一统治者。

"戴克里先的统治比其先代任何一位皇帝都更为显赫，而他的出身却比他们中任何一位都更为贫贱、低下。"（吉本语）在罗马历史上，在某些方面，戴克里先可与奥古斯都相提并论。奥古斯都建立了元首制，开始了罗马历史的新阶段——帝国时期，戴克里先建立了不同于元首制的完全东方式的君主制，也开创了罗马历史的一个新阶段，这个阶段一般都称其为后期帝国阶段。戴克里先虽出身行伍，却并不是杰出的统帅，而和奥古斯都一样，是位杰出的政治家。他的政治、行政管理才能远在他的军事才能之上。当然，两人在地位和作用上是不同的，一个是罗马兴盛时之君，一个是罗马衰败时之主。

戴克里先成为罗马的唯一统治者不久，就选择了他的一位老伙伴、伊利里亚农民的儿子马克西米安同坐江山，共理国政。他之所以这样安排，是因为帝国疆域过于辽阔，国事又过于繁杂，他一人无法应付。他当皇帝以来，几乎每个星期都奔波于帝国各地，不是在阿非利加，就是在从不列颠到波斯湾的某个地区，沿着莱茵河、多瑙河、黑海和幼发拉底河的边界作战，为镇压叛乱、起义和防止侵略而疲于奔命。因此，他需要马克西米安这样一位有经验的将领来为他分担责任，对付风起云涌的人民起义和外族侵略威胁。不过，他这样做肯定也受传统的影响，罗马共和制时执政官是两个，帝国时期也有多次两帝共治。

戴克里先选择马克西米安作为共治皇帝，反映了他的知人善任和老谋深算。马克西米安大字不识一个，什么规章制度一概不放在眼里，唯一擅长的就是打仗，虽不是卓越的统帅，却能靠勇敢、坚毅和经验完成最艰巨的军事行动。戴克里先需要的就是这样骁勇善战的将才，而不是运筹帷幄的帅才。这样的人颇能分担繁重的军务工作，又不会威胁自己的统治地位。甚至马克西米安的粗暴、毫无怜悯之心的性格也对戴克里先的统治大有好处。马克西米安的这些邪恶品性正好突出了戴克里先所着力显示的温和和仁慈的美德。而戴克里先又可假手马克西米安去采取一些他不愿出头露面的残酷的血腥行动，在他达到目的后，戴克里先再出面调停制止，并轻描淡写地对马克西米安的严厉做法批评几句，救下几个他本来就无心惩处的人，从而更加突出自己的仁慈。在这方面，马克西米安成了他再顺手不过的工具。当然，他选择马克西米安还由于他们俩在发迹前就结下了深厚的友谊和马克西米安对他的才能的崇拜和尊重。戴克里先的选择事实证明是对的。他们两人始终维持着非同寻常的友谊，配合默契，而戴克里先也始终保持着至高无上的权威。

两人都先后享有奥古斯都称号，但有所分工，马克西米安统治西部，驻跸意大利北部的米兰，以阻止日耳曼人的侵略，负责镇压巴高达起义和非洲人民起义。戴克里先把他的皇宫安置在马尔马拉海岸的尼科墨迪亚，紧靠波斯边界，以保持对东方的戒备状态。戴克里先把皇宫放在这里反映了博斯普鲁斯海峡的战略重要性正与日俱增。两帝共治是为了更好地进行统治，而不是分裂，但结果却导致帝国分成东西两部分。

2. 罗马的失落：由两帝共治到四帝共治

公元 293 年，戴克里先又把两帝共治变成了四帝共治，所增加的两皇帝充作自己和马克西米安的助手。一个是塞尔迪卡（索菲亚）人伽列里乌斯，一个是内索斯（尼什）人君士坦提乌斯，两人都被授予略低于奥古斯都的恺撒称号。戴克里先认伽列里乌斯为养子，并让他和原妻离婚而和自己的女儿结婚。马克西米安认君士坦提乌斯为养子，也让他抛弃妻子，娶自己的女儿。戴克里先希望以这种婚姻纽带来强化政治上的联系。四帝分治帝国的不同部分，戴克里先统治色雷斯、亚该亚和埃及；伽列里乌斯治理伊利里亚、多瑙河诸行省和亚细亚，他的皇宫在马其顿的塞萨塔尼基（萨洛尼卡）；马克西米安统治意大利、西西里和阿非利加；君士坦提乌斯治理高卢、西班牙和不列颠，他的总部设在特里尔，他在这里修建的巨大王宫、浴室和城门现在仍可看到。

四帝共治并不是把帝国分成四块，帝国仍是不可分离的统一体，立法以四人的名义签发，这个奥古斯都的法律，也是另一个奥古斯都

四帝共治

的法律。两个恺撒必须服从两个奥古斯都。戴克里先这样安排一方面是吸取了帝国分裂的教训，四帝共治在一定程度上正是为了杜绝分裂者，另一方面也是为了解决罗马皇帝继承人问题上的无序状态，为了能顺利地交接政权。戴克里先规定，奥古斯都满 20 年任期后，必须交卸权力，他的继承人恺撒继任奥古斯都，同时任命新的恺撒，即新的继承人。这是罗马历史上皇位继承的第一个明确规定。这种规定是不成熟的，对于大权在握的皇帝不可能有什么约束力。这里有一点值得注意，两个奥古斯都的继承人都不是自己的儿子，而是养子。这是罗马独有的皇位继承制度，这里有点共和制的痕迹，在罗马帝国，养子继承比亲子继承更多，也似乎更合传统，但这将会引起亲子和养子之间的皇位争夺。

两帝共治或四帝共治并不是什么创造，但四帝的首府没一个设在罗马，却是前所未有的。这是元首制成为君主制的一个重要内容。皇帝不在罗马，罗马就失去了其在帝国的中心地位。罗马元老院并没有被取消，但这个没有皇帝参加的元老院事实上已被降格为罗马的城市议会了，它原有的立法权被剥夺了，法律由皇帝签署，皇帝的敕令成了最重要的法律。皇帝东方化了。称呼也变了。从奥古斯都以来，皇帝都称元首。元首在人们的心目中，和元老或行政长官并没有太大的不同，在礼仪上也没有多少区别。元首的唯一特殊标志是身穿御用的紫袍，元老则佩戴些色绶带，一般市民可与元首随便交谈。元首的权力也是集执政官、保民官、最高统帅、祭司长等多种职务而成的，而这些职务形式上还要由元老院和公民大会授予或批准。

戴克里先用一个新的称呼"多米努斯"（Dominus）取代元首，"多米努斯"的意思是主子，原来只表示对自己家养奴隶握有绝对权力的主人。戴克里先选用这一称号，表示他是对帝国的所有臣民都拥有绝对权力的一国之主，也就是一国之君主。这不只是一个简单的称号的变换，而是表明披着共和制外衣的元首制转变成了毫不掩饰的君主制了。戴克里先以"多米努斯"这一头衔握有帝国的最高权力。他和马克西米安都戴上了王冠，这本是罗马人十分厌恶的代表皇权的装饰品，戴克里先不顾人民的厌恶而戴上它就是要显示自己的权力。他还穿上了用真丝和金线织成的豪华袍子，甚至鞋上也嵌满了最贵重的宝石。礼仪也愈来愈烦琐，要一睹圣颜变得十分困难了。皇帝的寝宫也和东方君主的宫廷一样，由阉人（中国称太监）看守。中国皇宫用太监，是为了防止宫中的后妃失贞，不知罗马宫廷用阉人是何意。臣民现在要见皇帝，不论地位如何，都必须俯伏在地，按东方的礼仪，向皇帝行跪拜吻袍之礼。把戴克里先和奥古斯都比较一下是十分有趣的，他们两人都富有表演才能，奥古斯都是尽力装出谦卑的样子以赢得人们的赞誉和爱戴。戴克里先则尽力摆出豪华高贵的气派，来使人们畏惧，不敢生非分之想。应当说，奥古斯都的表演更精彩更成功。

戴克里先不只是在穿着上、礼仪上尽量显示皇帝的高贵，而且进一步把自己神化。戴克里先自称是朱庇特，神王；马克西米安自称是赫拉克勒斯，希腊神话里的无敌于天下的英雄。按照他们御用宣传家的说法，世界是在智慧的无所不见的朱庇特的监视下运行，赫拉克勒斯的无敌于天下的铁臂则从地球上消灭掉一切妖魔和暴君。戴克里先的地位要高于马克西米安，前者是智慧的化身，后者是武力的象征。官方还称皇帝为"万能之日"，这是把皇帝作为太阳神来崇拜，是东方式的。戴克里先的君主制无疑是学自东方的，但也有罗马传统的因素，自比朱庇特就是传统的，奥古斯都也曾自认是阿波罗神的化身。四帝共治和其继承规则都是传统的。东方的君主制决不会出现这种情况，这说明传统犹太人的遗传因子，无论今天如何发展变化，完全去掉是不可能的。

四帝共治在平定人民起义和防止侵略方面取得了成功，从而得到了贵族和大地主们的支持。君士坦提乌斯平定了不列颠（公元257—296年）和埃及（公元293—294年和公元297—298年）的人民起义。与日耳曼人的战争也取得了胜利，并成功地渡过多瑙河与莱茵河深入日耳曼人地区作战。和波斯人的战争，虽长期处于胶着状态，但最终伽列里乌斯还是赢得了罗马历史上少有的、结果圆满的胜利。

军事上、行政管理上的成功是和戴克里先的军事行政改革分不开的。他把军队分为边防军和巡防军。巡防军用于镇压各地人民起义和进行远征。巡防军有一支主要由日耳曼人组成的骑兵卫队。这支部队被称为"帕拉丁门徒"。帕拉丁是他们集中等待皇帝命令时所在地的门廊的名称。这是支野战部队，分成 4 个编队，四帝一人统率一个编队。边防军驻守在边境，用于对付外族入侵。边防军后来被称为边境或河岸士兵。戴克里先把军团的数目增多，而把每个军团的人数减少，以便更方便地调度和控制。整个帝国的兵力增加到 50 万。这样一支庞大的常备军，适应了皇帝统治的需要，却大大增加了人民的负担。

行省的数目由 50 个增加为 100 个，每个行省的区域缩小了，同时，在行省实行军政分治，这样一来，行省总督反叛的可能性几乎不存在了。行省军政分治是罗马在地方行政管理方面一个很大的进步。每 10 个或 12 个行省再组成一个大管区。管区的长官由近卫军副指挥兼任，近卫军副指挥的上司是四个分别隶属于四个皇帝的近卫军长官。近卫军长官成了行政的最重要的角色。

戴克里先的君主制是靠军队支撑的，而庞大的军队和增大的政府机构又需要更多的钱来维持，因此，对人民的压榨也相对加重了。繁重的赋税，特别是土地税和人头税成为人民难以忍受的灾难。这种灾难一直延续到帝国灭亡。公民拥有的家什都很少有不用缴税的。由于不堪重负，先是农民，然后是商人和手工业者都失去了生产的积极性，经济面临崩溃。

为了复兴经济，戴克里先颁布法令，禁止任何人荒废土地，放弃职业。过去各行各业自行组织的社团、行会，逐渐成了强制性的，不加入某个团体，就不能从事某些职业，一旦成为某团体中的一员，就不能再离开这个团体，就得干这行业一辈子。

曾经享有一定自由的罗马公民处在这种东方式的专制统治下，已经没有独立生活可言了，最下层的公民都处于政府官员的监视下。粮食交易商、屠夫和面包师等在政府官员的控制和监视下为公众提供服务。他们永远都不准放弃自己的职业，有时，国家甚至强迫子承父业。

公元304年，戴克里先在他统治的第20年来到罗马，在这里举行了一次盛大的祝捷大会——凯旋式，来庆祝他和马克西米安在军事上所取得的胜利。两位恺撒虽也战功卓著，却因根据古训，他们的功绩都应归于两位父亲和皇帝的教导。戴克里先这次凯旋式的意义并不在于它所展示的来自非洲、不列颠、莱茵河和尼罗河的战利品，也不在于显示战胜波斯，征服了一些重要地区的赫赫战果，而在于它是在罗马城举行的最后一次这样的盛典。在这之后，罗马的皇帝再也不曾攻城略地，罗马城也不再是罗马的首都了，尽管名义上它仍是首都。

戴克里先统治的一个非常重要的后果就是罗马城失去了其作为首都的特殊地位。虽然罗马的特殊地位早已随着征服地区的日益扩大，随着行省的经济文化发展和帝国境内所有自由民都获得罗马公民权逐渐消失了，但由于古代制度的残余和习俗，罗马皇帝，不管他出生在非洲还是出生在伊利里亚，全都对罗马城表示一种特殊的尊重，把它看成是他们的权力依据和帝国中心。只有戴克里先统治时，才完全毁掉了罗马城作为帝国中心、帝国首都的地位。他和马克西米安不仅战时不在罗马，和平时期也不在罗马。马克西米安在米兰，而且米兰很快就成了并不比罗马逊色的帝国都城。这里也修建了马戏场、戏院、铸币厂、公共浴池、柱廊、王宫的双层围墙。戴克里先也尽力修建和美化他的王宫所在地——位于欧亚交界处的尼科墨迪亚，使这里在人口数量上仅次于罗马、亚历山大里亚和安蒂奥克。戴克里先和马克西米安除忙于军务或外出巡视外，都待在各自的王宫里。戴克里先几乎从不去罗马，他统治满 20 年在罗马举行凯旋式可能是他第一次去罗马，而且只在罗马待了 13 天便由于对罗马的厌恶而离开了，原计划在元老院发表讲话和接受勋章的活动也放弃了。

3. 戴克里先君主制：过渡性的军事专制

戴克里先疏远罗马是为了建立君主制，不削弱罗马的崇高地位，就无法毫无阻碍地实行毫不掩饰的君主制。罗马城的一些贵族和元老总抱着他们的特权不放，罗马城的人有根深蒂固的共和传统。戴克里先不仅把罗马撇在一边，而且利用马克西米安对心怀不满的罗马元老大肆迫害，纵容马克西米安以一些莫须有的罪名指控和处死那些不满的元老，占有一座高级别墅或一片良田都成为其犯罪的有力证据，而表面上戴克里先却仍装出对元老十分尊敬的样子。

罗马城的近卫军也是他打击的对象，削减他们的人数，取消他们的特权，最后干脆用伊利里亚的两个被命名为朱庇特团和赫拉克勒斯团的忠诚军团来取代近卫军，担负皇帝的警卫任务。

当然，对罗马城和元老院打击最大的还是皇帝根本不住在罗马城，不在元老院露面。正如吉本所分析的："只要皇帝还住在罗马，元老院虽可能受到压制，但它却极少可能被全然弃之不顾。奥古斯都的继承者们行使着他们觉得怎么好，或他们愿意怎么便怎么制定他们的法令的权力，但那些法令却都得得到元老院批准。这样在对它的研究和最后颁布的过程中还保存了古代自由的模式，而一些尊重罗马人民偏见的明智皇帝则不得不在某种程度上采取适合于共和国总行政官或第一执政官的语言或行动。……而当他们定居在距首都较远的地方的时候，便永远抛开了奥古斯都告诫他的后继者的伪装。在行使司法和行政权力时，君主只是和大臣们商量商量，而不必听取全国性的议会的意见……与皇帝的朝廷和实际行政机构失去联系的罗马元老院，实际上已成为卡皮托林山丘上的一座令人起敬但毫无用处的古迹纪念碑了。"

戴克里先的君主政体正是在摆脱罗马城和罗马元老院的情况下建立起来的。它与奥古斯都的元首制的一个重要不同之处就是它没有一个像罗马这样被公认的传统的政治中心，这也是后期帝国的一个致命缺陷，没有政治中心的帝国不可能是一个统一的帝国，吉本对戴克里先的君主政体不无嘲讽地评论说，它的第一条原则是炫耀，第二条原则是分割。分割也就没有了政治中心。

公元305年，可能是由于年老多病，也可能是履行他所规定的每一位奥古斯都统治20年就应卸任的原则，戴克里先采取了前所未有的退位措施。苏拉曾退隐，但他不是皇帝。自动退位的皇帝戴克里先是第一个，退位时年仅59岁。他主动退位说明传统对他仍有很大影响，他并不完全是个东方式的君主。他的原意可能想让他的退位成为一种榜样，成为一种制度，但实际上后来没有人效法。他退位时，让马克西米安也在米兰辞去皇帝职务，他们两人分别退隐到萨鲁纳（克罗地亚的斯普利特）和卢卡尼亚（意大利南部）生活。君士坦提乌斯一世和伽列里乌斯取代他们成了奥古斯都。

戴克里先退隐后还活了好几年，公元313年，由于对当时的政治局面感到忧虑而自杀身亡。他的自杀也说明，在君主制下，失去了权势就失去了一切，即使像戴克里先这样一个开创了一个新阶段的皇帝，退位后也对当时的政治局面无法施加任何影响。

戴克里先在几任军人皇帝的基础上建立起来的君主制是军事专制。一切大权都掌握在军人手中，四个皇帝都是军事统帅，皇帝的统治其实是把军队的管理推向全国。戴克里先虽在地方上实行军政分治，但最重要的职务仍由军人担任，近卫军长官成了最重要的行政长官。这种军事专制，不仅剥夺了元老院的一切权力，也剥夺了人民的一切权利，增加了人民的负担，使人民生活更加困苦，但由于成功地抵御了外敌的入侵和镇压了各地人民的起义，国家获得了暂时的稳定，因而得到了贵族和大地主的欢迎。

戴克里先的军事专制在政治上是不成熟的，无法和同时代的汉帝国相比，带有明显的过渡性质。戴克里先的一些改革措施，取得的效果是暂时的，留下的后遗症却不少。四帝共治和皇位的继承就是这样，既没有从根本上解决皇位继承的无序状态，又加深了分裂的趋向。

几代的军人皇帝和长达百年的动乱，不仅使经济衰退，也使文化一片凋零。罗马人在艺术和文学上的创造力完全被摧毁了。罗马文明的历史随着戴克里先的统治而结束。百年动乱时期，是罗马文明的黑暗时代。

四、君士坦丁的统治和基督教的胜利

1. 临危受命：君士坦丁的统治

戴克里先的四帝共治在他退位后便寿终正寝了。他所规定的皇位继承制度无人执行。帝国又陷入混乱中，各个宫廷的统治者之间又开始了争权夺利的战争。西方奥古斯都君士坦提乌斯继位仅 15 个月便在不列颠的约克去世。军队随即拥立他的儿子弗拉维乌斯·瓦勒里乌斯·奥勒利乌斯·君士坦丁（约公元 274—337 年）为奥古斯都。东方奥古斯都伽列里乌斯被迫授予他恺撒称号。但这时，君士坦丁只占有不列颠和高卢，意大利、非洲和西班牙都处于自称恺撒的马克西米安之子马克森提乌斯的控制下。为了增强自己在军队中的影响，公元 307 年君士坦丁娶了马克西米安的女儿法乌斯塔为妻。公元 312 年，他率军攻入意大利，击败了马克森提乌斯，成了名副其实的西方奥古斯都。他用以打败马克森提乌斯的主力是他的大批蛮族雇佣军。蛮族雇佣军的战斗力已远在罗马人组成的部队之上。公元 313 年，他与接替公元 311 年去世的伽列埃乌斯任奥古斯都的李基尼乌斯在米兰会晤，两人结盟，李基尼乌斯娶君士坦丁的姐姐君士坦提娅为妻。两人还共同签署了一个著名的宗教宽容敕令"米兰敕令"，承认基督教和其他异教徒都有信仰自由的同等权利。就在这一年，李基尼乌斯在色雷斯击败了占有埃及和帝国亚洲部分的奥古斯都马克西米·达扎。李基尼乌斯成为东部的毫无异议的统治者。罗马帝国形成了东西两奥古斯都并立的局面。

君士坦丁和李基尼乌斯两雄并立很快就被破坏了。公元 314 年，有姻亲关系的两人打起来了。打了几仗，没分出胜负，最后缔结了和约。和平局面维持了 8 年，公元 323 年战火又起，这一次，君士坦丁打赢了，占领了巴尔干和小亚细亚。李基尼乌斯兵败投降，公元 324 年被君士坦丁以阴谋叛乱和私通蛮族的罪名处死。这样，君士坦丁就成了罗马帝国的唯一统治者，直到他公元 337 年去世。

不过，罗马帝国只有君士坦丁这唯一的统治者，并不意味着罗马分裂的因素已被克服了。实际上，分裂已成必然之势，谁也没有回天之力。罗马和中国完全不同，中国统一是必然趋势，分裂只是暂时的，这是因为中国统一的因素多于分裂的因素。罗马是靠军事力量建立和维持的，内部并没有如同中国那样的政治、经济、文化观念甚至地理环境等诸方面的一致性、统一性。单靠军事力量是无法长期维持一个庞大的帝国的，这就是为什么中国每次分裂最后必然重归统一，而罗马帝国一分裂就再也合不起来的原因。

君士坦丁开始时不得不终年在全国各地巡视，疲于奔命。他自知靠他一己之力已无法统治这危机四伏的大帝国，又恢复了戴克里先的分而治之的办法，不过稍加改变。他任命他的三个儿子为恺撒，授权他们治理帝国的不同地方。君士坦丁二世掌管西班牙、高卢和不列颠；君士坦提乌斯二世掌管亚洲行省和埃及；君士坦斯掌管意大利、西伊利里亚和非洲；君士坦丁本人只直接统治巴尔干半岛和黑海地区。此外，君士坦丁还让他的侄子治理较小的一部分地区。君士坦丁是用自己的子侄来取代戴克里先的不同姓的四帝，用封同姓王来取代封异姓王。这除了表明君士坦丁的君主意识和把帝国当成他个人所有物的意识强化了外，并不能避免帝国的分裂。中国汉代的刘邦就是用封同姓王来取代异姓王，结果贻害无穷，造成了七国之乱。君士坦丁用子侄分治帝国，造成他死后家族内骨肉相残，加速了社会的崩溃过程。中外历史都证明，君主制权力是不能分割或分散的。

君士坦丁继续了戴克里先开始的一些改革，他进一步实行官僚政治，他扩大税收，并把愈来愈多的人束缚在以世袭为基础的劳作上。农民世代为农，工人世代为工。他颁布法令，规定隶农及其后代必须固定在土地上，逃亡隶农要戴上枷锁送回原主。

君士坦丁大帝雕像

　　他继续整编军队。他干脆废除了原有的近卫军卫队，而以戴克里先创建的日耳曼骑兵卫队来替代。他增加军队中日耳曼人的比例，作为移民进入帝国境内的日耳曼人和萨马提亚人，也都被选入精锐的骑兵和步兵部队。大量日耳曼人进入罗马军队，既解决了兵源不足的问题，又提高了罗马军队的战斗力。不过这样一来，罗马军队快成了蛮族军队了。边防军也得到扩充和整顿。君士坦丁用令人惊恐的惩罚办法强行征召新兵，拒绝当兵的，要受到丧失财产甚至丢掉性命的惩罚。就是这样，仍有人用自残身体等办法来逃避兵役。

2. 迁都：君士坦丁堡

　　君士坦丁决定在具有战略意义的博斯普鲁斯海峡建立一座新城，取代罗马城，作为帝国的首都。这是一项具有深远意义的决定。其实罗马早已不适合做帝国首都了。这不仅因为罗马已不是全国的政治经济中心，意大利的地位也因行省的发展而和行省没什么两样，而且因为居住在罗马的皇帝无法同时对北边和东边的边界军队和边界事务进行控制，这对于一个罗马帝国的皇帝来说是十分危险的。戴克里先彻底毁掉了罗马作为政治中心的作用和地位。但戴克里先没有一个可取而代之的新的中心城市。没有一个作为首都的政治中心是不行的。这个首都必须是皇宫所在地，没有皇帝的首都决不可能是政治中心。君士坦丁在选择新的首都和他的居住地时，曾考虑了好几个地方，米兰曾是个可选择的特别有吸引力的地方，这里距罗马城也不远，但最后出于控制驻有重兵的莱茵河—多瑙河边界线和幼发拉底河边界线的考虑，他决定在今天的伊斯坦布尔所在地，在古城拜占庭的旧址上建立一座新城作为帝国的首都。

新城也被命名为罗马城，世人为纪念它的创建者而称它为君士坦丁堡，即君士坦丁之城。新城按照罗马的模式，设立它自己的元老院，它的居民可享受粮船队运送来的免费配给的粮食。开始，罗马仍享有原有的特权，君士坦丁堡的元老院地位也低于罗马元老院，但由于皇帝在新城，新城迟早会成为帝国的真正政治经济中心。

君士坦丁为了把他的新都城建设得和埃及的亚历山大里亚一样辉煌而大兴土木，从全国很多城市搜刮大量的珍贵物品来装饰他的王宫。在他的命令下，希腊和亚洲许多城市的珍宝都被洗劫一空，帝国用在修建君士坦丁堡的费用，光是建筑城墙、门廊和渡槽就花去了大约 250 万英镑。君士坦丁似乎要竭尽全国的所有财富、劳力和智慧来建筑他的都城，经过 6 年（公元 324—330 年）新城才初具规模。

新城具有非常优越的战略位置和地理环境，正如吉本所评述的：

"它仿佛正是大自然专为一个庞大的君主国家设计的中心点和都城。这座位于北纬41°线上的皇都正好可以从它的七座小山丘上（巧合的是罗马最初也是建筑在七座小山丘上）俯视着欧、亚两大洲的海岸；这里气候温和宜人，土地肥沃，海港宽阔而安全，要往欧洲大陆距离也不远，而且易于防守。博斯普鲁斯和赫勒海峡可以被视为君士坦丁堡的两道大门，占有这两条水上重要通道的君主随时都可以在敌人海军来犯时将它关闭起来，而为前来贸易的商船敞开……即使在赫勒海峡和博斯普鲁斯海峡这两道大门都关闭起来的时候，这都城依靠它所圈入的宽广土地仍能进行各种生产，满足它的众多居民的生活必需和高级享受……而在这两个通道为了对外贸易而完全敞开时，它们则可以更番接纳来自南面和北面，来自黑海和地中海的天然产物和人工制作的财富。"优越的地理环境不仅使这里成为古代的重要政治和贸易中心，而且使它成为一座无法攻破的城市，在后来西罗马帝国灭亡后，以这里为中心的东罗马帝国还维持了上千年，重要的一点，就是君士坦丁堡是蛮族入侵无法克服的障碍。

罗马帝国的都城转移到巴尔干半岛的东端，意味着帝国的重心向东倾斜，又意味着帝国的东西分裂。分裂是逐渐发生的，而且有很深厚的历史根源。早在恺撒和庞培、屋大维和安东尼时，他们的对抗在一定程度上就是东西两部分的对抗。过去，这样的对抗往往是西部战胜东部，戴克里先时，东方的势力已超过西方。君士坦丁是以西部的奥古斯都进而成为全帝国的唯一君主的，却选择在君士坦丁堡建新都，可见东部的重要。罗马帝国的正式分裂是在君士坦丁堡建成后经一代人才完成的。但是，因为有了一个可以和罗马城相匹敌的君士坦丁堡，虽然名义上仍保持着统一，其实已分裂了，而且是永久性的分裂了，君士坦丁堡也从来没有像帝国前期的罗马那样成为全国毫无疑义的政治中心。

3. 米兰敕令：首位尊崇基督教的罗马皇帝

君士坦丁被西方史学家称为君士坦丁大帝。他之所以获得这样一个尊荣的称号，除了他成功地统治了帝国13年外，还因为他是罗马帝国第一个信奉基督教的皇帝。罗马帝国从传统的多神教向基督教的转变，是意义深远的变更，说明帝国统治者最终抛弃了原有的传统观念而选择了基督教作为其精神支柱。在某种程度上，这一转变比共和制转变成元首制、元首制转变成君主制意义更深远，影响更大，因观念上的、精神上的变化比政治上的变化更困难，可能也更加重要。基督教也由于得到皇帝的认同和支持，而得到更大的、更迅速的发展。

如前所述，基督教早期的历史是受统治者迫害的历史。基督教原始教义中所包含的反对富人和统治者的反叛性和不承认世俗统治者的权威而只承认上帝权威的反现实性，引起了统治者的仇视。它的创始者耶稣和它早期最成功的传教者保罗都是被帝国当局处死的。从尼禄到戴克里先，有数不清的基督教信徒被历代罗马皇帝迫害而死。罗马统治者在发现罗马原有的宗教已不能适应其统治的需要时，也宁愿选择东方的其他宗教，而不要基督教。如弥特拉教（太阳神教）、摩尼教等都广泛流传于罗马，甚至得到皇帝的赞同和支持。

但是，尽管基督教屡遭迫害，它成长壮大的速度仍超过了其他宗教。它的影响愈来愈大。戴克里先时，他的妻子和女儿都倾心基督教。不过，戴克里先却十分仇视基督教，他从公元303年2月开始，一连发下了三道迫害基督教的命令，拆毁基督教教堂，没收基督教圣书，将基督教神职人员投入监狱并用酷刑强迫他们改变信仰。戴克里先和他的两代前任对基督教迫害的目的就是要恢复传统的罗马宗教，是两种信仰之间的拼死之争的反映。迫害并没能阻止基督教的发展，被杀害的基督教徒都被说成了殉道者，成了追随耶稣、保罗的受难者，从而给了基督教徒极大的鼓励。基督教徒的血成了种子，使基督教进一步发展壮大。

基督教无法阻挡的发展使统治者的态度发生了变化，戴克里先时的四帝之一君士坦提乌斯在他所辖区内，对戴克里先迫害基督教的敕令阳奉阴违，并没有去伤害基督教徒。实际上，对一个影响力日益扩大而又组织严密的教会采取这种迫害方针以图消灭其力量是错误和愚蠢的。戴克里先一死，对基督教的迫害就停止了。

公元 311 年，伽列里乌斯便与李基尼乌斯和君士坦丁颁布了给予所有基督教徒信仰自由的敕令。这是基督教第一次获得官方的承认。君士坦丁对基督教的态度完全不同于戴克里先。他采取一种和基督教结盟并进而在政治上控制基督教的方针。公元 312 年，按他自己所说的，他是在基督的赞助下赢得了对他主要竞争对手马克森提乌斯的决定性胜利。第二年他又和李基尼乌斯共同发表了有名的米兰敕令。这时，他已抛弃了对太阳神的祖传崇拜，皈依基督教，他心中的最高神也越来越清晰地等同于耶稣。

公元 323 年，君士坦丁独揽帝国大权后，基督教再不受迫害了，它的地位变了。君士坦丁认为，只有靠基督教才能完成帝国统一。罗马帝国只有一个皇帝、一部法律，也应该只有一种宗教。他选择基督教作为帝国的唯一宗教。不过，他并没有立即取缔其他宗教，而是慢慢地扶助基督教，给基督教会以各种优遇，与其他宗教的神职人员不同，基督教神职人员被豁免了赋税和劳役，并获得拥有土地和剥削依附于土地的隶农的权利，教会有权接受遗产和赠予；各城市居民均禁止在星期日工作以便基督教徒做礼拜；帝国的资金被用来补贴各省的教会。在帝国政府的资助下，在罗马、耶路撒冷、伯利恒及其他地方纷纷建立起大教堂。君士坦丁迁都君士坦丁堡，对基督教的发展更具有深远影响。因为帝国的中心现在处于基督教势力最强大而所谓异教的影响和传统却甚小的地区。同时，罗马政治地位的下降，反而使基督教罗马主教成了这里最引人瞩目的人物，他被安排在拉特兰王宫，教会被允许借用宫廷礼仪的庄严场面，并被授予裁判权。现在，操着拉丁语的帝国西部仍对罗马敬重备至，但这种敬重和过去不同，它是宗教性的，而不是政治性的；它是对基督教的，而不是对其他宗教的，也不是对罗马传统宗教的。基督教罗马主教的突出地位与日俱增，正好与罗马政治地位的下降成反比。

然而，基督教从一种反对帝国统治者的宗教变成与帝国结盟及为帝国统治者服务的宗教的同时，内部也产生了分裂，出现了不同的教派。分裂派别中势力最强的是阿里乌斯派。阿里乌斯派的奠基者是亚历山大里亚的长老阿里乌。他认为基督（圣子）是圣父（上帝）创造的，因而低于圣父，"圣子有始，但……上帝是无始的。"亚历山大里亚的主教阿塔纳西乌斯领导的"正教"派认为圣父、圣子、圣灵是三位一体的。两派的争论愈演愈烈，教会分裂。这和君士坦丁要把基督教扶助成帝国的唯一宗教来促进帝国统一的目的是背道而驰的。君士坦丁不允许这种争论继续下去，公元 325 年，他在小亚细亚的尼西亚城召集了帝国境内各地的主教举行会议。这是基督教会第一次公会议。

君士坦丁虽尚未洗礼，算不上真正的基督教徒，却是会议的主角。会议是由他召集的，与会主教及陪同而来的较低级神职人员参加会议的费用全由他的政府负担。他俨然是以宗教首脑的身份出席会议的。参加会议的主教约 300 人，西部只有 6 人，其余都是东部教会的。会议最后制定了基督教徒必须遵守的"基督与圣父同质"的信条，宣布拒绝这个信条的阿里乌斯派为"异端"，并将其开除出教。在尼西亚宗教会议上得势的一派，自称为正统信仰派（正教派）。尼西亚会议显示基督教的排他性和唯我独尊性异常强烈，不仅称其他宗教为异教而加以排斥，教内的不同派别也被称为异端加以迫害。这种排斥一切其他宗教信仰的态度正是专制政权所需要的。不过，阿里乌斯派并未就此销声匿迹，教会内部的斗争仍在继续，君士坦丁本人最后也倾向于阿里乌斯派，因为这个教派拥护皇帝的强权政治，它不谋取教会独立，愿意使教会完全依从世俗政权，而正教派则不肯接受这一原则。正教在全帝国取得完全的胜利是在公元 4 世纪 80 年代。

基督教的壮大并超越其他宗教在罗马帝国取得独尊的地位，是具有不可估量影响的重大历史事件。吉本在分析基督教成长壮大的原因时，列举了五大原因：持续不断的宗教狂热情绪；关于来世生活的教义；原始基督教会的神奇力量；基督教徒纯真、严谨的品德；基督教世界的内部团结和纪律。吉本的分析是颇有说服力的。也有人分析了其他原因。可以肯定的是，基督教的兴起、成长和壮大适应社会的需要，它的教义《圣经》、它的严密组织等，是其他宗教无法比拟的。它一开始是适应了下层群众的需要，基督教为他们提供了他们最需要的救世主——耶稣。他来到人间，为人类的罪恶赎罪，他还会再来人间，重建公平的天国世界。这样的和人，特别是和穷人在一起，分担人类苦难的救世主是其他宗教所没有的。耶稣的死和死后升天的说教，使基督教特别具有抗击迫害的能力。基督教教会组织的严密和完善也是其他宗教所无法比拟的。基督教的教会通过神职人员，用《圣经》的说教和整套崇拜仪式把它的信徒组织起来，就像国家一样，形成一个宝塔式的由牧师、长老、主教、大主教等不同等级神职人员领导的强大组织。可能正是由于基督教的完善、严密组织和教义深入人心，才使罗马统治者改弦易辙，从迫害到容忍再到扶助。

当然，基督教不积极进行反抗和斗争，鼓吹忍让的说教和教义，以及帝国末期大量富人，包括贵族和高级官吏也纷纷加入基督教，甚至把财富捐献给教会，他们的思想也开始渗入基督教，基督教对富人的态度也变了，出现了严格的尊卑分明的等级制度，这也是帝国政府改变态度的重要原因。基督教也由反罗马统治的宗教变成了帝国统治的工具和精神支柱。

圣彼得大教堂

君士坦丁扶助基督教的目的显然是政治性的，而不是宗教性的。他期望通过基督教的教义、崇拜仪式和它高效率的严密组织，能使日益分裂的帝国中各种各样的、互相冲突的民族和阶级团结起来。然而，基督教的胜利，只是预示在未来世界中基督教不可估量的权势和影响，显示罗马文明在思想观念上彻底失败了，并不能挽救帝国的分裂和衰落。上帝救不了罗马。但丁说，罗马成为世界帝国是上帝的意旨，那么它的衰落和灭亡也应是上帝的意旨了。

君士坦丁对基督教宽容扶助，而对那些生存环境愈来愈恶化的下层苦难人群却没有显示丝毫的仁慈。早在哈德良时代就已有禁止奴隶主杀害奴隶的法令，君士坦丁却把它废除了，他颁布的新法令规定：主人为"纠正"不驯服的奴隶的恶劣行为而把奴隶鞭打致死也不犯法；奴隶主有权把无礼的被释放奴隶及其子女重新变为奴隶。对煽动奴隶逃跑的人，过去只处以罚款，现在则要受严刑拷打。君士坦丁甚至违背传统，准许贫穷的自由民出卖子女为奴，从而抹去了自由民和奴隶之间的界限，贫民随时都可能成为奴隶。他还竭力把隶农也降到和奴隶相似的地位。对窝藏他人隶农的人要处以大量罚款，逃亡隶农要戴上镣铐押解回原住地，隶农的子女也不能离开住地，不能和其他领地上的隶农结婚，隶农也不能和自由民结婚，隶农无权控告主人，未经主人同意，隶农不能出卖自己的任何物品。隶农不仅世代被束缚在土地上，其地位也与奴隶相差无几。罗马原来是讲究公民权的，但与奴隶无关，现在与隶农也无关了。一般自由民的人权也随着专制统治的日益强化而有名无实了。

公元 337 年，君士坦丁病死了。死前，这位大力扶助基督教并实际上成了基督教太上皇的君士坦丁大帝接受了基督教的洗礼。按照基督教教规，洗礼就是全面、彻底消除一切罪孽，受洗礼后的灵魂将立即恢复原来的纯真，并从此可以永恒得救。君士坦丁临死才接受洗礼给后人留下一个坏榜样，不管生前做过何种恶事，只要死前洗礼，罪恶就会立即在那带来新生的圣水中冲洗得干干净净。

君士坦丁统治时期，被后来的历史学家看成是前后两个历史时期的分界线，基督教的地位和影响的变化是划分这前后两个时期的最主要内容。君士坦丁可能也认识到自己在基督教的地位和作用，他把自己看作是耶稣的第 13 个使徒和上帝救世主在尘世的统治者。

4. 逆流而行：打压基督教的朱里安

然而，不能说基督教已取得了彻底的胜利，其他宗教的影响仍很大。君士坦丁一死，罗马帝国又重新陷入混乱中，他的儿子和侄子们展开了争夺皇位的残酷斗争。君士坦丁生前指定了 5 个皇位继承人，13 年内，5 个继承人在争夺皇位中死去了 4 个，只剩下了君士坦提乌斯二世一人，而皇位的争夺仍没结束。君士坦提乌斯二世的一个堂兄弟朱里安，由于获得了一系列与日耳曼人的重要战役的胜利，恢复了莱茵河边境线，而被军队拥立为皇帝。两个皇帝之间的战争看来是不可避免的。幸运的是，公元 361 年，君士坦提乌斯二世率军征讨朱里安时死去。朱里安就这样继承了皇位，成了帝国的唯一统治者。

弗拉维乌斯·克劳狄乌斯·朱里安（公元 332—363 年）被认为是罗马最有才华的皇帝。他在位时间虽然只有 20 个月，却是罗马最享盛名的皇帝之一。和君士坦丁不同，他是希腊—罗马古文明的崇拜者，他留下了卷帙浩繁的著作。他向往做一个哲学家皇帝。他渊博的学识，过人的才智，洁身自好、崇尚简朴的品德广为人称道，是罗马皇帝中少有的。吉本对他评价甚高，认为他是塞维鲁斯以来的 120 年中唯一"以履行职责为自己的欢乐；全力以赴以减轻臣民的痛苦，振奋臣民的精神，而且始终企图把权威和才德联系起来，把幸福和美德联系起来的皇帝"。

然而，他的盛名主要不是由于他的才华和品德，而是由于他在不长的统治期间所采取的激烈的反基督教政策。他是以"叛教者朱里安"而名载史册的。当然，叛教者之名是站在基督教立场说的。其实，朱里安是罗马传统宗教的维护者。朱里安采取反基督教政策的原因，可能有两个：一是出于幼年所遭受的困苦和灾难给他心灵的创伤。他虽出生于帝王之家，是君士坦丁的侄子，君士坦提乌斯二世的堂弟，但他的父亲、哥哥和其他可能继承皇位的亲属却都被杀死了，母亲也死了。他只因年幼才幸免于难，但也失去了自由，被交由一位基督教主教监护。幼年的经历，使他把基督教看成是杀死他全家的宗教，是他从幼年起所憎的一切事物的象征，对基督教有一种从小就积存在心里的仇恨。二是出于对古希腊—罗马文明的热爱和崇尚。他深受当时希腊哲学的影响，有深厚的希腊文化素养，崇拜柏拉图，崇拜太阳神。他认为新柏拉图主义的"神人合一"理论既能满足人们的宗教需要，又是以旧的多神教和新的文化为基础，符合他的理想。当然，他的独立精神，他对前任的痛恨也使他排斥基督教。

但是，朱里安开始并没有立即取消米兰敕令，没有立即采取戴克里先那样迫害基督教的政策，他在公元 361 年颁布了一道显示了其政治家和哲学家胸怀的敕令：宣布一切宗教均合法存在，信仰自由。表面上看，这是在实行宽容的宗教政策，实际上是在扶助多神教，打击基督教，把基督教降到和其他宗教同等的地位。这一敕令还使基督教内被排斥的教派主教重返岗位，从而加深了基督教内的派别斗争。过去被没收的多神教的土地、寺院和财产均予以发还，因此，已趋于没落的多神教开始复活，并受到国家保护。

朱里安还扶助犹太教，借以打击基督教。他以除基督教之外的其他宗教的保护者自居，并想用基督教的组织形式、教阶制度和培训教士的方法来改造多神教，组织一个可与基督教抗衡的宗教组织。他还写了一本攻击基督教的书，书名为《加加利人的诡计》，因为耶稣最早传教就在加加利，加加利人是对耶稣的一种轻蔑称呼，书中指责基督教的教义是虚伪的、荒诞无稽的语言组成的。

朱里安的政策使多神教与基督教之间的关系日益紧张。多神教自恃有皇帝的支持，大肆攻击基督教。朱里安的反基督教政策随之也进了一步。他发布新的敕令，禁止基督教徒在学校中讲课，并把基督教徒从军队中驱逐出去，基督教徒是耶稣的士兵，不能当皇帝的兵。帝国境内掀起了多神教反基督教的高潮。基督教主教有被杀的，有被驱逐的，一些反多神教的人被逮捕、被毒打，基督教教堂被烧毁，希腊酒神的塑像被安放到基督教堂里。在这样的宗教骚乱中，基督教受到比其他宗教更严厉的惩处。多神教大有死灰复燃、东山再起之势。

朱里安扶助多神教的目的显然是想通过恢复传统宗教来挽救日益衰退的罗马帝国，目的和君士坦丁一样，内容却不一样。君士坦丁扶助基督教是顺应了时代的需要，朱里安扶助多神教则是在逆潮流而动，奠定在城邦基础上的多神教崇拜早已不适应帝国的经济和政治需要了。历史是不会回头的，尽管多神教崇拜曾创造了灿烂的、令人惊叹的文化，而即将到来的基督教时代却是文化上的黑暗时代。虽然朱里安的反基督教政策也迎合了一部分有传统思想和传统宗教信仰的人的需要，多神教仍无法复兴，只能回光返照，也不能阻挡基督教时代的来临。多神教崇拜随着朱里安统治的结束，很快便销声匿迹了。

朱里安在其他方面的措施虽不如其反基督教政策那样引人注目，却有效得多。他成功地抑制了通货膨胀，他击败了日耳曼人，在率兵抗击波斯时，开始也获得了胜利，占领了泰西封，后被波斯人击败，撤退时，不幸被长矛刺中身亡（公元 363 年）。他一死，他的继承人马上取消了他的反基督教政策，恢复了基督教作为帝国宗教的地位。朱里安成了罗马最后一位反基督教的皇帝。他的反基督教政策的失败意味着传统的罗马宗教在和起源于东方犹太人地区的基督教的较量中彻底失败了。

五、西罗马帝国的灭亡

1. 民族大迁徙：帝国灭亡的催化剂

公元 364 年，多瑙河军官瓦伦蒂尼安一世被军队拥立为皇帝，他把东部交给了他的弟弟瓦伦士。西部和东部正式分开了。瓦伦士住在君士坦丁堡。瓦伦蒂尼安一世住在梅迪奥拉农，通过仍在罗马的元老院进行统治。他在西部实行宽容的宗教政策，允许不同的宗教观念共存，而瓦伦士在东部则尊奉基督教的阿里乌斯派。东西部出现不同的宗教政策。

罗马帝国这时虽已江河日下，时日不多了，但百足之虫，死而不僵，罗马仍是地中海令人生畏的大国。瓦伦蒂尼安一世统治的帝国西部，虽因没有了东部行省的赋税收入而陷于财政困境，却仍接二连三地打败日耳曼人的入侵，如果不是这时掀起了一股世界性的民族大迁徙浪潮，罗马帝国可能仍然会维持下去，可能不会在一个世纪后的公元467年就彻底灭亡了。而这次民族大迁徙却是由地处世界另一头的汉帝国在几个世纪前的军事行动引发的。

中国和罗马是两个相距甚远的国家，没有什么来往和接触，罗马人知道有一个中国，因为中国产的丝绸是罗马富豪家必不可少的时髦奢侈品。据吉本所述，在罗马皇帝奥里利乌斯的祝捷会上，有中国派去的使臣。但对罗马影响最大的不是两国的商业或政治上的接触和往来，而是一件纯中国的军事行动。

中国和罗马一样，都面临北部强敌的侵扰。罗马是日耳曼人，中国汉代是匈奴人。匈奴原是住在中国北部的游牧民族，经常南下侵扰汉人聚居地。汉朝对匈奴人采取了和亲通好和武力征伐两种方针，时战时和。公元1世纪末期，匈奴人遭到东汉大将窦宪、耿夔的穷追猛打，向西逃至中亚的巴尔喀什湖一带。中国汉朝大军的胜利，解除了匈奴人对中国的威胁，却给远在西边的罗马帝国造成了灭顶之灾。

匈奴人在巴尔喀什湖一带生聚繁息，不久便成为一支强大的力量。公元374年，正是瓦伦蒂尼安一世和瓦伦士兄弟分治罗马帝国东西两部分之时，匈奴人凭借其游牧民族强悍善战的特点，以势不可当之势大举西迁，越过伏尔加河侵入欧洲。匈奴人这次西迁，把欧洲搞了个地覆天翻，他们征服了居住在顿河流域和黑海北岸一带大草原上的阿兰人和哥特人。受匈奴人西迁的巨大压力，欧洲掀起了日耳曼诸部族大迁徙的浪潮。在死亡的威胁下，日耳曼诸部族纷纷向西逃窜，躲避匈奴人的兵锋。哥特人、汪达尔人、勃艮第人、盎格鲁人、撒克逊人和法兰克人等，就像狂澜怒潮一样，后浪推前浪，离开原先居住的地方，迁徙到罗马帝国境内来。衰弱而又富裕的罗马帝国成了他们的避难所和大肆掠夺的好地方。

2. 西哥特人：罗马境内的日耳曼王国

匈奴人向西突进，首当其冲的是哥特人。哥特人原在罗马帝国的东北，在乌克兰的被称为东哥特（光明的哥特），在现在的罗马尼亚境内的称西哥特（聪明的哥特）。在匈奴人的骑兵冲击下，东哥特崩溃了，接着，西哥特人也被匈奴人逐出了原居住地。被逐出的西哥特人渡过多瑙河进入罗马帝国境内，东罗马帝国当局允许他们定居于帝国境内的巴尔干半岛北部。公元 378 年，移居帝国境内的西哥特人不满罗马官员的不公正措施，在他们的领袖弗里杰恩领导下，突然发动暴动，蹂躏了巴尔干地区，东罗马帝国皇帝瓦伦士急忙从亚洲赶来，亲率 6 万大军前往镇压。哥特人打不过匈奴人，对付罗马军队却游刃有余。瓦伦士的 6 万大军在距君士坦丁堡不远的哈德里安诺波里斯被西哥特人的 1.5 万骑兵一举击溃，丧师 4 万，步兵全军覆没，瓦伦士战死疆场。

哈德里安诺波里斯之役是日耳曼人大举入侵的一个信号，揭开了百年大迁徙的序幕。这次战斗显示，昔日威风八面的罗马军团已不是日耳曼骑兵的对手。在这以后，日耳曼诸部落就争先恐后地侵入摇摇欲坠的帝国境内，形成不可阻挡之势。

其实，日耳曼人是罗马人的老对手了。日耳曼是总称，其下包括许多部族，有哥特人、伦巴德人、汪达尔人、苏埃几人、勃艮第人、盎格鲁人、撒克逊人、法兰克人等。远在公元前 2 世纪罗马就和他们有了往来，马略时，曾兵戎相见。这以后，罗马人和日耳曼人打过无数次仗，有胜有负。罗马人虽没征服日耳曼人，却也成功地拒日耳曼人于国门之外。和中国汉朝对匈奴人一样，罗马人对日耳曼人也是又打又拉。强大时以打为主，衰弱时就以安抚为主。

日耳曼人金发碧眼、身材高大，由于北方的居住环境恶劣，养成了无所畏惧、尚武善战的品性，大都过着游牧式的生活，拉着马车，携妻带子，浪迹天涯。他们以村庄为单位，50 个村庄组成一个部落。每个村庄有 100 名武士负责保卫，数个部落纠集在一起，就组成一支有五六千武士的军队。公元前 1 世纪，日耳曼人的部落开始联合成部落联盟，有些部族已有了国王。当然，日耳曼人的国王还不是专制君主，而只是军事领袖或酋长。随着罗马军团战斗力的日益削弱，罗马军队已无力把日耳曼人赶出国境。早在奥古斯都时期，就已默许日耳曼人住在边疆。由于罗马兵源严重不足，日耳曼人成为罗马的重要兵源。入居帝国境内的日耳曼人保留了自己的生活方式，他们被吸收加入罗马军队后，仍然由日耳曼人指挥，并以古老的村级战斗队为单位作战。因为只有这样，日耳曼人组成的军队才能有效地发挥其战斗力。罗马军队变成了蛮族军队，日耳曼军官成了最有才能的罗马军官。当然，入居帝国境内的日耳曼人也受罗马文明的影响，一些做过罗马官吏的日耳曼人开始和出身高贵的罗马人成为朋友，和罗马贵族女人甚至皇亲国戚通婚。

罗马军队的蛮族化，是一种以夷制夷的办法，在一定程度上增强了罗马军队的战斗力。但罗马军队的蛮族化却使军队的爱国激情没有了。这样一支军队抵抗那些打了就走、不时侵入帝国境内抢劫一番又撤回去的日耳曼人还可以，但要抵抗那些由于匈奴人的西侵而怒潮般大规模的日耳曼诸部族的冲击就显得无能为力了。而且正如恩格斯所分析的："……罗马国家变成了一架庞大的复杂的机器，专门用来榨取臣民的膏血。捐税、国家的差役和各种代役租使人民大众日益陷于穷困的深渊；地方官、收税官以及兵士的勒索，更使压迫加重到不能忍受的地步。罗马国家及其世界霸权引起了这样的结果：它把自己的生存权建立在对内维持秩序、对外防御野蛮人的基础上；然则，它的秩序却比最坏的无秩序还要坏，它说是保护公民防御野蛮人的，而公民却把野蛮人奉为救星。"人民处境的恶化和人民对统治者的厌恶和反抗，更使罗马丧失了对日耳曼入侵的抵抗力。帝国在日耳曼人西迁中逐渐被吞食，并分裂成日耳曼人军事领导人所统治的诸日耳曼王国。

继瓦伦士任帝国东部皇帝的狄奥多西乌斯一世，没有继续和西哥特人作战，而和西哥特人达成和解，允许他们在任何地方定居，允许他们参加罗马军队，允许他们的领导人担任罗马的重要官职。他这样安抚西哥特人是迫于形势，他不仅无力驱逐这些西哥特人，而且他如果不用那些有才能的、精力充沛的日耳曼人担任大臣和军事将领，甚至无法维持统治。

狄奥多西乌斯是按三位一体的正教信念受洗礼的第一个皇帝。原本基督教的阿里乌斯派在帝国东部有很大势力，但在公元384年，信奉三位一体的格里戈里·纳齐安岑被选为君士坦丁堡的正教大主教，阿里乌斯派被赶出东部地区。狄奥多西乌斯受洗礼后颁布了一系列反对异教邪说的敕令。由于他坚持严峻的基督教正教并成为统治整个罗马帝国的最后一位皇帝而被称为"大帝"。他先是诱使他的西部同僚让与他巴尔干半岛的很大一部分，同时扩大他统治的东部版图，接着又镇压了西部的两个篡位者。公元 395 年，他死前不久，迅速把东西两个帝位又合二为一。帝国又统一在一个皇帝统治下，不过这次统一太短暂了，他的生命快终结了。这一年，他把侄女嫁给了一个叫斯提里科的汪达尔军事指挥官，并委托这位日耳曼人来照顾他的两个幼子和继承人——18 岁的阿尔卡狄乌斯和 11 岁的霍诺里乌斯。一位罗马大帝竟要向一位日耳曼将领托孤，罗马已不是罗马人的罗马了。

狄奥多西乌斯在这一年（公元 395 年）死了，帝国又分裂了。东部分给了他的长子阿尔卡狄乌斯，西部分给了幼子霍诺里乌斯。历史学家把公元 395 年作为东西正式分裂的年代。兄弟俩都是无能的年轻人，统治权落在他们的摄政者手中。西部的实际统治者是斯提里科。他是个有着非凡才能和活力的将军。东部帝国皇帝的保护人是高卢人鲁菲努斯。两个皇帝虽是亲兄弟，但掌权的两个摄政者却互相仇视，从而使帝国处于分裂状态，而分裂又削弱了帝国的力量，加速了帝国的灭亡。

在斯提里科于公元 395 年成功地击退了莱茵河地区日耳曼人的入侵后，西哥特人在阿拉里克的率领下，乘帝国分裂之机，对罗马帝国发动了进攻。他们进入色雷斯，横越马其顿平原和帖萨利亚，一路不仅没遇到任何认真的抵抗，而且受到奴隶和隶农群众的欢迎和支持，队伍不断壮大。这时，斯提里科率兵进入帖萨利亚，并宣布，为了抵抗西哥特人，他要恢复对东罗马军队的指挥权，因为他是罗马军队总司令。但是，在他率领东西罗马帝国联军打败了阿拉里克并计划继续进行追击时，东罗马帝国皇帝阿尔卡狄乌斯在鲁菲努斯的授意下，向他下达了把东罗马军队召回君士坦丁堡的命令。斯提里科服从了，但是，这支由哥特人率领的东罗马军队返回君士坦丁堡后，却杀死了鲁菲努斯，东罗马的军权落到了一个宦官的手中。斯提里科也没能夺回对东罗马军队的指挥权。

阿拉里克南下希腊，沿途烧杀抢掠，除雅典因缴纳了巨额贿赂而幸免于难外，许多城市都遭到洗劫。

公元 397 年，斯提里科率兵来到希腊进击西哥特人，阿拉里克受挫后，避而不和斯提里科交战。斯提里科只好撤兵回意大利。

为了把西哥特人引向西方，东罗马皇帝阿尔卡狄乌斯在公元 397 年任命阿拉里克为伊利里亚地区总督，把西哥特人暂时"安抚"下来。

公元 401 年，阿拉里克受意大利，特别是罗马城数百余年敛集的大量财富的诱惑，率兵侵入意大利北部，劫掠了维涅提亚，包围了梅迪奥拉农。沿途的奴隶和隶农把西哥特人看成是摆脱奴役的救星和解放者，纷纷投奔西哥特人。但阿拉里克进一步深入意大利时，却遭到斯提里科所率领的一支

阿拉里克像

从莱茵河和不列颠调来的驻防军和驻意大利的由阿兰人、匈奴人、汪达尔人和哥特人组成的雇佣军，以及临时募集的军团等组成的大军的阻击。公元 402 年 4 月 6 日，阿拉里克被斯提里科在波达提亚打败，被迫撤出意大利。斯提里科虽打退了阿拉里克的入侵，却由于撤出了驻莱茵河的驻军，而给北部边境的日耳曼人和其他蛮族侵入高卢地区开了方便之门。

斯提里科也没有采取坚决的态度打击阿拉里克，只要阿拉里克不再侵入意大利，他宁愿他强大，以便利用他和东罗马对抗。但结果却搬起石头砸了自己的脚，自食恶果。阿拉里克后来给意大利、给罗马造成了致命的伤害。

公元 405 年冬季，一支由日耳曼的诸如汪达尔人、苏维汇人、阿兰人和勃艮第人等不同部族组成的混合军队，渡过封冻的莱茵河冰层，只遭到一些半心半意的抵抗。这些侵入者在抢掠了边境的一些城市后，成扇形地深入高卢腹地，沿途蹂躏抢劫，一直侵入到比利牛斯山。除少数地方外，高卢的城市都没进行什么抵抗。这说明，莱茵河的屏障一经突破，蛮族的入侵就犹如决堤之水势不可当了，而莱茵河的防线一经突破就再也无法修复了。斯提里科没有采取任何有效措施来抵挡入侵者，他实际上放弃了北方的大部分行省。

公元 407 年，驻防不列颠边疆的军队叛变，一位叫君士坦丁的僭位者率领叛军渡海进入高卢。而不列颠则由于罗马驻军开走了逐渐落入被允许在这里定居的撒克逊移民手中。为了对付君士坦丁这个篡权者，斯提里科向阿拉里克求援。阿拉里克坚持要西罗马帝国给他 4000 磅黄金，才出兵帮助他打败君士坦丁。斯提里科强迫元老院同意了阿拉里克的要求，但他和阿拉里克结盟遭到了元老院的抨击，并指控他企图把自己的儿子扶上皇帝宝座，结果激起了一场反对他的叛变。当斯提里科去向自己的女婿，皇帝霍诺里乌斯求助时，却被霍诺里乌斯囚禁并处死了（公元 408 年）。斯提里科的被杀，引起了罗马军队内部的冲突。罗马籍士兵屠杀蛮族籍士兵的妻子和孩子，3 万名勇猛的蛮族战士因此叛变，投奔阿拉里克。

斯提里科被杀后，反蛮族派得势，霍诺里乌斯拒不付给阿拉里克原已答应的酬金。阿拉里克便以为他的朋友和同盟者斯提里科复仇为由，率兵侵入意大利，劫掠了东北的一些城市后，绕过西罗马的皇帝所在地拉文纳，沿亚得里亚海岸直奔罗马。阿拉里克没有急着攻城，而是将罗马重重包围起来，切断它的粮食供应。全城很快陷于饥馑和瘟疫中。许多罗马人被饿死，有人甚至以死尸为食。拉文纳的罗马政府被西哥特人吓得龟缩在城内不敢救援。元老院被迫派人向阿拉里克求和。阿拉里克要求罗马交出全部金银。罗马元老院的代表害怕地问："那么你打算把什么留给罗马人呢？"

"生命！"阿拉里克大声喊道。

"不能欺人太甚。罗马城有不少人，还可一战。"罗马代表鼓着勇气回答。

"还有多少人？草越密，越好割！"阿拉里克不屑地看着罗马代表。

罗马人只好屈服，交付了 5000 磅黄金、3 万磅白银、4000 件丝袍、3000 件上等皮袄、7000 磅胡椒，释放了所有的蛮族奴隶。为了凑足黄金，罗马人甚至把金制的神像也熔化了。阿拉里克收到这些贡品才撤围而去。

公元 409 年，阿拉里克第二次包围了罗马，扶立了一个傀儡皇帝。拉文纳的霍诺里乌斯只是由于得到了东罗马帝国派来的 4000 名援兵，才保住了皇位，拒不与阿拉里克讲和。

公元 410 年，阿拉里克第三次包围了罗马。这次阿拉里克率领的是人数近 30 万的哥特人和匈奴人的联军。罗马元老院仍欲进行最后的抵抗。阿拉里克向士兵宣布：攻进罗马，可以任意抢掠三天。在一个雷雨交加的夏夜，城内的奴隶为攻城者打开了城门。这座几乎有

800 年未被外敌占领过的、被誉为"永恒之城"的罗马终于倒在了阿拉里克所率领的蛮族士兵脚下。蛮族士兵在城里任意烧杀抢掠、奸淫妇女。罗马犹如堕入地狱中,一位叫罗姆的神父哀叹:"这是世界末日,我说不出话来,我的喉咙哽咽了……这座曾经制服世界的城市,如今也轮到它倒塌了。"贵金属、宝石等珍宝和其他财物被洗劫一空,建筑物被焚烧,但阿拉里克却下令不得侵犯使徒彼得和圣保罗教堂,也不得杀害没抵抗能力的罗马人。罗马被占领期间,奴隶们对主人进行报复。一些罗马人被捕,勒令按他们的财产等级交付赎金。

罗马的陷落,震撼了整个罗马世界,许多奴隶主逃离意大利,流亡到非洲、地中海各岛、埃及和其他东方行省,不少人沦为乞丐。罗马帝国遭到了一次毁灭性的打击。

阿拉里克在罗马停留了 3 天,抢了皇帝的异母妹妹普拉西迪亚,离开罗马,率军南下,计划入侵非洲,但在意大利南端准备渡海时,所征集的船只被海上风暴毁坏,阿拉里克便掉头北上,途中病死。他的继承人阿泰尔夫率军蹂躏了伊特拉里亚后和罗马人订立了和约,并娶普拉西迪亚为妻,离开意大利,进入高卢南部。

在随后的 10 年里,在西罗马帝国起支配作用的军事领导人是君士坦提乌斯三世。在阿拉里克劫掠罗马后的第二年,他先后镇压了不下三个竞相提出帝位要求的人。公元 412 年,他给予入侵的勃艮第人同盟者身份,让他们居住在莱茵河中游的两侧,而在这同时,他强迫由阿泰尔夫率领的定居于高卢西南的西哥特人撤到西班牙。

阿泰尔夫公元 415 年在西班牙被杀害。他的弟弟瓦利亚把他嫂子普拉西迪亚送回罗马,又被允许率领西哥特人返回高卢西南部,他们也被授予同盟者身份。公元 418 年,阿拉里克的孙子提奥多里克一世以图鲁兹为首府在这里建立了西哥特王国，这是帝国境内建立的第一个日耳曼人王国，罗马同盟者的身份对哥特人并没什么约束力。

3. 汪达尔人：独立的汪达尔—阿兰王国

君士坦提乌斯三世在普拉西迪亚不愿意的情况下，强行和她结了婚，给他生了个儿子。公元421年，霍诺里乌斯宣布君士坦提乌斯三世为西部的共治皇帝，但是这没有得到东罗马帝国皇帝的承认。君士坦提乌斯三世虽很生气，却也没有机会去争取东罗马帝国的承认了，因为他只当了7个月皇帝就死了。公元423年霍诺里乌斯也病死了。普拉西迪亚和君士坦提乌斯三世的年仅6岁的儿子瓦伦蒂尼安三世由于得到一支东罗马帝国军队的支持继承了皇位。西皇太后普拉西迪亚则成了实际统治者。

这时，挡住汪达尔人的入侵成了西罗马帝国最为急迫的任务。汪达尔人于公元335年作为罗马帝国的同盟者迁入潘诺尼亚，公元409年，因受匈奴人的侵扰，进入西班牙，公元425年又被西哥特人排挤到意大利半岛南部，公元429年在其国王盖萨里克率领下渡海侵入北非。盖萨里克是个有远见卓识、灵活而又坚强的领导人，他成了罗马政府最难对付的，犹如阿拉里克一样的日耳曼领导人。

普拉西迪亚请求东罗马帝国给予支持，结果组成了一支东西帝国的联合部队来对付盖萨里克，但这支联合部队不是汪达尔人的对手，在北非连战连败，只好凄惨地撤回意大利。这时，高卢北部的边界也已被蛮族突破，高卢地区又爆发了农民起义，西罗马帝国政府内外交困，只好与盖萨里克讲和，签订条约，授予汪达尔人同盟者身份，让其合法地占据毛里塔尼亚和努米底亚（摩洛哥和阿尔及利亚西部）。

实际上，同盟者身份毫无约束力，汪达尔人几乎是完全独立自主的。

四年后，盖萨里克侵入罗马北非有历史意义的中心地带，包括突尼斯的谷物产地和阿尔及利亚的东北部。公元 439 年，古老的都城迦太基也落入汪达尔人手中。北非的失陷，特别是迦太基的失陷意味着西罗马帝国在地中海的霸主地位已丧失殆尽了。罗马正是在夺取了迦太基后才走出意大利称霸西地中海进而称霸整个地中海的。现在似乎又回到了出发点，西罗马帝国又缩回到意大利，它的海外行省快丢光了，就是意大利也成了日耳曼诸蛮族蚕食、掠夺的目标了。

具有讽刺意味的是，盖萨里克在占领了迦太基后，开始抛开同盟者的身份，领导汪达尔和阿兰人，在迦太基的旧址上兴建起一个完全独立的汪达尔——阿兰王国。这是一个强大的国家，日耳曼人建立自己的完全脱离罗马的独立国家这是前所未有的现象。过去，日耳曼人虽自行其是，都还保留罗马同盟者的身份，都还或多或少对罗马心存敬畏。盖萨里克则完全不把罗马放在眼里。他还组建了一支日耳曼人的强大舰队，这也是前所未有的事，过去日耳曼人只在陆上逞威，从未有过舰队。盖萨里克的舰队使汪达尔人成为西地中海的新霸主，从而打破了地中海六百多年来的统一。有人认为，盖萨里克在促使西罗马帝国崩溃中起的作用比其他任何人都大。在某种程度上，这是对的。

4. 匈奴人：罗马帝国的又一灾星

随后，匈奴人又给了帝国新的沉重打击。匈奴人从公元 4 世纪起，陆续征服了欧洲大片地区，进抵多瑙河流域，建立起一个松散的匈奴帝国。在随后的半个多世纪里，匈奴人还蹂躏了叙利亚和卡帕多西亚，打败了其他一些日耳曼人。他们也间或作为雇佣兵帮助罗马人同日耳曼人打仗。公元430年，他们曾迫使东罗马帝国向他们年贡黄金350磅。公元434年，匈奴帝国王位为阿提拉和他的哥哥所继承。不久，阿提拉杀死了他哥哥，成为庞大的匈奴帝国的唯一统治者。这时的匈奴帝国东起黑海北岸，西至莱茵河，北抵波罗的海，南接阿尔卑斯山，拥有一支骁勇善战，人数达数十万的军队。阿提拉粗壮结实，鼻梁扁平，脾气暴躁，傲慢而又坚忍，他锐意向外侵略，成了罗马帝国的又一灾星。他是进攻罗马帝国的最杰出的蛮族统治者之一。匈奴人在阿提拉的率领下，如同一阵猛烈的飓风，横扫欧洲，所到之处，烧杀抢掠，破坏极大。罗马人闻风丧胆，将阿提拉称为"上帝之鞭"。他给罗马帝国的打击，一点也不逊色于盖萨里克。

然而开始时，阿提拉为集中力量攻击东罗马帝国，还与西罗马帝国的军事统帅埃伊提乌斯保持着友好关系。他两次横扫东罗马帝国，除洗劫所到之处外，还强迫东罗马帝国签订了两个缴纳大量贡金，割让多瑙河以东大片领土的条约。可是，阿提拉很快就把攻击目标转向了西罗马帝国，他进军西罗马帝国的借口十分滑稽荒谬。西罗马帝国皇帝瓦伦蒂尼安三世的妹妹向阿提拉发出吁请，请他把她从与她不爱的男人的婚事中解脱出来。阿提拉把这一请求看成是这位御妹要嫁给他的表示。他提出西罗马帝国拿出半个帝国作为这位御妹的嫁妆。这要求太苛刻了，简直是把西罗马帝国当成任人宰割的羔羊，赤裸裸地、强横地进行敲诈勒索，西罗马当局理所当然地拒绝了。阿提拉立即以此为由率领50万大军，入侵高卢。但他这次军事行动却未获成功。埃伊提乌斯与西哥特国王狄克多里克一世达成了协议，组成了一支罗马军队与西哥特军队的联军来抵抗阿提拉的入侵。两军在卡塔洛尼亚平原展开了一场激战，双方投入的兵力有 100 万之多，双方拼死战斗，血流成河，西哥特国王阵亡，但阿提拉也被迫后撤，并随即退出高卢。这是西罗马的大将埃伊提乌斯一生取得的最伟大的一次胜利，也是西罗马帝国的最后一次胜利，同时还是阿提拉一生中所遭受的唯一一次重大挫折。

阿提拉入侵高卢失利，便改变入侵路线。公元 452 年，他率军翻过阿尔卑斯山，入侵意大利，洗劫了梅迪奥拉农和其他中心城市，埃伊提乌斯已无兵可抵抗阿提拉了。这时，教皇利奥一世在罗马登基，罗马由于不再是帝国宫廷所在地，主教、教皇成了罗马政治上的当权者。利奥一世利用他的权威，到匈奴军营中和阿提拉会谈。在教皇的重金贿赂和规劝下，阿提拉放弃了攻占罗马的计划。教皇是如何说服阿提拉的，谁也不知道，但可能是由于当时意大利饥荒和瘟疫严重，教皇使阿提拉相信，他的军队留在意大利是有害无益的。不管如何，罗马和意大利避免了一次洗劫，阿提拉率兵撤出了意大利。阿提拉在回师时留下话：罗马如果不将那位向他求援的公主按他的要求给他送去，他将率师回来。然而，他没有等到和罗马公主结婚，却在与另一位姑娘的新婚之夜，突然血管破裂而死。

阿提拉一死，他的帝国便因他的众子争位而四分五裂，各地被征服的人民乘机起义造反，匈奴人从此一蹶不振，幸存下来的匈奴人远避到东部，再也不是一个强大的国家了。

5. 内外交困：西罗马帝国的覆灭

西罗马帝国刚逃脱了阿提拉一劫，内乱又起，军事首领埃伊提乌斯在公元 454 年被瓦伦蒂尼安三世杀害。公元 455 年，在埃伊提乌斯被杀后 6 个月，瓦伦蒂尼安三世又被两个为主报仇的埃伊提乌斯的蛮族家臣杀死了。瓦伦蒂尼安三世死去不到 3 个月，罗马人又遭受了一次浩劫。制造这次浩劫的是罗马的宿敌，汪达尔王国国王盖萨里克。盖萨里克凭借其海上优势，亲自率兵从奥斯提亚登陆，罗马城根本无力抵抗，很快就被盖萨里克攻占。盖萨里克在罗马驻兵两周，把全城洗劫一空。他所掠取的战利品之多和对罗马破坏之大都远远超过了阿拉里克。离去时，他又掳走了成千上万俘虏，其中包括瓦伦蒂尼安三世的遗孀和他的两个女儿。

经过西哥特人和汪达尔人前后两次洗劫，罗马这座鼎盛时曾拥有上百万人口的罗马帝国国都只剩下了颓垣断壁，破败不堪。大量人口被屠杀、掳掠，再除去外逃的，只剩下约 7000 人了。

西罗马帝国已没法继续维持，它只是在苟延残喘，它就这样又生存了 21 年。从公元 455 年到公元 476 年，在随时都可能亡国的情况下，宫廷政变仍不断，废主之事发生了 9 次之多，有 9 个合法统治者，分属不同的家族，有 6 个人死于非命。他们中大多数权力有限，真正的统治者是那些蛮族出身的军事首领。

公元 456—472 年，苏维汇和哥特人后裔里希默一直担任最高统帅之职，他是斯提里科以来，又一担任军事首脑的日耳曼人，他的蛮族出身使他不能穿上皇帝的紫袍，而只能充当幕后的权势人物。他把一个又一个皇帝扶上台，然后又一个接一个地将其废黜。他扶上台的皇帝中最有才干的是默乔里安（公元 457—461 年）。吉本引用一位历史学家的话赞扬他："他对人民宽厚，他使敌人胆寒，他在任何一种高尚品德方面都远远超过了所有曾统治过罗马人民的他的前代皇帝。"

他为减轻人民不堪重负的赋税，发布了一项普遍赦免令，完全免除一切拖欠的税款以及财务官不管以什么借口向人民催缴的债务。他在高卢和西班牙抗击日耳曼人的战斗中取得了很大的成功，他的慷慨和开明把许多日耳曼人都吸引到他的一边，甚至闹独立的巴高达起义者也对他抱有希望。

然而，即使是这样一位有才干而又锐意进取的皇帝，身处末世，也无能为力。由于罗马军事力量的衰落和海军的缺乏，他在抵抗拥有海上优势的盖萨里克侵袭时，屡屡受挫。昔日生气勃勃的罗马曾在与迦太基的战斗中大显神威，今日，日暮途穷的西罗马帝国，即使有默乔里安这样的皇帝也无力与奠基在迦太基旧址上的汪达尔—阿兰王国对抗。

对汪达尔人战斗的失败，招致了军队的不满，里希默因此废黜并杀死了默乔里安。不久，里希默也死了。经三个短暂任期的君主统治，高卢完全丢给了已独立的西哥特人。接替里希默任军事统帅的奥雷斯蒂兹，最后干脆把皇帝的称号给了他的儿子罗慕路·奥古斯都。这个皇帝在位时间极短又毫无作为，唯一值得一提的是，他的名字恰巧与传说中罗马城的创建者，罗马王政时代第一任国王的名字相同。他统治时，驻守意大利的是主要由诸如鲁吉族和赫鲁利族等几个较小的日耳曼部族组成的罗马军队，他们在其日耳曼将军奥多爱瑟的率领下，要求得到意大利 1/3 的领土和同盟者身份，遭到奥雷斯蒂兹的拒绝。公元 476 年，这支军队发动叛乱，拥立奥多爱瑟为王。奥多爱瑟率军夺取拉文纳后，宣布废黜罗慕路，让他拿抚恤金退位。按照奥多爱瑟的要求，元老院没有任命新的奥古斯都，而是把西罗马帝国的国徽转让给东罗马帝国皇帝泽诺（公元 474—491 年）。泽诺犹豫不决，因为他们提名的西罗马帝国皇帝尼波斯虽不在位却仍活着，而他又因东罗马帝国内部纠纷陷入困境，无法采取反对奥多爱瑟的行动。不过，奥多爱瑟和他的同时代人都没有意识到，他废黜罗慕路的行动是西罗马帝国的终结。奥多爱瑟在意大利建立的日耳曼人的王国，就像西哥特人在法国南部和西班牙所做的一样，名义上仍臣属于在君士坦丁堡的罗马皇帝。奥多爱瑟在他发行的硬币上还讨好地铸上泽诺的头像。不过实际上，他的王国和西罗马帝国境内建立的其他日耳曼人王国一样，是独立的。

后来的历史学家把公元 476 年作为早已衰败不堪的西罗马帝国最后崩溃和灭亡的年代。虽然，近来有一种对罗慕路被废黜一事极度轻视的倾向，因为导致西罗马帝国最终灭亡的诸多事件中，这一事件并不那么重要。不过，尽管奥多爱瑟的行为和他对罗马造成的损害都不是特别惊人的，却正是他终结了西罗马在拉文纳的帝位。意大利成了另一个日耳曼人的王国。意大利是罗马帝国的发源地和中心，没有意大利就没有罗马帝国，罗马帝国是意大利的产物。尽管东罗马帝国皇帝仍以整个罗马帝国的皇帝自居，一些在西罗马帝国境内建立的日耳曼人王国也仍在表面上臣服君士坦丁堡，但没有意大利的罗马帝国，纵有罗马帝国之名，也已不是原来意义上的罗马帝国了。西罗马帝国崩溃了，也就是罗马帝国崩溃了，以罗马帝国自居的东罗马帝国已不再是西方的帝国了，而是东方的了。历史学家给其取了个比东罗马帝国更合适的名字——拜占庭帝国。

公元 476 年以后，西罗马帝国原来所辖地区就再也没有统一过，更不要说东西两部分的统一了。政治上统一的地中海，成为一个国家内海的历史一去不复返了。

公元 527 年东罗马帝国君士坦丁堡出现了一位才能出众而且决心重新把罗马帝国的东西两部分统一起来的皇帝查士丁尼（公元 483—565 年）。他是东罗马帝国皇帝中唯一有此愿望并几乎达到了目的的皇帝。可以说，他毕生的精力都倾注在实现地中海的统一上了。他为此常常彻夜不眠，绞尽脑汁，几乎到了发狂的地步。为了能全力西征，剿灭在西罗马帝国旧址上建立的诸蛮族国家，他不惜以缴纳巨款为代价，和波斯签订和约。公元 533 年，他派大将贝利撒留率兵侵入北非汪达尔王国，攻占了汪达尔王国首都迦太基，灭亡了这个曾称霸西地中海的日耳曼人王国，重建了罗马在北非的权威。公元 535 年，查士丁尼又派贝利撒留从非洲率兵渡海进攻东哥特人的意大利王国，公元 536 年攻下罗马。

查士丁尼在北非和意大利倒行逆施，恢复过去的行政机关，让过去的贵族和奴隶主重新上台。这些重新得势的贵族和奴隶主对隶农和奴隶反攻倒算，结果引起了当地人民的强烈不满，他们不站在东罗马人一边，而是支持汪达尔人和东哥特人继续与君士坦丁堡军队斗争，北非人民掀起了长达 10 年的起义（公元 536—546 年）。意大利人民则继续在东哥特国王领导下坚持抵抗，有一段时间，曾把贝利撒留逼到半岛的西南部，查士丁尼不得不加派援兵，直到公元 555 年才消灭了东哥特王国。查士丁尼在征服意大利的同时，利用西哥特王国内乱之机，占领了西班牙南部，科西嘉、撒丁尼亚、巴利阿科群岛以及达尔马提亚等地也先后并入东罗马帝国版图。东罗马帝国几乎囊括了原西罗马帝国的大部分领土。查士丁尼的统一地中海世界、恢复昔日罗马帝国威权的梦想似乎即将成为事实。但实际上，东罗马帝国这时已成了强弩之末。公元 555 年后，查士丁尼再也无力进行新的对外扩张了，并且在同斯拉夫人、匈奴人、波斯人的战斗中屡吃败仗。他对西部的侵略，既把帝国的财力消耗一空，又削弱了帝国的军事力量。而西部地区人民又并不支持东罗马的入侵者，他们已不把东罗马当成昔日的罗马统治者，而把他们看成是外来的侵略者。下层人民宁要蛮族的统治也不要东罗马的统治。在这种情况下，东罗马的军队不是在收复罗马帝国失去的国土，而是侵略别的国家。它成了非正义之师，即使再强大，也无法恢复过去罗马在地中海的霸主地位了。罗马帝国已亡，不可能复活了。公元 565 年，查士丁尼一死，帝国侵占的西方领土就相继失去。公元 568 年，意大利北部和中部被又一支日耳曼部族——伦巴德人侵占，意大利北部现称"伦巴第"即源于伦巴德人。10 年后，西班牙又重新被西哥特人收复，恢复罗马帝国的梦想彻底破灭。

其实，查士丁尼名留史册的，不是他恢复罗马帝国的徒劳，而是他领导编纂了罗马帝国的法律汇编，汇集和整理了全部罗马法律文献，统称《罗马民法汇编》。这是欧洲历史上第一部系统完整的法典，影响巨大，对近代欧洲资产阶级的立法起了很大的启示和借鉴作用。罗马法是罗马帝国留给人类最重要的遗产之一，查士丁尼在这方面倒是功德无量。

查士丁尼无法实现统一的梦想，还有一个宗教的原因。这时，基督教的东方教堂和西方教堂的界限逐渐分明，罗马主教成了教皇，其权力已不下于已失势的罗马皇帝的继承人。早在罗马帝国灭亡之前，罗马的政治地位就已江河日下，而其宗教地位却由于基督教的广泛流传和其影响的不断增长日益提高。作为教皇所在地，罗马成了高贵之城，西方世界的宗教中心。基督教的影响和教皇的非凡能力使蛮族人也对罗马抱有相当深厚的崇敬之情。罗马教皇当然不愿意有一个不同教派的世俗君主凌驾于自己的权力之上。基督教的分裂使东西两部分的距离更大了，统一更不可能了。

六、罗马帝国灭亡的原因

1. 离心离德：内部矛盾的激化

罗马帝国灭亡了，而且是彻底地、永远地灭亡了，东罗马帝国也只是拜占庭帝国，就像后来的查理曼建立的加洛林帝国和更晚的神圣罗马帝国一样，都被冠于罗马帝国之名，却丝毫无罗马帝国之实。罗马帝国的灭亡不像中国某个王朝的灭亡。中国旧王朝灭亡，取而代之的新王朝建立，中国仍是中国，四分五裂在中国是暂时的，最后总要趋向统一。这是因为中国有深厚的不可动摇的统一基础。汉文化作为中国文化的核心，具有不可取代性。罗马帝国则不同。罗马帝国的地中海世界并没有中国那样深厚的统一基础。罗马帝国基本上是靠武力统一的。古代地中海世界，埃及、小亚细亚、希腊诸文明都要高于罗马，罗马在军事上征服了地中海，而希腊文明却征服了罗马。古希腊文明是城邦文明，不适应一个庞大的帝国。罗马帝国末期，政治上东方化了，军事上蛮族化了，宗教信仰基督教化了，企图恢复原有的宗教信仰的罗马皇帝朱里安，竟被称为叛教者，这说明改信基督教的罗马人已忘记他们的祖宗信什么宗教了。在中国这种情况是不可能发生的。中国也曾被少数族统治过，但汉文化的核心地位从未动摇过，中国的统治者对宗教是宽容的，但中国敬天、敬祖宗、敬神的传统信仰从未被任何宗教取代过。罗马由于是从城邦发展来的，元首制是二元的，后期帝国的皇权也不是唯一的不可分割的，两帝共治、四帝共治是常规。地中海世界由于缺乏可靠的不能动摇的统一基础，它的统一就只能是暂时的。

罗马是一个特殊的从共和制发展到帝制的帝国，"其兴也勃焉，其亡也忽焉"，而且一亡就再也无法恢复。西方的古代帝国都是如此，比罗马早的亚历山大帝国如此，比罗马晚的查理曼帝国也是如此，不同的是后两个帝国主要靠统治者个人的杰出才能建立起来，因此亡得更快。罗马在西方算是延续时间最长的一个帝国了，从建国算起，有1000年的历史；从建立帝制算起，有500年的历史；其鼎盛时期，有两百多年的历史。这和东方一些帝国，特别是中国相比，时间太短暂了。

罗马帝国衰亡是必然的，西方本质上是多元的，在古代，一个多元的大帝国是很难长期维持的。但是造成罗马衰亡的因素是很多的，其中也包括许多偶然因素。最明显的因素是蛮族入侵。不过，这是一个一直在起作用的外来因素，如同中国一直处于北边游牧民族的侵扰中一样，罗马也一直处于北方蛮族的威胁中。就日耳曼人和罗马人的关系而言，开始时，日耳曼人处于守势，是被侵略的，他们居住活动的地区是罗马扩张的目标，日耳曼人甚至都成了罗马的重要奴隶来源，罗马人曾多次战胜过日耳曼人。如果罗马不是自身衰落，蛮族的入侵是可以挡住的。外族入侵成了罗马的灾星，它是由罗马内部变化造成的，外因是通过内因起作用的。其实，没有蛮族入侵，罗马帝国也维持不下去了。面对蛮族入侵，罗马皇帝要征召一支足以抵抗入侵者的军队都非常困难，吉本在谈到西罗马帝国衰败征象时说："罗马政府在敌人眼中一天比一天软弱，而对它自己的臣民来说，一天比一天更为凶恶，更为可厌了。随着公众灾祸的增多，赋税日益加重……心术不正的富人把不平等的负担从自己身上转移到人民身上。富人用欺骗手段夺走有时还可以略为缓解他们灾难的一些特惠待遇，没收他们的财货，对他们进行拷打的严酷征敛使得瓦伦蒂尼安的臣民宁可接受野蛮人更为简单化的暴政统治，逃亡到森林或山区中去，或者甘愿去充当下贱的、可以赚点钱的奴仆。过去人们所极力追求的罗马公民称号，现在只感到非常厌恶，纷纷放弃。高卢的阿尔莫利卡省和西班牙的绝大部分地区，通过巴高达的联盟已陷入一种混乱的独立状态中，而帝国的大臣们则利用各种禁令和力量有限的武力追逐着他们逼出的叛民。如果所有的野蛮人征服者有可能同时被消灭，他们的彻底毁灭也不可能使西部帝国重新得到恢复。如果罗马仍然存在，他也绝不可能再具有原来的自由、品德和荣誉了。"

　　吉本的分析是深刻的，试想，一个令自己的人民害怕、生厌的政府，能有什么力量去抵抗外来侵略。在人民对罗马公民的称号都心生厌恶的时候，在人民宁要异族统治而不要本国的统治者的时候，在人民被政府和富人欺压得无法生活、忍无可忍、群起造反的时候，这个国家还能不亡吗？这样的政府还能维持吗？造成西罗马帝国灭亡的不是蛮族这个外来侵入者，而是帝国内部逐渐增长的崩溃因素。吉本的分析中还有一点值得我们深思，他认为，即使罗马帝国不灭亡，也不是原来的罗马了。这是非常有见地的。罗马正是在衰败过程中逐渐官僚化、东方化，如果不灭亡，也只是另一个东方式的君主集权国家，或另一个拜占庭帝国。罗马的灭亡，打断了罗马东方化、官僚化、集权化的过程，才有了后来的西欧的中世纪，也才有了近现代的西方。

2. 乌合之众：军队中的种种弊端

当代罗马史学家迈克尔·格兰特在分析罗马灭亡时，认为罗马帝国灭亡的主要原因是帝国的毁灭性的不团结。这和吉本的分析大致上是一样的，吉本所说的统治者与被统治者水火不容、势不两立也就是格兰特所说的不团结。在这方面，格兰特的分析更具体、更充分。

最严重的不团结是军队的不团结。造成军队不团结的主因是皇帝无法控制军队，也就是说，军队实际上常常没有统一的领导。军队在帝国后期实际成了皇帝的制造者，这表面上缘起于罗马从来就没有一个贯彻始终的皇位继承制度，"从来就没有设计出一种用以保证从一个统治者和平过渡到下一个统治者的运转自如的制度"。这种情况激发了各地的军事统帅争夺皇位的欲望。瓦伦蒂尼安一世统治时，有十多个来自皇室之外的军队统帅或被军队拥戴的人相继争夺皇位。争夺皇位的内战严重削弱和消耗了帝国的人力和财力。历史学家阿米安努斯说："异族的何种狂暴、野蛮人的何种残酷能与内战所带来的损害相提并论呢？"军队统帅不仅自己争夺皇位，后来由于军队统帅多是蛮族出身，没资格当皇帝，他们就幕后操纵，扶立一个傀儡皇帝，结果使帝位像走马灯似的从一个傀儡转到另一个傀儡手中。军队干预和争夺皇位继承不仅对国家造成很大损害，也使军队彼此对立，从而无法履行其保卫国家的任务。他们在争夺帝位时气势汹汹，在外敌入侵时却不堪一击了。阿拉里克和盖萨里克入侵时，分别只统率不到4万和2万士兵，而庞大的西罗马帝国却令人不可思议地在兵源和装备上都不如他们，甚至要征召一支能和他们对抗的、有战斗力的机动部队都困难重重。富人有免服兵役的权利，一般的劳动人民也不愿服兵役，服兵役由罗马公民的一种爱国职责变成了要尽力逃避的苦役。边疆的驻军由于受军官盘剥，军饷大都被军官侵吞，而毫无战斗热情。在这种情况下，罗马统治者只好从免服兵役的人中征收现金，再用这些钱给日耳曼雇佣军支军饷，罗马军队就这样逐渐蛮族化、日耳曼化了。由招募个别日耳曼人而招募整个日耳曼部族，结果，大量日耳曼部族入居帝国境内，这又给帝国带来了巨大的隐患。

人民不愿当兵，不仅是由于当兵没吸引力，人民没有履行当兵的责任感，还因为人民厌恶士兵。士兵不爱打仗却喜欢欺压人民。这种情况不仅造成了军民之间深深的裂痕，也造成了人民与政府的严重对立。这是另一个致命的不团结。

为维持军队，给军队发饷，人民所负担的赋税和劳役沉重到了难以忍受的程度，大量自耕农破产了，沦为赤贫者，而要避免成为赤贫者，就只有逃税。但逃税又必然遭到政府的迫害，于是逃税者，主要是小农等农业劳动者，便不得不寻求新的保护者。他们开始寻找的保护人有时是有权势的军官，有的村子全村都在形式上置于军队的个别军官的保护下，由军官代表村子和帝国收税官谈判交涉，村民则用给军官服务作回报。但在大多数情况下，农村公社不是选择军官而是选择当地地主做保护人。许多被沉重赋税压得无法生活下去的小农也绝望地选择了抛弃家园和土地，逃进紧邻的大庄园，寻求保护。由于农村劳动力严重缺乏，大庄园主都很乐意接受他们，以交付现金或一定比例的收获物为条件，或以付出他们的劳力为条件，供给他们衣食。

开始时，大庄园主也和军官一样，把那些向他们收税的官员赶走。但后来，西罗马帝国政府和大庄园主做了一场对双方都有利却损害这些避难者的交易。避难者成了不得到地主同意不得离开的佃户，而政府又开始向他们收税。这种情况使社会结构发生了根本变化，自耕农大都成了隶农了，他们虽不是奴隶，但其地位已和奴隶相差无几了。

下层人民对政府的横征暴敛的另一种反抗方式就是起义、造反。公元 368—369 年不列颠爆发纳税人起义。人民起义影响最大的是巴高达运动。"巴高达"是高卢语"战斗者"之意。起义的奴隶和隶农以巴高达自称。它最早发生在公元 268 年，起义者建立了以农民为步兵、牧民为骑兵的军队，攻占大片农村地区，夺取大庄园，杀死或赶走庄园主，运动席卷了整个高卢。起义者拥有自己的国王并自铸钱币。戴克里先时，运动被马克西米安镇压了。公元 5 世纪，巴高达运动又在整个高卢地区兴起，他们建立起自己的人民院。人民院负责审判，重要的宣判书被贴在栎木枝上或人的尸体上。巴高达同勃艮第人、法兰克人联合，夺取土地，杀死大土地所有者。这时，罗马已没有力量镇压这样的人民起义了。受压迫的下层人民这时成了有别于富人的另一民族，成了蛮族外的另一帝国埋葬者。

3. 尔虞我诈：统治集团内部的失调

分裂不仅表现在统治者与人民之间的巨大矛盾上，也表现在统治集团内部的重重矛盾上。统治集团，除在剥夺佃户的自由和权利方面串通一气外，内部很少意见一致。罗马人本来以为国家服务为荣，如同西塞罗所说："有治理国事天才的人，应毫不犹豫，出任官职，领导政府，否则政府即无法管理，而个人伟大精神亦难表现。"但在公元 5 世纪，那些最上层阶级、那些元老，拥有巨大的私人庄园。这些庄园成了具有自给自足经济和社会组织的一个个小王国，这里聚集着农业工人、奴隶、手工业工人、卫兵、法警和食客，应有尽有。在高卢，大约有 100 个这样有权势的地主。他们成了高卢的实际控制者。这样的大庄园主，已没有了以国事为重的责任感，也失去了为国服务的热情。他们中不少人宁愿留在家里过其悠闲舒适的生活而不去担负任何政府官职。临近帝国崩溃时，有些庄园主已经非常有权势，其中有些人进入了皇帝的顾问班子，但大多数人仍懒散地生活在自己的庄园里。贵族、富人和政府的疏远以及担任高官要职者不尽力履行职责，对帝国的损害也是致命的。古代任何一个国家，统治阶层的分裂都会导致国家的毁灭，或者说，古代任何帝国的崩溃都是与其统治集团的分裂分不开的。

4. 渐行渐远：帝国的分裂与淡漠

当然，罗马帝国分裂成东西两部分也是导致西罗马帝国灭亡的重要原因。如果东西两部分能互相支援，西罗马帝国不会这么快就崩溃了。东西分裂后，互相合作的情况非常少，更多的是互相对立，互相拆台。帝国的东西两部分有着根深蒂固的文化差异，在语言、习俗、利益，甚至宗教方面都大不相同。西部是拉丁语系，东部是希腊语系，相互间有着一种悠久而又特有的彼此厌恶。这种文化的差异使分裂进一步加深并难以弥合。

在公元 395 年狄奥多西乌斯一世去世并把帝国交给他的两个儿子分管时，东西的分裂就成为永久性的了。西部的军事统帅斯提里科对东部的军事统帅鲁菲努斯怀有无法消除的敌意，他想尽办法伤害东部。面对西哥特的阿拉里克的严重威胁，双方不是团结起来一致对外，而是想法把火引向对方。斯提里科甚至有意坐视阿拉里克强大起来，以便让他去打击东罗马帝国。东西帝国统治者这种各怀鬼胎、互不合作的态度，给帝国造成的伤害也是致命的。

5. 一叶障目：仇视日耳曼人的失败策略

罗马人不能善待入居帝国境内的日耳曼人，从而使西罗马帝国境内存在互相敌视的两个民族也是西罗马帝国垮台的一个原因。

罗马人在兴国之初，曾以宽大的政治胸怀，容纳并同化了许多非罗马人，并给予他们罗马公民权或让他们保持一定的自治地位，这是罗马兴起的一个重要原因。但从公元 382 年狄奥多西乌斯一世允许整个日耳曼部族作为自给同盟单位，定居于帝国境内开始，在日耳曼人已经不是个别的而是整族定居帝国境内时，罗马人却对这些外来者采取鄙视和厌恶的态度，尽管这些外来者开始采取了合作态度，日耳曼人组成的军队也成了西罗马帝国最具战斗力的军队。日耳曼人开始并没有奢望独立于罗马或蔑视它的制度，他们只想分享它的一部分利益，主要是占有可耕种的土地，以便定居和生活。甚至阿拉里克开始时也只是想建立一个两个民族能和平共处的新形式和一个统一的日耳曼—罗马民族。他的儿子阿泰尔夫说自己"渴望全面恢复罗马的声誉并用哥特人的力量来增强它的荣耀"。这些要求联合的呼吁却没有得到罗马人的回应。罗马人对日耳曼诸部族的厌恶是如此之深，即使是支持和日耳曼人共处并认为这些未开化的人比罗马上流社会好的萨尔维安也指责说，哥特人是背信弃义的，阿拉曼尼亚人是醉汉，撒克逊人、法兰克人和赫鲁利人是极端残忍的，阿兰人是贪婪的纵欲者。帝国统治者对这些外来的日耳曼移民采取一种种族隔离政策，把他们看作是不可同化的一大群有标记的被遗弃的低等人，罗马人甚至被严厉禁止穿日耳曼移民的衣服。这些外来移民除精神上遭到种种侮辱性的对待外，还要遭受地方官吏的残酷剥削和欺压。厌恶、鄙视、仇恨日耳曼人成了正常现象。在这种情况下，日耳曼移民也一改往昔企望分享罗马人荣耀的态度，用憎恨罗马人来回报罗马人。移居帝国的日耳曼部族不时掀起反罗马的骚乱和起义，给了帝国非常沉重的打击。

近现代有些鼓吹种族优越论的人认为，西罗马灭亡是因为它的种族集团成员的纯洁性遭到玷污。这是种褊狭的发臭的种族主义论调。罗马人从来就不是单一种族，从一开始罗马人就是由许多种族混合而成的。恰恰相反，帝国没能把移居帝国境内的日耳曼人融合于帝国社会中和罗马人与这些日耳曼人的对立是导致西罗马帝国迅速灭亡的不可忽视的原因。如果罗马人能与日耳曼人融洽相处，西罗马帝国是有可能继续维持的。

日耳曼人的一些部族领袖受罗马人仇视他们态度的影响，也采取仇视罗马的态度。汪达尔人的领袖盖萨里克完全不屑于当罗马的同盟者，不屑于和罗马和平共处。他侵占北非，建立了一个对罗马极不友善的完全独立国家。同时，西哥特国王尤里克（公元466—484/485年）也使他在高卢和西班牙的人民成为另一个完全独立的民族。他钦定的《法典》（公元475年）规定，他的王国里的日耳曼人不得和罗马人进行任何形式的合并，他们应完全隔开，彼此区分。隔离成了双方的共同政策。在《法典》颁布后的第二年，西罗马帝国的最后一位皇帝罗慕路·奥古斯都就被他的日耳曼将军奥多爱瑟废黜了。意大利成了日耳曼人的国家。

6. 信仰的变化：基督教带来的不利因素

基督教也是西罗马帝国灭亡的一个原因。基督教的兴起并成为帝国的国教，使帝国境内的居民分裂成基督教徒和异教徒，而基督教又分成不同的教派。基督教有强烈的排他性，对异教和异端都极尽迫害之能事。正如吉本所说："教士们卓有成效地、不停地宣讲忍耐和自强的学说，社会的积极向上的美德遭到了压制，尚武精神的最后一点残余，也被埋葬在修道院中。公、私所有财产中的绝大部分被奉给了慈善事业和拜神活动的无止境的需求；士兵的粮饷多被化在成群的禁欲、法身为唯一品德的毫无实用的男女身上。教会，甚至整个国家，都陷入常会形成血腥斗争而且永远无法调和的宗教派别纷争之中去。罗马世界遭受到一种新形式的暴政的压迫，受尽迫害的教派会变成他们国家暗藏的敌人。"

基督教一开始是反世俗政权的，反富人的。它与帝国政府结合后，这一性质虽改变了，但它的宗教活动仍对帝国造成不小的损害。拒绝参加公共社会生活的退隐者人数激增就是这种损害的反映。许多人在发现社会经济状态无法容忍时，就深藏到基督教的修道院中，成了隐士、修道士或修女，他们使自己完全脱离社会，就像他们从来就不是社会的一部分。随着一些优秀杰出的传教士卓有成效的布道和宣传，隐士和修道士的禁欲生活成了一种高雅的生活。基督教不仅吸引了大量想要逃离社会的人，让他们过禁欲的修道生活，从而使国家失去了极度需要的人力和税收，而且禁欲主义的流行还使不少没有成为修士的人也热衷于独身生活。在基督教史上有重大贡献的奥古斯丁和杰罗姆以及他们的布道者都把这种禁欲主义说成是普通人可接受的思想。罗马政府虽也感觉到大量人口过退隐生活给帝国带来的危害，却没有也无力采取有力的措施制止。

基督教得势后，对其他宗教采取非常激烈的措施，称它们为异教。它们的胜利女神塑像被从元老院院址扔了出去。狄奥多西乌斯一世通过了一整套力图彻底消灭异教的法令，他下令关闭了地中海沿岸的所有古代神庙。在北非，教堂被毁，引起了异教徒的宗教骚乱。杰出的基督教教士奥古斯丁主张对那些从基督教转到异教者，基督要像将军一样，采取军事手段召回他的军队中的逃兵。对异教的迫害一直延续到公元 5 世纪 40 年代。到这时，异教徒几乎被灭绝了。这种对异教的迫害，加剧了罗马内部的不团结。

基督教内部不同教派的冲突也对帝国起了分裂与破坏作用。帝国政府本想用基督教统一思想，结果事与愿违，基督教对异教和异端的迫害，进一步加剧了帝国的分裂。

其实，罗马帝国转变成一个信奉基督教的国家，是对其祖先的背叛，也是对传统的否定。基督教把其他宗教一律视为异教，认为除上帝外没有其他真神。这就使罗马人原来信仰的宗教成了异教，原来崇拜的神也不称其为神了。这种信仰的改变对罗马造成的损害是很大的。基督教并没有使罗马帝国团结起来，而是更不团结、更分裂了。基督教其实正是在罗马帝国衰败中发展壮大的、在人们失去希望、丧失信心中壮大的。而基督教所给予人的希望和信心，不是世俗的，是上帝的，是来世的。君士坦丁死时才接受洗礼也正是希望死后上天堂。基督教对上帝的崇拜，在某种程度上，是对世俗政权的威胁。罗马帝国灭亡后，基督教的影响和权威反而更大了，犹如罗马政治经济地位下降后，罗马主教的权力和影响反而增大了一样。实际上，没有罗马帝国的灭亡，就不会有西欧的中世纪，不会有中世纪不可一世的基督教。基督教在东罗马帝国的影响和地位就不如在西方，东正教就没有一统的教皇，也没有形成凌驾于君主权力之上的宗教权力，因为东罗马皇权又延续了一千余年。

基督教皇使罗马人的传统观念发生了根本性的变化，但也并不能使罗马完全摆脱传统的影响，这就如一个人不能完全摆脱遗传因子的影响一样。事实上罗马的传统仍有很大影响，教育方面，大学、中学里仍然以传统的自由七艺，即文法、修辞、逻辑、算术、几何、天文学、音乐为主，不过后四艺几乎不再讲授了，只剩下三艺了。基督教没有可与之匹敌的教育理论与实践，基督教除了提供《圣经》（其中一半是犹太教的）外，没有提供任何可供人学习的东西。

7. 本质原因：城邦制度的不适应性

当然，西罗马帝国灭亡除上述原因外，还有更深层次的原因。

罗马帝国是在城邦的基础上发展起来的，这是人类历史上的一种特殊情况，没有一个城邦像罗马这样发展成地跨欧、亚、非的统一大帝国。希腊诸城邦都没做到这一点。城邦的基础是普通的公民参政权，是直接民主，是全体公民对城邦的热爱和忠诚，因为城邦没有庞大的官吏队伍，官吏基本上都是不拿俸禄的。这种城邦制度只适用于小国寡民。只有小国寡民，公民彼此熟悉了解，才能实行直接民主。它根本不适合一个大国。罗马在某种意义上说是个例外，它的成功是在逐渐否定城邦制的过程中实现的。罗马帝国不是共和制，但也不是东方式的君主制，罗马帝国灭亡时仍有元老院，仍保留有共和制的痕迹。剪不断，理还乱。罗马君主的权力也不是像东方君主的权力那样是唯一的、不可分割的。罗马经常出现两帝共治，甚至四帝共治就是例证。罗马的成功中就包含有导致其灭亡的因素。频繁的对外战争、大量的奴隶劳动是罗马繁荣的重要原因，但正是战争和奴隶劳动使自耕农日益萎缩，而小农的萎缩又导致兵源严重不足，雇佣兵便逐渐取代了公民兵。小农的萎缩既使帝国失去了勤劳的生产者，又使罗马失去了最忠诚的战士。古代的国家，一般地说，小农的情况关系到国家的兴衰。罗马灭亡的一个很重要的原因就是小农的破产以至几乎完全消失。罗马和中国不一样，中国的发展是建立在继承旧的一套的基础上的，所谓汉袭秦制就是如此。罗马是在否定过去的基础上发展起来的，但它把过去全都否定了时，它本身也灭亡了。

西罗马的灭亡还有其他原因，如统治阶级的腐化、皇帝和统帅的无能等。

罗马帝国灭亡了，犹如黄鹤，一去不复返。在西罗马帝国境内建立了大大小小的蛮族国家，高卢南部和西班牙是西哥特王国，高卢东南则为勃艮第人所控制，法兰克人占据了高卢北部，意大利建立了东哥特王国。伦巴德人后来占领了波河流域。公元 800 年法兰克国王查理曼曾基本上统一了西欧，并由罗马教皇加冕为"罗马人的皇帝"，说明蛮族虽摧毁了罗马帝国，却仍对罗马帝国昔日的辉煌怀有崇敬之情。查理曼帝国在他死后就分裂了，后来逐渐演变成法国、德国、意大利等民族国家。

罗马帝国虽灭亡了，但罗马却仍是不朽的。帝国的兴亡给后人留下了许多宝贵的遗产和引人深思的启示。罗马帝国是唯一的，它的兴亡轨迹和世界上任何国家都不同。因为有了罗马帝国，世界才更显丰富多彩，在某种意义上说，因为有罗马帝国，才有近现代的西方文明，罗马文明是近现代西方文明的重要源头。不了解罗马帝国也就不能真正了解今天的西方世界，这就是我们探讨罗马帝国兴亡史的意义所在。

参考书目

［1］阿庇安.罗马史（上下卷）［M］.谢德风，译.北京：商务印书馆，1979.

［2］爱德华·吉本.罗马帝国衰亡史（上下册）［M］.黄宜思，黄雨石，译.北京：商务印书馆，1997.

［3］塔西佗.历史［M］.王以铸，崔妙因，译.北京：商务印书馆，1981.

［4］塔西佗.编年史（上下册）［M］.王以铸，崔妙因，译.北京：商务印书馆，1997.

［5］撒路斯提乌斯.喀提林阴谋：朱古达战争［M］.王以铸，崔妙因，译.北京：商务印书馆，2010.

［6］普鲁塔克.希腊罗马名人传［M］.陆永庭，吴彭鹏，等译.北京：商务印书馆，1990.

［7］赫·乔·韦尔斯.世界史纲［M］.吴文藻，冰心，费孝通，等译.北京：人民出版社，1982.

［8］詹姆斯·亨利·伯利斯坦德.走出蒙昧（上下册）［M］.周作宇，洪成文，译.南京：江苏人民出版社，2010.

［9］朱庭光.外国历史名人传（古代部分）［M］.北京：中国社

会科学出版社，1982.

［10］MICHAEL G. History of Rome［M］. London：Faber and Faber，1978.

［11］吴于廑.外国史学名著选（上册）［M］.北京：商务印书馆，1986.

［12］爱德华·麦克诺尔·伯恩斯，菲利普·李·拉尔夫.世界文明史（第一卷）［M］.北京：商务印书馆，1987.

［13］彭树智.世界十大皇帝［M］.西安：三秦出版社，1998.

图书在版编目（CIP）数据

罗马帝国：千年史诗的毁灭 / 夏遇南著. —北京：中国国际广播
出版社，2022.1
（世界帝国史话）
ISBN 978-7-5078-4999-8

Ⅰ.①罗…　Ⅱ.①夏…　Ⅲ.①罗马帝国－历史　Ⅳ.①K126

中国版本图书馆CIP数据核字（2021）第185588号

罗马帝国：千年史诗的毁灭

著　者	夏遇南	
责任编辑	梁　媛　李　卉	
校　对	张　娜	
设　计	国广设计室	

出版发行	中国国际广播出版社有限公司 ［010-89508207（传真）］
社　址	北京市丰台区榴乡路88号石榴中心2号楼1701
	邮编：100079
印　刷	北京九天鸿程印刷有限责任公司

开　本	710×1000　1/16
字　数	330千字
印　张	25.5
版　次	2022 年 1 月 北京第一版
印　次	2022 年 1 月 第一次印刷
定　价	52.00 元